Droits, libertés et devoirs de la personne et des peuples en droit international africain

Tome I

Promotion et protection

Droits, libertés et devoirs de la personne et des peuples en droit international africain

Tome I

Promotion et protection

Pascal Mukonde Musulay

Globethics.net African Law No. 6

Globethics.net African Law

Director: Prof. Dr. Obiora Ike, Executive Director of Globethics.net in Geneva and Professor of Ethics at the Godfrey Okoye University Enugu/Nigeria.

Globethics.net Series African Law 6
Pascal Mukonde Musulay, *Droits, libertés et devoirs de la personne et des peuples en droit international africain Tome I Promotion et protection*

Geneva: Globethics.net, 2021
ISBN 978-2-88931-397-6 (online version)
ISBN 978-2-88931-398-3 (print version)
© 2021 Globethics.net

Managing Editor: Ignace Haaz
Assistant Editor: Nefti Bempong-Ahun

Globethics.net International Secretariat
150 route de Ferney
1211 Geneva 2, Switzerland
Website: *www.globethics.net/publications*
Email: *publications@globethics.net*

All web links in this text have been verified as of March 2021.

TABLE OF CONTENTS

PRÉFACE

Dans le présent ouvrage, l'on y discerne, dans toutes ses parties, un remarquable souci de concilier, d'une part, les particularismes de l'Afrique et d'autre part, la vocation universelle des droits de la personne dans le droit et dans la pratique internationale.

Deux axes gouvernent cette impressionnante étude. Une première partie, de portée générale, analyse les droits, libertés et devoirs consacrés par la Charte africaine des droits de l'Homme et des peuples, d'abord dans une perspective historique, ensuite sous l'angle de leur contenu, enfin sous l'angle de leur mise en œuvre. La deuxième partie a trait spécifiquement aux droits et obligations démocratiques et plus spécifiquement encore aux élections et au contentieux électoral.

Je vois plusieurs mérites à pareille entreprise intellectuelle. Retenons-en ici trois. En premier lieu, ce livre met un fort accent sur la mise en œuvre des droits, libertés et devoirs ; souci combien important et combien réaliste de son auteur, qui sait à quel point peut être futile la plus belle déclaration de droits quand elle est dépourvue de sanction.

En deuxième lieu, y sont proposées des solutions concrètes aux problèmes africains de droits et libertés et de déficit démocratique ; et ces solutions, qui s'inspirent dans tous les cas des techniques universelles et régionales de protection des droits, libertés et devoirs, n'omettent jamais de comporter les adaptations nécessaires et ne tombent en aucun moment dans le piège des transpositions pures et simples.

Troisième mérite de cette étude : elle prend en compte le droit mais aussi la pratique internationale et elle explore le domaine — dont l'importance saute aux yeux — des droits et obligations démocratiques, des élections et du contentieux électoral.

Originaire de la République démocratique du Congo, Pascal Mukonde Musulay connaît bien l'Afrique et son droit. Un long séjour d'études en Suisse l'a ouvert à l'Europe et à la Convention européenne des droits de l'homme. Il a aussi une très belle maîtrise du droit international, universel et régional, des droits de la personne, ainsi que du système juridique canadien de protection des droits et libertés.

Voilà qui fait de lui un juriste fort bien préparé pour traiter de l'universalisme des droits de l'Homme et des peuples et de leur spécificité. Je n'ai pas d'hésitation à affirmer que le présent ouvrage constituera un apport important au domaine des libertés publiques sur le continent africain et au droit du développement.

Professeur Jean-Pierre Mavungu Mvumbi -di-Ngoma
Juge Ad Hoc à la Cour Internationale de Justice
Juge à la Cour Constitutionnelle
de la République Démocratique du Congo

AVANT-PROPOS

Dans la promotion et la protection des droits humains, le plus essentiel est la maîtrise des textes juridiques et des mécanismes de sauvegarde adoptés par l'ensemble des États pour garantir leur effectivité.

L'ouvrage sur la promotion et la protection des droits de la personne et des peuples en droit international africain est un des outils qui vient enrichir le monde scientifique dans le domaine des droits humains. Il présente la particularité de mieux pénétrer les dispositions juridiques qui fondent cette promotion et protection des droits de la personne et des peuples.

Avec cette double approche historique et comparative, cet ouvrage contribue d'une façon très remarquable à l'avènement de l'État de Droit en Afrique. Il se positionne comme un véritable outil de promotion des droits humains dans son volet de vulgarisation, rassurant de ce fait, les africains de l'existence des textes qui protègent et qui leur donnent leur totale dignité humaine.

En rappelant l'une des missions fondamentales pour nos États et l'Union africaine, qui est celle de promouvoir les droits humains, cet ouvrage interpelle sur la nécessité de mettre en place dans nos États des stratégies susceptibles d'amener dans la durée les idéaux de paix, la primauté du droit, le respect des droits humains et une vraie démocratie.

Professeur Docteur José Saleh Baruani
Doyen honoraire de la Faculté de droit
Université Protestante au Congo, UPC

PROLOGUE

Cet ouvrage sur la promotion et la protection des droits de la personne et des peuples en droit international africain des droits de la personne et des peuples s'inscrit dans la dynamique politique et juridique de l'universalisation des droits de la personne. Elle s'intègre dans la mouvance de la pratique internationale en cette matière voulant que cette dernière ne relève plus exclusivement de la seule compétence nationale. Elle rejoint la récente démocratisation en cours dans bon nombre d'États africains qui se nourrissent de la revendication de la promotion et de la protection des droits et libertés démocratiques.

Dans ce contexte, nous nous sommes posé essentiellement une question :

-(1) quels sont les mécanismes de mise en œuvre qui peuvent permettre de renforcer le système africain de promotion et de protection des droits de la personne et des peuples ? Pour répondre à cette interrogation, nous nous sommes penchés sur la promotion et la protection des droits, libertés et devoirs de la personne et des peuples en droit international africain.

Rappelons, pour une bonne compréhension de notre démarche, que nous avons jugé pertinent de consacrer cet ouvrage à l'étude de la promotion et de la protection des droits de la personne et des peuples au sein de l'Organisation de l'Unité Africaine (OUA), devenue l'Union africaine (UA). Il y sera plus particulièrement question de l'évolution de la problématique des droits et libertés en Afrique (les fondements des droits de la personne et des peuples) et de la façon dont l'OUA a essayé de la réglementer (le régime juridique des droits de la personne et des peuples) et de l'assurer (les garanties ou la mise en œuvre des droits et libertés). Ayant constaté le déficit du système africain en la matière, nous nous sommes permis de suggérer deux types de mécanismes : ceux d'ordre politique et diplomatique et ceux d'ordre quasi juridictionnel et juridictionnel. Ces mécanismes peuvent améliorer le système de promotion et de protection des droits de la personne et des peuples en Afrique à la lumière droit international et régional et de la pratique politique internationale y afférente.

Au point de vue méthodologique, cet ouvrage utilisera deux approches, lesquelles se compléteront mutuellement L'approche historique nous permettra de suivre l'évolution du droit international et des droits régionaux des droits de la personne et des peuples à travers l'examen des analyses doctrinales des instruments juridiques concernés et de la jurisprudence, le cas échéant. L'approche comparative, quant à elle, nous sera d'un précieux secours pour apprécier l'innovation, la compatibilité ou la complémentarité du droit international africain des droits de la personne et des peuples par rapport à ses homologues universels et régionaux. Elle nous permettra de dégager le sens de certaines normes obscures du droit international africain des droits de la personne et des peuples. Il est à noter que cet ouvrage se limitera à l'Afrique subsaharienne francophone (quelques États) en raison d'une grande facilité d'accès aux outils de recherche. Elle sera à jour au 31 décembre 2019.

Dr Pascal Mukonde Musulay, Professeur Ordinaire
Doyen de la Faculté de droit, Université Pédagogique Nationale, UPN
Vice Doyen, chargé de la Recherche à la Faculté de droit, Unive sité
Protestante au Congo, UPC
Directeur de Recherches, Cresh, Ministère de la Recherche Scientifique
et de l'Innovation

SIGLES ET ABRÉVIATIONS

ACDI	Agence canadienne de développement international
ACP	Afrique, Caraïbes et Pacifique
ACP/CE	Afrique Caraïbes Pacifique /Communauté européenne
AFDI	Annuaire français de droit international
AICF	Action internationale contre la faim
AID	Association internationale de développement
AJIL	American Journal of International Law
AMI	Aide médicale internationale
APD	Aide publique de développement
ASIL	American Society of International Law
BAD	Banque africaine de développement
BCEAO	Banque centrale des États de l'Afrique de l'Ouest
BDEAC	Banque de développement des États de l'Afrique centrale
BDPGL	Banque de développement des Pays des Grands Lacs
BCEAC	Banque centrale des États de l'Afrique centrale
BIDDH	Bureau des institutions démocratiques et des droits de l'homme
BIRD	Banque international de la reconstruction et de déve-

	loppement
BOAD	Banque ouest africaine de développement
BPERA	Bureau pour le placement et l'éducation des réfugiés africains
CADH	Convention américaine des droits de l'homme
CCFD	Comité catholique contre la faim et pour le développement
CE	Conseil de l'entente
CEA	Commission économique des Nations unies pour l'Afrique
CEAO	Communauté économique de l'Afrique de l'Ouest
CEDAF	Centre d'étude et de documentation africaine
CEDEAO	Communauté des États de l'Afrique de l'Ouest en Afrique de I'Ouest
CEDH	Convention européenne des droits de l'homme
CEE	Communauté économique européenne
CEEAC	Communauté économique des États de l'Afrique centrale
CEPGL	Communauté économique des Pays des Grands Lacs
CFA	Communauté financière Africaine
CHADHP	Charte africaine des droits de l'homme et des peuples
CICIBA	Centre international de civilisation bantoue
CICR	Comité international de la Croix-Rouge
CII	Commission internationale de juristes

CII	Cour internationale de Justice
CPCM	Comité permanent consultatif du Maghreb
CPJI	Cour permanente de justice internationale
CSCE	Conférence sur la sécurité et la coopération en Europe
DANIDA	Danish International Development Agency
FAD	Fonds africain de développement
FAS	Facilité d'ajustement structurel
FASR	Facilité d'ajustement structurel renforcée
FMI	Fonds monétaire international
HCR	Haut-Commissariat des Nations unies pour les réfugiés
HSF	Hôpital sans frontières
HRLJ	Human Rights Law Journal
IDHP	Institut des droits de l'homme et de la paix
LGDJ	Librairie générale de droit et de jurisprudence
loc. cit.	Loco citato, à l'endroit cité
MDM	Médecins du monde
MSF	Médecins sans frontières
NDI	National Democratic Institute
OCAM	Organisation commune africaine et malgache (puis mauricienne)
OCDE	Organisation de coopération et de développement économique
OEA	Organisation des États américains

OIM	Organisation internationale des migrations
OIT	Organisation internationale du travail
OMS	Organisation mondiale de la santé
ONG	Organisation non gouvernementale
ONU	Organisation des Nations unies
op. cit	opere citato, dans l'ouvrage cité
OUA	Organisation de l'unité africaine
p.	Page
PIDCP	Pacte international relatif aux droits civils et politiques
PIDESC	Pacte international relatif aux droits économiques, sociaux et culturels
PMA	Pays les moins avancés
PNUD	Programme des Nations unies pour le développement
PUF	Presses universitaires de France
t.	tome
RCADI	Recueil des cours de l'Académie de droit international de La Haye
RBDI	Revue belge de droit international
RCADHP	Revue de la Commission africaine des droits de l'homme et des peuples
RGD	Revue générale du droit
RFA	République fédérale d'Allemagne
RGDI	Revue générale du droit international

RP	Systèmes de représentation proportionnelle
RUDH	Revue universelle des droits de l'homme
RTNU	Recueil de Traités des Nations unies
SACU	Union monétaire sud-africaine
SAD	Union douanière sud-africaine
SDN	Société des Nations
SFI	Société financière internationale
ss.	Suivant
UA	Union africaine
UDEAC	Union douanière et économique de l'Afrique centrale
UEAC	Union des États de l'Afrique centrale
UMA	Union du Magbreb arabe
UMAC	Union monétaire de l'Afrique centrale
UMOA	Union monétaire ouest africaine
ZEP	Zone d'échanges préférentiels

1

INTRODUCTION GÉNÉRALE

« De même que les scientifiques ont compris la nécessité de protéger la diversité génétique des écosystèmes, de même tout citoyen doit tenter de préserver la diversité culturelle et éthique et accepter l'éventail des conditions, des circonstances et communautés dans lesquelles la démocratie peut se développer. Nous savons maintenant que la vérité ne se décrète pas, qu'il n'y a pas une façon et une seule d'organiser la vie sociale et économique ; nous ne devons pas commettre deux fois l'erreur de la panacée ».

Federico Mayor, dans Guy Hermet, Culture et démocratie, Paris, Albin Michel/Unesco, 1993, p. II.

« La mission principale du juriste est de contribuer à former un certain état de conscience ».

Le droit international des droits de la personne[1] dépasse la problématique générale du droit international public. En effet, le droit internatio-

---

[1] Dans cet ouvrage, l'expression « les droits de la personne » est préférée à l'expression « les droits de l'homme » car elle est plus générale. Elle englobe toutes les facettes de droits, qu'il s'agisse de l'homme ou de la femme d'une part, ou qu'il s'agisse de l'homme ou des peuples d'autre part. Ch. CHAUMONT le souligne en ces termes : « En chaque personne est tout un peuple, en chaque peuple est toute personne [...]. Chaque droit du peuple est un droit de l'homme si bien que chaque peuple est en quelque sorte présent dans chaque personne faisant partie de ce peuple ». Cité par Kéba MBAYE, Les Droits de

nal public est celui de la coordination entre les États souverains, un droit des relations interétatiques, conçu par et pour les intérêts politiquement marqués des États. Cette dernière opinion, soutenue par un certain nombre d'auteurs[2], se justifie dans la mesure où l'ordre politique international et l'ordre juridique international sont intimement liés et que toute norme de droit international public a, à la fois, une dimension politique et une signification politique.

À l'opposé, le droit international des droits de la personne aspire à exprimer une philosophie commune à l'humanité toute entière, dont le principe fondamental est celui de l'égalité de toutes les personnes quels que soient, entre autres, leur race, leur religion, leur sexe, leur opinion. Les racines profondes de cette philosophie se retrouvent dans les principes du droit naturel[3]. Les Déclarations américaines et la Déclaration

---

l'homme en Afrique, Paris, Pédone, 1992, p. 35. Voir également VIGNY. G., *Le guide de la personne en 33 questions*, Montréal, la Presse, 1979, pp. 11 à 15.

[2] De nombreux ouvrages de droit international public et de droit international de la personne avancent cette opinion. Voir à cet effet BEDJAOUI, M., *Droit International : Bilan et perspective,* Paris, Pédone, 1991, T.1., pp. 1-18 ; CARREAU, D., *Droit International*, Paris, Pédone, 1988, pp. 9-36 ; ROUSSEAU, C., *Droit International public*, Paris, Éditions Sirey, 1974, T.2, pp. 5-10 ; VIRALLY, M., *Droits de l'homme et théorie générale de droit international*, Mélanges René Cassin, Paris, Pédone, 1969, T.4, pp. 323-330 ; SUDRE, F., *Droit international et européen des droits de l'homme*, Paris, P.U.F., 1989, p. 18 ; MERO, Th., *Human Rights in international Law. Egal and policy issues*, Oxford, Clarendon Press, 1984 ; Mac DOUGAL, M./LASSWELL, H/LUNG-CHUN CHEN, *Human Rights and world public order*, Yale University Press, 1980.

[3] Selon les partisans de l'école du droit naturel, en l'occurrence l'un de ses précurseurs, Aristote, « Le droit naturel sera l'ensemble des règles qui auront pour objet de permettre le parfait développement de la personne ». La source du droit naturel est située, soit dans la volonté divine selon les penseurs théologiens comme St. Thomas d'Aquin, Luther et Calvin ; soit dans la nature selon les penseurs laïcs comme Spinoza et Grotius. L'hypothèse de l'état de nature telle qu'elle fut formulée par l'école du droit naturel au XVIIème et XVIIIème siècles par les disciples de Grotius a permis d'affirmer l'existence de droits qui appar-

française se fondent sur ces principes[4]. Elles réaffirment la consécration de droits naturels, inaliénables et sacrés de la personne et leur cristallisation par le droit positif[5]. Nous pouvons avancer, avec Abou Selim, que le droit naturel peut se définir par l'exigence de la raison pratique, c'est-à-dire par l'idée de liberté rationnelle, telle qu'elle est vécue par les

---

tiennent originalement et essentiellement à la personne du fait de sa nature, donc de droits inhérents à la nature humaine. Voir BURLAMAQUI, *Principes du droits naturel*, 1747, chap. VII, 8, cité par F. SUDRE, op.cit., p.31 CHATELET, F., *La Philosophie*, Paris, Marabout, 1982, tome 1, p. 84-136, 289-302 ; RENAUT, A, SOSOE, L., Philosophie du droit, Paris, P.U.F., 1991, pp. 69-91 ; KAMTO, M., *Pouvoir et Droit*, Paris, L. G.D.J., 1987, pp. 27-38.

[4] La Déclaration des droits de la Virginie du 12 juin 1776 énonce que « tous les hommes sont *par nature* libres et indépendants ». La Déclaration d'indépendance des États-Unis d'Amérique du 4 juillet 1776 dispose dans son préambule que « tous les hommes sont *créés* égaux ; ils sont *dotés par le Créateur* de certains droits inaliénables ». Et la Déclaration française des droits de l'homme et du citoyen du 26 août 1789 affirme à son article 1 que : « Les hommes *naissent* et *demeurent* libres et égaux ». Les soulignés sont de nous.

[5] N. BOBBIO relève, à propos de la définition de l'État de droit, que : « lorsque l'on parle d'État de droit, pour la doctrine libérale, il faut ajouter à la définition traditionnelle une détermination ultérieure : la constitutionnalisation des droits naturels, autrement dit la transformation de ces droits en droits juridiquement protégés, c'est-à-dire en véritables droits positifs ». Cf. BOBBIO, N., *Libéralisme et démocratie*, Paris, Les Éditions du Cerf, 1996, pp.23-24. Pour les adeptes de l'école du droit positif, le droit est l'ensemble des textes composés de règles juridiques écrites (le positivisme exégétique) et en vigueur (le positivisme normativité). L'un de ses précurseurs, WALINE, écrit que : « le positivisme juridique est volontariste, en ce sens que le droit est tout entier création humaine à partir de données politiques, économiques morales, sociales, ces données n'ayant en soi aucune valeur déjà juridique ». Cité par M. KAMTO, *op.cit.*, p. 181, note 131, Voir également GRZEGORCZYK, Ch. « La dimension positiviste des grands courants de la philosophie du droit », dans GRZEGORCZYK, Ch. MICHAUT, F. et TROPER, M., Le positivisme juridique, Paris, L.G.D.J., 1992, p.p.51-60 ; SELIM, A., *Cultures et droits de l'homme*, Paris, PUF 1989, pp. 75-106 ; RENAUT, A./SOSOE, L., *op.cit.*, p. 337,

membres d'une communauté donnée et telle qu'elle peut être dégagée par les penseurs de cette communauté. Quant au droit positif, il est le droit établi par le législateur et/ou les tribunaux. Il satisfait l'exigence de la raison pratique. Il oblige les membres de la communauté au nom du Droit naturel, et ceux-ci le comprennent comme le garant de leur liberté rationnelle. Ainsi donc, les récents instruments juridiques internationaux relatifs aux droits de la personne ne créent pas les droits de la personne, mais ils ne font que les reconnaître et leur confèrent par là même un régime juridique protecteur[6].

Ces instruments ont traduit cette reconnaissance en des termes différents. Dans le Préambule de la Déclaration universelle des Droits de l'homme (DUDH), elle s'énonce comme suit : *« Considérant que la reconnaissance de la dignité inhérente à tous les membres de la famille humaine et de leurs droits égaux et inaliénables constitue le fondement de la liberté, de la justice et de la paix dans le monde ».*

Quant à la Convention européenne des Droits de l'homme (CEDH), son article premier dispose que : *« Les Etas parties reconnaissent à toute personne relevant de leur juridiction les droits et libertés définis dans la Convention ».*

Dans le considérant de la Déclaration américaine des droits et devoirs de l'homme (DADH), il est écrit :

> « Qu'à plusieurs reprises, les États américains ont reconnu que les droits essentiels de l'homme n'ont pas leur origine dans le fait que celui-ci est ressortissant d'un État déterminé, mais reposent avant tout sur les attributs de la personne humaine ; Que la protection internationale des droits de l'homme doit servir de guide principal au droit américain en évolution ».

À l'article premier de la Charte africaine des droits de l'homme et des peuples (CHADHYP), il est prévu que :

---

[6] Voir SELIM, A., *op.cit.*, pp.99-100.

« Les États membres de l'Organisation de l'Unité africaine, parties à la présente Charte, reconnaissent les droits, devoirs et libertés énoncés dans cette Charte et s'engagent à adopter des mesures législatives ou autres pour les appliquer ».

Tels qu'ils sont énoncés dans les principaux instruments juridiques précités, les fondements philosophiques du droit international des droits de la personne ont une valeur qui transcende les intérêts politiquement marqués des États. Certes, la formulation des droits de la personne dépend de décisions politiques ou constitue l'aboutissement d'activités diplomatiques, mais les fondements philosophiques des droits de la personne déterminent leur permanence et en même temps leur intemporalité en ce sens que la personne humaine est partout la même et que les mêmes droits doivent être reconnus à toute personne humaine, en tout lieu et à toute époque[7].

Les droits de la personne marquent l'identité universelle des personnes humaines qui vivent dans les États qui les proclament et les appliquent. La Déclaration universelle témoigne de ce processus d'internationalisation moderne. Elle jette la base d'un « droit commun international nouveau ». Ce dernier constituerait un fonds commun à toutes les cultures et à toutes les religions de l'humanité, fonds qui dépasserait les différents systèmes de valeur sur lesquels reposent les diverses communautés étatiques[8]. Ainsi, nous pouvons soutenir que le

---

[7] Voir BADINTER, R., L'universalité des droits de l'homme dans un monde pluraliste, dans F. MASSART/Cl. ROOSENS, *Francophonie, CEE et Droits fondamentaux*, académia, Bruylant, Bruxelles, 1990, pp. 11 à 13 ; MALHURET, C., Droits de l'homme : mythes et réalités, dans *Droits de l'homme et relations internationales*, Institut Français des relations internationales, Actes du colloque organisé à Paris, les 11 et 12 janvier 1988, Paris, Milan, Barcelone, Mexico, Masson, 1988, pp. 13 à 19.

[8] René CASSIN, l'un des pères inspirateurs de la Déclaration universelle des droits de l'homme, écrit ceci à ce propos : *« La DUDH est universelle par son inspiration, par son expression, par son contenu, par son champ d'application,*

droit international des droits de la personne, facteur des relations internationales, affirme les droits, libertés et devoirs contre les États. Il réclame en même temps l'intervention de ces derniers pour la réalisation de ces droits, libertés et devoirs. De plus, non seulement l'indivisibilité des droits de la personne est reconnue au sein de la communauté internationale, mais leurs violations constituent l'expression de régimes politiques précaires, voire totalitaires[9].

Autrement dit, l'adhésion des États à certains instruments juridiques internationaux engendre, à leur égard, des obligations contraignantes. De ce fait, il importe aux États dits démocratiques[10], non seulement de con-

---

par son potentiel, et elle proclame directement les droits de l'être humain au regard de tous autres, à quelques groupes sociaux auxquels ils appartiennent les uns et les autres ». Cf. CASSIN, R., L'homme sujet de droit international et la protection universelle de l'homme, Mélanges Georges SCELLE, *La technique et les principes du droit public*, L.G.D.J., Paris, 1950.

[9] L'article 28 de la DUDH affirme la nécessité d'avoir effet en ces termes : « Toute personne a droit à ce que règne, sur le plan social et sur le plan international, un ordre tel que les droits et libertés énoncés dans la présente Déclaration puissent y trouver plein effet ». Les deux Pactes internationaux adoptés en 1966 (le Pacte international relatif aux droits civils et politiques et le Pacte international relatif aux droits économiques, sociaux et culturels) relevaient à l'origine de préoccupations politiques bien précises. Se rappelant mutuellement à l'ordre, il s'agissait pour l'Ouest et l'Est d'équilibrer leurs rapports politiques en tentant d'énoncer dans un document juridique commun ce que chacun estimait être l'essence des droits de la personne, *Cf.* MEYER BISCH., P., « Différents sens de l'indivisibilité des droits de l'homme », dans *Indivisibilité des droit de l'homme*, les actes du IIe Colloque interuniversitaire sur les droits de l'homme, Fribourg, Éditions universitaires Fribourg, 1985, p.p. 9-24 ; LAMARCHE, L., *Perspectives occidentales du droit international des droits économiques de la personne*, Bruxelles, Bruylant, 1995, p. 151 ; BOKOR-SZEGO, H., L'affirmation des droits de l'homme, dans *The New Constitutional Law*, Fribourg, Éditions Universitaires Fribourg Suisse, 1987, pp.85-100.

[10] Voir DUVERGER, M., *Institutions politiques et droit constitutionnel*, Paris, PUF, 1980, t.1, pp.42-80. Voir LAUVAUX, Ph., *op.cit.*, pp.176-690 ; SCHI-

sacrer l'affirmation des principes du droit international des droits de la personne dans leur droit national, mais de les appliquer effectivement et respectivement.

Notons que le modèle démocratique libéral est devenu la base du système officiel des valeurs politiques dans la plupart des États membres des Nations unies et même les États autoritaires et les démocraties populaires s'y réfèrent. La démocratie libérale a un double sens, politique et économique, ou ploutodémocratique (il repose sur le peuple (demos) et sur la richesse (ploutos)). Dans son acception politique, la démocratie libérale veut que les institutions politiques reposent sur la souveraineté populaire, les élections, les parlements, l'indépendance des juges, les libertés publiques, le pluralisme des partis politiques. Dans son acception économique, elle suppose le capitalisme, c'est-à-dire la liberté de chacun de créer une entreprise (la propriété privée des industries, des exploitations agricoles, des commerçants), de la gérer à son gré, d'en vendre et d'en faire circuler les produits, dans le cadre des lois du marché, c'est-à-dire de la concurrence. Ses éléments essentiels sont la désignation des gouvernants par les élections au suffrage universel, l'existence d'un parlement ayant de larges pouvoirs, une hiérarchie des normes juridiques assurant un contrôle des autorités publiques par les juges indépendants et le respect des droits de la personne. L'organisation politique et l'organisation économique semblent y reposer sur les mêmes bases, à savoir : l'égalité, la liberté, le pluralisme, la compétition, la représentation. L'égalité du droit de suffrage et de candidature a pour pendant l'égalité du droit de choisir sa profession, de fonder une entreprise et de la diriger à son gré ; la liberté d'expression des idées a pour corollaire la liberté d'invention industrielle. À la compétition des partis politiques aux élections correspond la concurrence des firmes sur le marché. Aux assemblées représentatives (nationales, régionales et lo-

---

WARTZENBERG, R.-G., *Sociologie politique*, Paris, Montchrestien, 1974, pp.290-295.

cales ou municipales) correspondent les réunions d'actionnaires des sociétés commerciales. À l'exécutif politique élu peuvent se comparer les présidents-directeurs généraux des entreprises désignés dans les mêmes conditions.

M. Duverger écrit que :

« L'hérédité des fortunes succède à l'hérédité des titres de noblesse, l'hérédité du pouvoir économique à l'hérédité du pouvoir politique. L'oligarchie économique n'exerce pas elle-même le pouvoir politique. Elle dirige directement la production, mais indirectement le gouvernement, à travers une sorte de « classe intermédiaire » formée par les politiciens (ministres, députés, sénateurs, gouverneurs, maires, membres des assemblées régionales et locales), les fonctionnaires des services publics et les manipulateurs de l'opinion publique (instituteurs, professeurs, éducateurs, journalistes, écrivains, intellectuels, prêtres et pasteurs). En théorie, la démocratie libérale ne dispense pas une formation idéologique particulière ; elle tend simplement à développer le bon sens, la raison, l'esprit critique, lesquels permettent à chacun de juger soi-même. En pratique, les citoyens d'Occident sont eux aussi conditionnés dès l'enfance, à travers l'école, l'Église, la morale familiale, à croire en certains principes fondamentaux (la propriété privée, la liberté d'entreprise, la concurrence, la recherche du profit) qui les disposent à respecter l'oligarchie économique et à subir son influence. Une analyse des manuels scolaires, des ouvrages d'instruction religieuse, des journaux populaires, des livres les plus répandus, montrerait qu'ils tendent à développer un tel conformisme ».[11].

---

[11] Ibid

Par ailleurs, Ph. Lauvaux a analysé neuf grandes démocraties modernes selon le critère de la séparation des pouvoirs, c'est-à-dire la dualité de fonctions exécutives d'une part, législatives d'autre part. Parmi elles, deux – les États-Unis et la Suisse sont des démocraties de compromis en ce sens que leur fonctionnement équilibré est le résultat pragmatique d'une autolimitation des organes réglée par la coutume et les usages. Mais ces démocraties sont caractérisées par une tendance à la primauté de fait de l'Exécutif aux États-Unis et par une réelle autonomie du Conseil fédéral en Suisse. Sept sont des démocraties de compétition ou régimes parlementaires, trois ayant fait l'expérience du totalitarisme (l'Allemagne, l'Italie et l'Espagne) et quatre ayant des contextes sociologiques différents (la Grande-Bretagne, la Suède, le Japon et l'Inde). L'auteur est arrivé à la conclusion que le régime parlementaire est plus aisément transposable et applicable dans un contexte institutionnel vierge et dans un cadre politique encore conflictuel. Il affirme que l'adoption durable du régime parlementaire par le Japon et l'Inde témoigne de la vocation du parlementarisme à s'adapter à d'autres contextes sociologiques que celui de l'Occident.

R.-G. Schwartzenberg ne partage pas cet avis. Selon lui, l'adoption du régime parlementaire par les États d'Asie et d'Afrique ayant accédé à l'indépendance après la deuxième guerre mondiale s'est soldée par un constat d'échec, qui se traduisit par l'avènement de régimes dictatoriaux. Pour lui, les désillusions du parlementarisme sont de trois ordres, à savoir : - En premier lieu, le régime parlementaire semble subtil en ce qui touche la distinction entre chef de l'État et chef du gouvernement, et fragile quant à sa vulnérabilité aux crises ministérielles (on pense à la crise congolaise (zaïroise) de 1960-1963). – En second lieu, le régime parlementaire valorise l'opposition. Il suppose une opposition cohérente, prête à prendre la relève de la majorité. Il tend à mettre sur le même pied le gouvernement et l'opposition. – En troisième lieu, le régime parlementaire s'adapte mal à un encadrement autoritaire du développement économique (on pense à l'idéologie du développement économique des pays non-alignés)[12].

Ainsi donc, le droit national rendrait concrètement existants et opérationnels les droits de la personne par un régime juridique organisé, sanctionné par une action judiciaire. On peut donc affirmer que c'est le droit national qui assure au droit international son passage du droit virtuel au droit opérationnel[13]. Par conséquent et en principe, ce passage devrait se traduire par l'harmonisation de la politique intérieure et de la politique internationale des États parties, car les violations des droits de la personne au niveau national entraînent les violations systématiques du droit international, plus particulièrement des droits de la personne sur le plan international. Les atrocités commises au cours de la deuxième guerre mondiale, lesquelles demeurent présentes dans la mémoire de l'humanité, constituent une illustration parfaite de cette triste réalité[14].

C'est ainsi que le droit international des droits de la personne met à la charge des États certaines obligations vis-à-vis de leurs nationaux et/ou de leurs résidents. Ceux-ci peuvent faire appel au droit internatio-

---

[12] Ibid

[13] K. VASAK observe que : « *Les droits de l'homme procèdent directement de l'aménagement des institutions politiques. Ils se trouvent donc dans une dépendance étroite par rapport au régime juridique de la société prise comme tout* ». Cf. VASAK, K., *Les dimensions internationales des droits de l'homme*, Paris, Unesco, 1978, p. 3 ; LOSCHAK, *Mutation des droits de l'homme et mutation du droit*, Paris, RIEJ, 1984, p. 54.

[14] Il est à noter que le déclenchement de la deuxième guerre mondiale, ses destructions massives menées par une technique militaire qui a connu un développement sans précèdent, ainsi que ses effets économiques et moraux touchèrent pratiquement tous les États et tous les peuples du monde. Voir EVENO, P./PLANCHAIS, J., *La deuxième guerre mondiale, 1939-1945, récits et mémoire*, Paris, Le Monde édition, 1994, 208 p. ; MONTAGNON, P., *La grande histoire de la seconde guerre mondiale*, Paris, Éditions Pygmalian/Gérard Watelet, 1993, en 10 volumes ; KASPI, A., *La deuxième guerre mondiale : Chronologie commentée*, Paris, Perrin, 1990, 577 p.

nal à l'encontre du droit national, et ce, le cas échéant, devant les instances internationales[15]. Comme le respect et la protection des droits et libertés reposent sur une certaine conception de la personne et de la communauté, cette conception se reflète en matière d'universalisation des droits de la personne et se fait sentir sur la scène du droit international.

Avant de souligner deux de ces conséquences que nous estimons majeures en Afrique, besoin est, nous semble-t-il, de rappeler ici les quatre grands courants qui régissent présentement la conception des droits de la personne et qui découlent de l'histoire de celle-ci. Il s'agit du courant individualiste, du courant socialiste, du courant communautaire et du courant internationaliste.

Le courant individualiste est considéré comme celui qui prévaut dans les États occidentaux. Héritier de la civilisation judéo-chrétienne, il privilégie les droits de l'individu, c'est-à-dire les droits civils et politiques, lesquels exigent de l'autorité politique ou administrative de s'abstenir de nuire à leur exercice. Il s'oppose aux droits-créances (les droits à ou droits économiques, sociaux et culturels) ainsi qu'aux droits des peuples. Les instruments politiques et juridiques les plus représentatifs de ce courant sont Magna Carta de 1215, la Déclaration anglaise de droits de l'homme de 1689, la Déclaration des droits de Virginie de 1776, la Déclaration d'indépendance américaine de 1776 et la Déclaration française des droits de l'homme et du citoyen de 1789.

---

[15] Voir BUERGENTHAL, T. KISS, A., *La protection internationale des droits de l'homme,* Kehl, Strasbourg, Arlington, Editoins N.P.Engel, 1991, 262 p. ; MOURGEON, J., *Les droits de l'homme,* Que suis-je, Paris, PUF, 1978, pp. 11-20 ; BUERGENTHAL, T., International and Regional Human Rights Law and institutions : Sone Examples of Their Interaction, *Texas International Law Journal,* Vol. 12, N° 2 & 3, Spring/Summer 1977, pp. 321-330 ; BELLO, E., The African Charter on Human and Peoples'Rights, A Legal Analysis *R.C.A.D.I.*, t. 194, Vol. Vol. V, 1985, pp.9-268.

Le courant socialiste est considéré être né de la Révolution mexicaine et de la Révolution russe d'octobre 1917. À l'origine des droits économiques, sociaux et culturels et de la revendication d'éléments de bien-être (logement, nourriture, habillement, éducation, culture, etc.) au bénéfice des peuples dans un certain nombre d'États, ce courant connaît un certain déclin avec l'écroulement du bloc soviétique. Ses instruments politiques et juridiques les plus représentatifs sont le projet des droits de la ferme et de la citoyenne de 1791, la Constitution des États-Unis mexicains de 1917, la Déclaration soviétique des droits du peuple travailleur et exploité de 1918, la Constitution de Weimar et la Constitution de l'Organisation Internationale du Travail (O.I.T.).

Le courant communautaire prévaut dans les États en développement. Il favorise les droits des peuples selon la formule « qu'il faut du pain avant les rases », et insiste sur les devoirs. Ses instruments politiques et juridiques les plus représentatifs sont la résolution 1415 (XV) sur l'indépendance des pays et peuples coloniaux de 1960, la Charte des droits et des devoirs des États de 1974, la Déclaration pour un nouvel ordre économique international de 1974 et, dans une certaine mesure, la Charte africaine des droits de l'homme et des peuples.

Le courant internationaliste prétend réconcilier les différents courants précédents en acceptant les différentes sortes de droit sans discrimination et sans préférence. Il tend vers l'internationalisation des droits de la personne, lesquels doivent ainsi échapper petit à petit à la compétence nationale et en conséquence aller vers l'universalisme tout en ménageant les particularismes des choix politiques et économiques. Ce courant s'efforce de rapprocher les droits civils et politiques des droits économiques, sociaux et culturels et des droits des peuples. Ses instruments politiques et juridiques les plus représentatifs sont les discours sur les quatre libertés du Président Rossevelt de 1941, la Charte de l'Atlantique de 1941, la Charte des Nations-Unies de 1945, les actes constitutifs des Institutions spécialisées de l'ONU, la Déclaration universelle des droits de l'homme de 1948, les Pactes internationaux relatifs aux droits de l'homme de 1966, les Conventions européenne et américaine de droits de l'homme, la Charte africaine des droits de l'homme et des peuples, l'Acte final d'Helsinki et la Déclaration sur le droit au développement du 4 décembre 1984[16].

Ce rappel étant fait, revenons à deux conséquences, majeurs pour l'Afrique, de l'internationalisation des droits et libertés de la personne. La première fut le déplacement de l'axe des tensions Est-Ouest vers un nouvel axe Nord-Sud. En effet, après le courant des conséquences des bouleversements économiques liés à la décolonisation brutale, conséquences accentuées par le premier choc pétrolier de 1973, les États africains se sont sentis contraints de définir les besoins humains susceptibles d'être satisfaits par la priorisation de la protection des droits de la personne et des peuples. Leurs revendications politiques et économiques sont liées aux objectifs de la coopération internationale, tels qu'ils sont énoncés dans la Charte des Nations-Unies et dans les deux Pactes internationaux relatifs aux droits de la personne[17]. Toutefois, nous pensons que cette vision politico-économique des choses n'explique pas tout et que l'adoption des instruments politiques et juridiques de promotion et de protection des droits de la personne et des peuples en Afrique, à savoir la Convention de l'OUA régissant les aspects propres aux réfugiés en Afrique, la Charte africaine des droits de l'homme et des peuples et le Protocole additionnel à la Charte africaine des droits de l'homme et des peuples portant création de la Cour africaine des droits de l'homme et des peuples, témoignait de l'avènement d'une nouvelle ère dans le do-

---

[16] Cf. MBAYE, K., *op.cit.*, pp.44-47.

[17] Cf. TRUBEK, D.M., Economic, Social and Cultural Rights in The Third World : Human Rights Law and human Needs Programs, dans Th. MORON, *Human Rights in International Law : Legal and Policies Issues,* Oxford, Clarendon Press, 1984, pp. 202 et 227 ; LAMARCHE, L., *loc.cit.,*

maine des droits de la personne et des peuples au sein de l'Organisation de l'Unité Africaine (l'OUA), devenue l'Union africaine (UA)[18].

En bref, l'Union africaine (UA) est une organisation continentale à laquelle ont adhéré les 55 États membres qui composent les pays africains. Elle a été officiellement fondée en 2002 pour prendre le relais de l'OUA, 1963-1999[19]. Son historique s'énonce comme suit, en mai 1963, 32 Chefs des États africains qui avaient accédé à l'indépendance s'étaient rencontré à Addis Abeba, en Éthiopie à l'effet de signer la Charte portant création de la première institution continentale africaine formée au lendemain des indépendances, l'OUA. L'OUA était la manifestation de la vision pan africaine d'une Afrique unie, libre et en pleine possession de sa propre destinée et cela a été consacré solennellement dans sa charte par ses pères fondateurs qui avaient reconnu que la liberté, l'égalité, la justice et la dignité étaient les objectifs essentiels en vue de la réalisation des aspirations légitimes des peuples africains et qu'il était nécessaire de promouvoir la compréhension entre les peuples africains et améliorer la coopération entre les États africains en réponse aux aspirations des Africains pour la solidarité et la fraternité, dans une unité plus grande allant au-delà des différences ethniques et nationales différences. La philosophie directrice était celle d'un panafricanisme centrée sur le socialisme africain et faisant la promotion de l'unité africaine, les pratiques et caractéristiques communales des communautés africaines, et une campagne en vue de faire siens la culture et l'héritage commun de l'Afrique.

---

[18] Signalons que le 11 juillet 2000, au 36ème Sommet de l'OUA tenu à Lomé (Togo), les chefs d'État et de gouvernements africains avaient adopté l'Acte constitutif de l'Union africaine, destinée à remplacer l'OUA en juillet 2002. Voir KIRONGOZI, Cl., L'OUA ; fin de l'histoire et nouvelles perspectives à travers l'Union africaine, *Congo-Afrique*, n° 364, avril 2002, p. 209. Cependant, nous avons préféré garder la dénomination « OUA » pour les besoins de précision et de clarté lorsque nous nous référons à ses documents.

[19] Voir *Union africaine* en ligne sur www.au.int/fr/appercu.

Les objectifs principaux de l'OUA étaient d'ôter le continent des vestiges restant de la colonisation et de l'apartheid; de promouvoir l'unité et la solidarité entre les États africains; de coordonner et d'intensifier la coopération pour le développement; de sauvegarder la souveraineté et l'intégrité territoriale des États membres et de promouvoir la coopération internationale. La Charte de l'OUA a décliné le but de l'Organisation, à savoir : - la promotion de l'unité et de la solidarité des États africains; - la coordination et l'intensification de la coopération et des efforts en vue d'offrir une meilleure vie aux peuples d'Afrique ; - la défense de la souveraineté nationale, de l'indépendance et de l'intégrité territoriale ; - l'éradication de toutes les formes de colonialisme en Afrique ; - et la promotion de la coopération internationale, en tenant dûment compte de la Charte des Nations unies et de la Déclaration universelle des droits de l'homme.

Par le biais du Comité de coordination de l'OUA pour la libération de l'Afrique, le Continent a œuvré et parlé d'une seule voix déterminée et ferme afin de bâtir un consensus international en faveur du soutien pour la lutte de libération et la lutte contre l'apartheid. L'OUA offrait alors un cadre réel qui permettait à tous les États membres d'adopter dans le cadre de forums internationaux des positions coordonnées sur les préoccupations communes à l'ensemble du continent et de défendre effectivement les intérêts de l'Afrique. Le 09 septembre 1999, les chefs d'État et de gouvernement de l'OUA ont signé la Déclaration de Syrte qui appelait de tous ses vœux la création d'une Union africaine, UA, envisageant l'accélération du processus d'intégration continentale qui permettra à l'Afrique de jouer le rôle légitime qui est le sien dans l'économie mondiale, tout en faisant face à des problèmes sociaux, économiques et politiques variés qui devenaient complexes à mesure qu'étaient pris en compte certains aspects négatifs de la mondialisation.

Sa création a été officiellement créée en juillet 2002 à Durban, en Afrique du Sud, suite à une décision prise en septembre 1999 par l'organisation pionnière, l'OUA de mettre en place une nouvelle organisation continentale à l'effet de consolider ses acquis. La décision de création d'une nouvelle organisation panafricaine était le fruit d'un consensus auquel étaient parvenus les dirigeants africains à l'effet de mobiliser le potentiel de l'Afrique, le besoin était ainsi créé de reporter l'attention loin des objectifs d'élimination du colonialisme et de l'apartheid, auxquels s'étaient concentrée l'OUA, pour la ramener vers une coopération et une intégration accrue des États africains et en faire le moteur de la croissance et du développement économique de l'Afrique. L'UA s'inscrit dans la vision *« d'une Afrique intégrée, prospère et pacifique, dirigée par ses propres citoyens et représentant une force dynamique sur la scène internationale »*.

L'Acte constitutif de l'Union africaine et le Protocole sur les amendements à l'Acte constitutif de l'Union africaine déclinent les objectifs de l'UA, qui consistent à : - réaliser une plus grande unité et solidarité entre les pays africains et entre les peuples d'Afrique; - défendre la souveraineté, l'intégrité territoriale et l'indépendance de ses États membres; - accélérer l'intégration politique et socio-économique du continent ; - promouvoir et de défendre des positions africaines communes sur les questions d'intérêt pour le continent et ses peuples; - encourage la coopération internationale ; - promouvoir la paix, la sécurité et la stabilité sur le continent; - promouvoir les principes et institutions démocratiques, la participation populaire et la bonne gouvernance ; - promouvoir et protéger les droits de l'homme et des peuples conformément à la Charte africaine des droits de l'homme et des peuples et aux autres instruments pertinents relatifs aux droits de l'homme; - créer les conditions appropriées permettant au continent de jouer le rôle qui est le sien dans l'économie mondiale et dans les négociations internationales; - promouvoir le développement durable aux plans économique, social et culturel, ainsi que l'intégration des économies africaines; - promouvoir la coopération dans tous les domaines de l'activité humaine en vue de relever le niveau de vie des peuples africains; - coordonner et harmoniser les politiques entre les communautés économiques régionales existantes et futures en vue de la réalisation graduelle des objectifs de l'Union ; - accélérer le développement du continent par la promotion de la recherche dans tous les domaines, en particulier en science et en technologie ; - œuvrer de concert avec les partenaires internationaux compétents en vue de l'éradication des maladies évitables et de la promotion de la santé sur le continent ; - assurer la participation des femmes au processus de prise de décisions, notamment dans les domaines politique, économique et socio-culturel ; - développer et promouvoir des politiques communes sur le commerce, la défense et les relations extérieures en vue d'assurer la défense du continent et le renforcement de ses positions de négociation ; - inviter et encourager la participation effective des Africains de la diaspora, en tant que partie importante de notre continent, à la construction de l'UA.

Les activités de l'UA sont mises en œuvre par le biais de plusieurs organes de décision principaux : La Conférence des chefs d'État et de gouvernement, Conseil exécutif, Comité des représentants permanents le (COREP), les Comités techniques spécialisés (CTS) , Conseil de paix et de sécurité le et la Commission de l'Union africaine. La structure de l'UA fait la promotion de la participation des citoyens africains et de la société civile à travers le Parlement panafricain et le Conseil économique, social & culturel (ECOSOCC) de l'UA.

Les organes chargés des questions judiciaires et juridiques ainsi que des droits de l'homme comprennent :- la Commission africaine des droits de l'homme et des peuples (CADHP quasi-judiciaire), la Cour africaine des droits de l'homme et des peuples (CADHP-judiciaire), la Commission de l'Union africaine pour le droit international (CUADI), le Conseil consultatif de l'Union africaine sur la corruption (CCUAC) et le Comité africain d'experts sur les droits et le bien-être de l'enfant (CAEDBE- quasi-judiciaire).

L'UA œuvre également à la création d'institutions financières continentales (la Banque centrale africaine (BCA), le Fonds monétaire africain (FMA) et la Banque africaine d'investissement (BAI)). Les Communautés économiques régionales (CER) et le Mécanisme africain d'évaluation par les pairs font aussi partie des organes qui constituent la structure de l'UA.

Pour s'assurer de la réalisation de ses objectifs et de la vision panafricaine d'une Afrique intégrée, prospère et pacifique, l'Agenda 2063 a été mis au point au titre d'un cadre stratégique en vue d'une transformation socioéconomique et intégrative de l'Afrique. L'Agenda 2063 exige une plus grande collaboration et un appui en faveur des initiatives pilotées par des Africains afin de s'assurer que les aspirations des populations africains[20].

Ainsi, un nombre considérable d'États africains avaient déjà adhéré et d'autres adhèrent encore à la plupart des Déclarations et/ou Convention internationales relatives aux droits de la personne, même si certains auteurs[21] prétendent que leur adhésion représente en réalité une *« interface obligée »* entre des institutions internationales de type occidental et les sociétés africaines.

L'autre conséquence fut l'exigence de l'enracinement du respect et de la protection des droits et libertés en Afrique subsaharienne imposée par la coopération internationale[22]. En effet, cette exigence devrait

---

[20] Ibid.

[21] Voir MORIN, J.-Y., L'État de droit : Emergence d'un principe du droit international, *R.C.A.D.I.,* t.254, 1995, p. 318.

[22] En, 1991, le vice-président de la Commission européenne de l'ACP-UE, déclarait : « qu'il fallait désormais lier les modèles de croissance économique à des modèles de société. C'est pourquoi la Commission proposait comme objectif majeur de la coopération le développement et la consolidation de la démocratie et l'État de droit, ainsi que le respect des droits de l'homme ». Voir MARIN, M., « La démocratie peut être imposée de l'extérieur », *Courrier ACP-CEE,* n° 128, 1991, p. 50.

s'accompagner nécessairement de l'affermissement de l'État démocratique, c'est-à-dire de l'établissement de l'État de droit et de la culture démocratique. Il nous semble utile de préciser qu'en général les systèmes politiques contemporains sont des types idéaux, c'est-à-dire des systèmes construits intellectuellement (systèmes que l'on rencontre jamais à l'état pur dans la réalité) et dont se sert pour décrire la réalité des gouvernements réels, lesquels se rapprochent plus ou moins de l'un ou l'autre des types. Trois critères peuvent être utilisés pour déterminer ces types : le critère du mode d'adoption des lois, celui des matières sur lesquelles elles portent et celui de la compétition pour l'exercice du pouvoir. 1) Selon le critère du mode d'adoption des lois, on obtient : le système démocratique, système de liberté parce que les lois sont faites par tous ceux qui leur sont soumis (autonomie) ; le système autocratique (l'autarcie), dans lequel les lois sont faites par d'autres et où il n'y a pas coïncidence entre la volonté de ceux qui font les lois et celle de ceux qui doivent leur obéir (hétéronomie) ; la démocratie représentative, système intermédiaire entre les deux premiers, où les lois sont faites non par les sujets de droits, mais par leurs représentants (autocratie) où des élus qui tiennent compte de la volonté réelle des électeurs (démocratie) ; 2) selon les matières que régissent les lois produites par l'État, on obtient : le système libéral, dans lequel les lois ne portent que sur certaines matières (les principes fondamentaux) et laissent le reste à l'autonomie des personnes privées et où l'État maintient la société civile (ensemble des citoyens envisagé de manière distincte de l'État) ; le système totalitaire, dans lequel les lois régissent tous les domaine de la vie laissant une marge très faible à l'autonomie des personnes privées et où l'État envahit complètement la sphère de la société civile ; 3) selon que le critère de compétition pour l'exercice du pouvoir, on obtient : le système ouvert (gouvernement pluraliste) dans lequel les lois permettent à plusieurs citoyens ou plusieurs groupes de citoyens de participer à la compétition pour la conquête du pouvoir légitimement (sans force, ni clandestinement), à ceux qui l'emportent de ne détenir le pouvoir que pour un temps et, aux perdants, dans l'intervalle, d'engager à nouveau la compétition politique ; le système fermé, où la compétition, ouverte et officielle, pour la conquête du pouvoir est inexistante [23].

S'il y a de bonnes raisons de considérer qu'un système démocratique est nécessaire aujourd'hui pour la sauvegarde des droits et libertés de la personne, lesquels droits et libertés sont à la base de l'État de droit, et qu'inversement la sauvegarde de ces droits et libertés est nécessaire pour le fonctionnement effectif et efficace d'un système démocratique, nous nous proposons de répondre à deux questions fondamentales dans cet ouvrage : (1) Quels sont les mécanismes de mise en œuvre qui peuvent permettre de renforcer le système africain de promotion et de protection des droits de la personne et des peuple ? (2) Etant donné qu'un système démocratique se doit de garantir la mise en œuvre effective des certains droits et libertés démocratiques, quelles sont les principales obligations démocratiques qui s'imposeraient aux États africains en vue d'assurer la promotion et la protection des droits et libertés inhérents à un système démocratique ? Nous présenterons ici quelques observations introductives sur ces deux questions.

En ce qui concerne tout d'abord les mécanismes de mise en œuvre, il convient, à notre avis, de souligner que la pratique internationale en matière de promotion et de protection des droits de la personne lie, selon l'heureuse expression du professeur J.-Y. Morin, en « un seul faisceau » les notions de l'État de droit, de droits de la personne et de démocratie[24].

---

[23] Voir BURDEAU, G./HAMON, F./TROPER, M., *Droit constitutionnel, 22ème édition, Paris, L.G.D.J., 1991, pp.104-107* ; DUVERGER, M. *Institutions politiques et droit constitutionnel,* Paris, P.U.F., 1980, t.1, pp. 41-48.

[24] Ce lien établi entre l'État de droit, les droits de la personne et la démocratie est consacré dans la Déclaration de Vienne, adoptée à l'issue de la Conférence mondiale sur les droits de l'homme, le 25 juin 1993 (Voir Déclaration et Programme d'action de Vienne, A./CONF. 157/24, 25 juin 1993, I, paragraphe 27 ; II, paragraphe 67, dans *Les Nations unies et les droits de l'homme 1945-1995,*

Avant tout, précisons que pour nous, il n'y a pas une frontière tranchée entre la notion de promotion et la notion de protection des droits de la personne et des peuples.

En effet, la promotion des droits de la personne et des peuples tente de prévenir que ces droits ne soient pas violés. Elle comprend les fonctions d'études, d'information, de rédaction de textes relatifs aux droits de la personne et des peuples et les fonctions de coopération. Elle réfère à toute action qui tend à favoriser le développement du respect des droits de la personne et des peuples. Son action est orientée vers l'avenir. Elle a un but préventif[25].

La protection des droits de la personne et des peuples s'intéresse à toute situation de fait qui s'est produite ou qui se produit et qui n'est pas conforme à ces droits. Mais la protection des droits de la personne et des peuples peut être considérée comme une promotion de ces droits, par comparaison avec le droit pénal. En infligeant une sanction pénale, le droit pénal punit un coupable et fait jouer le principe de la responsabilité de la personne vis-à-vis de ses actes. À ce titre, il contribue d'une façon individuelle ou collective à assurer la prévention du comportement sanc-

---

New York, 1995, p. 452 et 460) ; dans la Charte de Paris pour une nouvelle Europe, adoptée dans le cadre de la CSCE (Voir DECAUX, E., *Sécurité et coopération en Europe,* Paris, Documentation française, 1992, pp. 285-286) ; dans la Déclaration de Harare, adoptée par les chefs de gouvernement du Commonwealth (Voir The Harare Commonwealth Déclaration, 20 octobre 1991, Commowealth Secretariat Notes, 1992, paragraphe 9) ; dans la Déclaration de Maurice, adoptée par la Conférence des chefs d'États et de gouvernement des pays ayant le français en partage (Voir Déclaration de Maurice, 18 octobre 1993, *Actes de la cinquième Conférence des chefs d'État et de gouvernement des pays ayant le français en partage,* Secrétariat de la Conférence, p.8).

[25] Cf. VASAK, K., *Les dimensions internationales des droits de l'homme, op.cit.,* p. 18 ; MADIOT, Y., *Droits de l'homme et libertés publiques,* Paris, PUF, 1976, p.13.

tionné. On passe presque insensiblement de l'une à l'autre, donc il y a un continuum[26].

La protection des droits de la personne est caractérisée par l'acte introductif de la protection. Cet acte peut émaner des États ou des réclamations formulées par des personnes physiques ou morales. L'examen de l'acte introductif et le résultat de cet examen peuvent donner lieu à une étude, une conciliation, un rapport, une recommandation, une prise de décision ou un jugement (un arrêt).

Dans certains cas, le jugement constituerait la forme la plus parfaite du résultat de l'examen de l'acte introductif de la protection des droits de la personne et des peuples dans le système africain, comme nous pouvons le constater dans le système européen et le système américain. L'exemple européen est le plus éloquent à cet égard. Sa force réside dans la coexistence de deux organes, l'un judiciaire (la Cour européenne) et l'autre politique (le Comité des ministres du Conseil de l'Europe), dont les décisions ont un caractère obligatoire[27]. Signalons au

---

[26] *Ibid.*

[27] Lorsque la Cour européenne statue sur la constatation de la violation d'une disposition de la CEDH, elle rend un arrêt à caractère déclaratoire, obligatoire et définitif. L'arrêt de la Cour européenne est déclaratoire, car le contentieux lié à la violation des droits de la personne est un contentieux de la légalité, c'est-à-dire qu'en vertu de l'article 50 de la CEDH, la Cour doit déclarer la compatibilité ou l'incompatibilité de la décision nationale avec la CEDH, et non un contentieux de l'annulation de la décision de l'État incriminé, c'est-à-dire que la Cour ne peut prescrire de mesures correctives à l'État en cause, ni lui adresser des injonctions. L'arrêt de la Cour est obligatoire, car, en vertu de l'article 53 de la CEDH, d'une part, il est revêtu de l'autorité de la chose jugée, mais uniquement pour les parties au litige et pour le seul cas tranché, donc par *erga omnes* ; et d'autre part, l'État condamné est soumis à l'obligation de résultat, c'est-à-dire qu'il doit mettre son ordre juridique interne en harmonie avec la CEDH. L'arrêt de la Cour européenne est définitif, car il n'est pas susceptible de contestation ou de modification. Conformément au principe de droit international voulant que la violation d'un engagement entraîne l'obligation de réparation dans une forme adéquate (CPJI, affaire des usines de Chorzow, 13 septembre 1928, Série A, n°

passage qu'un projet portant sur la fusion de la Commission européenne et de la Cour européenne (pour des raisons d'allégement du système judiciaire et de réduction de dépenses) est en cours. Toutefois, c'est le jeu des clauses facultatives et surtout le processus avancé d'intégration au sein du Conseil de l'Europe qui ont rendu cette fusion acceptable aux yeux des États membres de celui-ci[28]. Le système américain ne comprend pas d'organe politique. Il repose sur une Commission et une Cour. Leur saisine est soumise à des déclarations facultatives des États américains[29].

Passons maintenant à la question des obligations démocratiques que devraient assurer les États africains. En ces temps de démocratisation

---

17, p. 17) et conformément à l'article 50 de la CEDH (article 63 de la CADH pour la Cour interaméricaine), la Cour peut accorder à la partie victime (lésée) une compensation équitable par la prononcée de l'arrêt lui-même, en pratique une réparation pécuniaire du préjudice subi. Cf. SUDRE, F., Droit international et européen des droits de l'homme, Paris, P.U.F., 1989, 333-336 ; SUDRE, F., La Convention européenne des droits de l'homme, que sais-je, Paris, P.U.F., pp. 66-71.

[28] C'est le Protocole additionnel à la CEDH, Protocole n° 11, adopté le 11 mai 1994, qui prévoit la réalisation de cette réforme. Celle-ci s'articule autour de deux lignes de force : la suppression des clauses facultatives d'acceptation du droit de recours individuel et de la juridiction de la Cour, ouvrant ainsi de plein droit à toute personne physique la saisine de la Cour et l'unification organique des trois organes de décision existants (Commission, Cour et Comité des Ministres) en un seul organe permanent (la Cour). Toutefois, le système européen existant continue à s'appliquer en attendant l'entrée en vigueur du Protocole n° 11, laquelle est subordonnée à la ratification de tous les États parties à la CEDH. Au 1er septembre 1996, il y avait 22 ratifications enregistrées. Voir SUDRE, F., *Droit international et européen des droits de l'homme*, 3ème édition, Paris, PUF, 1977, pp.290-291.

[29] Voir MBAYE, K., *op.cit.*, p. 164 ; MAVUNGU, N.-di-M., Le règlement judiciaire des différends interétatiques en Afrique, *op.cit.*, p. 123 ; OUGUERGOUZ, F., *op.cit.*, pp. 76 et 321 ss ; KWAM KOUASSI. E., *Organisations internationales africaines*, Paris, Berger-Levrault, 1987, p. 247.

internationalisée[30], c'est-à-dire de transition vers le développement d'une culture démocratique[31] à la fois originale pour le peuple qui la génère et s'y reconnaît, et universelle par ses valeurs (les droits de la personne) et ses principes de fonctionnement (le dialogue systématiquement institutionnalisé et la conjonction de la pluralisation des pouvoirs et des centres d'initiatives et de la cohérence dans la mise en système des responsabilités), l'engagement dans la voie de la démocratie pluraliste semble souhaitable non seulement pour la protection des droits et libertés mais aussi pour le renouvellement de la vie politique, économique et sociale de l'État républicain africain moderne[32]. Car, depuis 1989, le monopartisme africain (le parti unique africain) a déjà passé son âge d'or. C'est cette année-là qui constitue la période charnière entre, d'une part, les bavures politiques des gouvernants et leur violence inouïe[33] et, d'autre part, la mutation politique, économique et sociale qui

---

[30] Cf. HERMET, G., *Culture et démocratie*, Paris, Alain Michel/UNESCO, 1994, pp.161-190 ; BAZENGUISSA, R./NANTET, B., *L'Afrique Mythes et réalités d'un continent*, Paris, le cherche midi éditeur, 1995, pp. 151-152 ; EBOUSSI BOULAGA, F., *Les conférences nationales en Afrique noire. Une affaire à suivre,* Paris, Karthala, 1993, 229p.

[31] Voir ALMOND, G., *Pour une sociologie politique*, Paris, Le Seuil, t.II, pp.15-18 et p. 36, O'DONNELL, G., *Troisième from authorisariam rule : Tentative conclusions about uncertain democracies*, Balimore, John Hopkins University Press, 1986, pp.4-12, MEYER-BISCH, P., Démocratisation : Genèse de nouvelles distinctions démocratiques des pouvoirs, dans CAO-HUY THUAN et A. FENET, *Mutations internationales et évolution des normes, Paris, PUF, 1994, p.181.*

[32] M. KAMTO souligne que : « La République a ses exigences et d'abord le respect de la chose publique. Car la République est, ainsi que l'affirmait M. Debré, tout à la fois la res publica (la chose publique) et la forme du gouvernement démocratique. On passe de l'un à l'autre comme on va du torrent à la rivière, écrit le Doyen Vedel ». Voir KAMTO, M., *op.cit.*, p.500.

[33] Les populations africaines sur accablées par l'inflation chronique et galopante, le dommage, l'effondrement de l'appareil productif. 30 millions de chômeurs sont recensés, auxquels s'ajoutent 65 millions de jeunes sans emploi représen-

s'opère dans un nombre croissant d'États africains à la suite de la mondialisation des flux économiques et politiques.

Rappelons que les démocratisations récentes s'étalent sur quatre étapes ou épisodes. Premier épisode, en 1974-1975, le Portugal, la Grèce et l'Espagne, trois pays de l'Europe du Sud, échappèrent au destin totalitaire et rejoignirent la famille des démocraties occidentales. Leur démocratisation semblait obéir au mécanisme d'un alignement de sociétés devenues relativement riches sur le modèle politique des pays européens qui les entourent. Deuxième épisode, à partir de 1979, l'Amérique latine connaît trois temps forts dans le processus de sa démocratisation. D'abord, en Amérique centrale et caraïbe (au Salvador et au Nicaragua), en Equateur et au Pérou en 1979, ensuite, de 1983 à 1985, en Argentine, au Brésil et en Uruguay ; enfin, de 1990 à ce jour, en Chili et en Haïti. Troisième, la chute du Mur de Berlin en 1989, la désagrégation de l'Union soviétique et l'effondrement des démocraties populaires de l'Europe centrale et orientale. Quatrième épisode, la tenue d'élection pluralistes ou/et de conférences nationales en Afrique au début des années 90. En Afrique francophone : conférences nationales en 1990 au Bénin et au Gabon, en 1991 au Congo, au Mali, au Togo, au Niger et en RDC, ex- Zaïre, en Afrique anglophone par des élections pluralistes en Zambie et au Kenya en 1991 ; en Afrique lusophone, élections pluralistes au Cap-Vert en 1991, en Angola en 1992, en Guinée Bissau et Mozambique en 1994 ; en Afrique du Sud, tenue d'élections multiraciales en 1994 (avril, parlement multiracial élu, et mai, Nelson Mandela élu président). G. ALMOND distingue trois dimensions dans la culture démocratique : 1) La dimension cognitive, constituée de l'ensemble des

---

tant 60 % de la population active potentielle. Le déficit de la balance des paiements des États africains est passé de 3,9 milliards en 1980 à 20,3 milliards en 1988. La détérioration des exportations africaines vers les pays industrialisés entre 1982 et 1989 s'est soldée par une perte de 80 milliards pour l'Afrique. Cf. HERMET, G., *op.cit.*, pp.133-151.

connaissances de chaque personne sur le système démocratique. 2) La dimension affective, c'est-à-dire la charge affective dont toute valeur sociales est porteuse ; c'est elle qui détermine l'attitude de la personne face aux messages émis par le système démocratique ainsi que dans ses rapports avec les acteurs de la sphère politique, économique et sociale. 3) La dimension évaluative, laquelle comprend les jugements portés sur les phénomènes politiques, économiques et sociaux par référence à une échelle des valeurs hiérarchisées.

Pour sa part, P. Meyer-Bisch précise que :

« Le principe de toute culture démocratique est que, pour le respect de la dignité humaine (les droits de l'homme et des peuples), et la gestion de toutes les ressources (humaines, naturelles, produites), toute décision doit se prendre à l'issue d'un processus systématique de dialogue entre toutes les personnes intéressées, soit parce qu'elles sont directement concernées par cette décision, soit parce que leur compétence est requise ».[34]

Signalons que l'Afrique subsaharienne a hérité d'un État colonial autoritaire et paternaliste qui n'avait rien de démocratique. Ses héritiers politiques ont perpétué la tradition qui leur fut léguée, laquelle était caractérisée par la concentration du pouvoir non associé de mécanismes d'équilibre ou de contrôle, par la personnalisation de ce pouvoir et son intrusion dans les domaines de l'économie et des finances de l'État, enfin par l'absence de respect des droits de la personne et des peuples et l'inexistence de tous liens entre les gouvernés et les gouvernants installés dans une position quasi permanente de classe dominante[35]. Il peut paraître présomptueux de notre part de vouloir rassembler ainsi en quelques traits les expériences si différentes des divers États africains subsahariens dont les maintes singularités ne font qu'aucun d'entre eux

---

[34] Ibid.

[35] Voir REYNTJENS, F., *op.cit.*, p.67.

n'est assimilable à un autre. Il n'en reste pas moins que chaque État se retrouve dans une défection vitale de la même nature que celle des autres. En attendant une analyse de la spécificité réelle ou imaginaire de chacun d'eux, nous nous limitons ici aux traits généraux et aux problèmes généraux de ces États. De plus, l'État africain subsaharien moderne, en perte de sa personnalité politique, est devenu le produit de nouvelles concertations mondiales liées au commerce, au marché et à la libre circulation des biens, services et capitaux[36].

Au seuil du troisième millénaire, la démocratie pluraliste (vieille de plus de deux mille cinq cents ans[37]) demeure le seul système de gouvernement, après l'effondrement de la démocratie populaire, qui garantit au peuple (demos) que le pouvoir lui appartient et qu'il l'exerce.

Notons que La notion de système politique n'est pas facile à appréhender. Avant la deuxième guerre mondiale, c'était la notion de régime politique qui était en usage dans les facultés de droit et représentait les règles juridiques et constitutionnelles régissant l'aménagement et

---

[36] J.-Y. MORIUN précise que : « Les principes de l'État de droit, des libertés politiques et de la démocratie sont devenus des enjeux économiques importants entre l'Europe des Quinze et un grand nombre d'États du tiers monde ». Voir MORIN, J.-Y., op.cit., p.268. LAMARCHE, L., op.cit., p.4 ; CAO-HUY THUAN, *Multinationales et Droits de l'homme,* Paris, PUF, 1984, 220p.

[37] C'est en 508 av. Jésus-Christ, dans la Cité d'Athènes, que la première assemblée du peuple (une assemblée démocratique) vit le jour en Occident. Elle était ouverte à tous les citoyens à l'exception des femmes, des esclaves et des interdits. Elle se réunissait tous les dix jours, et tous les problèmes de la Cité y étaient abordés. Elle dura plus de deux ans en s'entendant dans l'Empire romain, et fut détruite, avec la chute de l'Empire romain, par Alexandre le Grand et Philippe de Macédoine. Elle connut une période d'oubli au moyen-âge. Au siècle des lumières, elle retrouva droit de cité chez les penseurs. Voir ARISTOTE, *La politique, Paris, Garnier-Flammarion, 1990, 576p.* ; *CICERON, De la république, Des lois,* Paris, Garnier-Flammarion, 1965, 246p. ; SPINOZA, *Traité de gouvernement civil,* Paris, Flammarion, 1984p. ; TOCQUEVILLE, A., *De la démocratie en Amérique,* Paris, Gallimard, 1961, 2 tomes, 1102p.

l'exercice du pouvoir. Les politistes, dont Schwartzenberg, lui préféraient l'emploi de « société politique », notion davantage centrée sur le pouvoir dans la société, sur le milieu social qu'il régit, le phénomène politique dans sa globalité et sa connexité aux autres phénomènes sociaux qui constituent son environnement. Après la deuxième Guerre mondiale, sous l'impulsion de M. Duverger, c'est la notion de système politique qui remplaça celle de régime politique, laquelle résulte de la combinaison entre le système institutionnel (les règles constitutionnelles) et le système des partis politiques, car le système des partis politiques façonne la vie politique, dans le sens où il est la résultante d'un ensemble de facteurs culturels, économiques et même idéologique. En somme, le système politique est un ensemble cohérent d'institutions, liées les unes aux autres, dont le but est de maintenir et de faire évoluer un ordre social déterminé au sein des sociétés globales, dont l'État[38].

Certes, dans sa marche à travers les siècles, la démocratie pluraliste a fait preuve d'une certaine fragilité et a démontré certaines de ses limites. En bref, écrit G. Hermet : « La démocratie prend nécessairement figure de construction symbolique où la souveraineté abstraite se trouve certes attribuée au peuple dans son ensemble, où le pouvoir est censé fonctionner en son nom et à son bénéfice, mais où, aussi, la pratique effective et concrète de l'autorité lui échappe pour revenir aux gouvernants qu'il a élus. Le pouvoir courant appartient à ceux qui parlent au nom du peuple tant que celui-ci ne les a pas désavoués (ce qui constitue une restriction notable) »[39] ; mais elle permet à chaque citoyen de s'exprimer, de s'associer avec d'autres, de choisir ses représentants ou de se présenter lui-même comme candidat dans le cadre d'élections organisées par

---

[38] Voir GOUDOU, T., *L'État, la politique, et le droit parlementaire en Afrique*, Bruxelles, Berger-Levrauls, 1987, pp.53-54 ; DUVERGER, M., *Dictionnaires et légitimité*, Paris, PUF, 1982, pp.2-27.

[39] Voir HERMET, G., *op.cit.*, pp.21-22 ; WATSON, P., *La lutte pour la démocratie : un regard fascinant sur l'histoire – pour mieux comprendre le présent*, Montréal, Québec/Amérique, 1988, 292p.

l'État. Le processus démocratique, qui est entre autres l'élection, est protégé par des principes juridiques et droit international des droits de la personne[40] et par des mécanismes politiques et diplomatiques établis dans le cadre de la coopération internationale[41].

---

[40] Voir MORIN, J.-Y., *op.cit.*, pp.262-270 et 439-445 ; TERREAULT, p., *Les droits et libertés démocratiques en droit international et en droit comparé*, Thèse, Montréal, 1995, 180p.

[41] Voir NDIAYE, B., La coopération internationale pour la promotion de la démocratie et des droits de l'homme : principes et programmes, dans *Commission internationale de Juristes, La Revue*, n° 49/1992, pp.23-38. Dès 1990, la résolution sur la quatrième Décennie pour le développement de l'Assemblée générale de l'ONU souligna l'importance du respect des droits et libertés démocratiques pour le processus de développement (Voir AG/Rés. 45/199, 21 décembre 1990, *Documents officiels de l'Assemblée générale, quarante-cinquième session,* supplément n° 49, vol. 1, p.134). Déjà en 1986, les ministres des Affaires étrangères de l'Union européenne affirmaient que l'administration de l'aide au développement servira à promouvoir les droits fondamentaux (Voir *Bulletin CE*, 7/8-1986, paragraphes 1-2). L'Acte unique de l'Europe de 1986 consacrait les droits fondamentaux et la démocratie en tant qu'objectifs de l'Union européenne (Acte du 28 février 1986, reproduit dans C. PHILIP, *Textes institutionnels des Communautés européennes,* Paris, PUF, 1993, pp. 8-9). Dans la Déclaration sur les lignes directrices sur la reconnaissance des nouveaux États en Europe orientale et en Unions soviétique et dans la Déclaration sur la Yougoslavie, l'Union européenne exigeait le respect des disposition de la Charte des Nations unies et des engagements souscrits dans l'Acte final de Helsinki et la Charte de Paris, notamment en ce qui concerne l'État de droit, la démocratie et les droits de l'homme (Voir Déclaration sur les lignes directrices, etc. 16 décembre 1991, dans *RGDIP,* n° 96, 1992, pp.261-263). Dans le cadre de l'association entre l'Union européenne et les États d'Afrique, caraïbe et pacifique, ACP-UE, la quatrième Convention de Lomé de 1989 reflétait le souci des États européens de l'assurer que leur aide financière soit conçue comme une contribution à la promotion des droits fondamentaux (Voir *Conseil des ministres ACP-CEE,* « Quatrième Convention ACP-CEE, Lomé, 15 décembre 1989 » ; Luxembourg 1991).

Ainsi, nous étudierons les notions juridiques qui assurent l'existence d'un système démocratique[42] sous l'angle du processus électoral. Le droit international des droits de la personne et les droits régionaux des droits de la personne (les systèmes africain, américain et européen) garantissent aux citoyens des droits démocratiques et certaines libertés fondamentales nécessaires à la survie d'une démocratie. Comme la garantie accordée aux citoyens de droits démocratiques et de libertés fondamentales ne suffit pas à elle seule pour assurer la survie d'un système démocratique, ils imposent également aux États certaines obligations démocratiques.

Les droits démocratiques reconnus sont le droit de vote et le droit de se porter candidat. Ces droits s'accompagnent de certaines libertés fondamentales nécessaires à l'épanouissement du corps électoral. Les libertés ainsi consacrées sont la liberté d'expression et la liberté d'association. Cependant, ces droits et libertés font l'objet de certaines restrictions, lesquelles sont liées à l'encadrement de leur exercice.

Les obligations démocratiques imposées aux États consistent à organiser des élections libres et honnêtes, à intervalles réguliers, au suffrage universel égal et selon une procédure qui garantit le secret de vote ou une procédure équivalente. Ils doivent rendre publics les résultats des élections. Mais, le droit international n'impose aucun système politique ou méthode électorale particulière. En effet, chaque État est libre de choisir le système qui convient le mieux à sa géographie, à son histoire et à sa culture. Néanmoins, les droits régionaux américain et européen

---

[42] Au concept de « système politique », nous préférons, dans cet ouvrage, le concept de « système démocratique », car tout système démocratique est composé d'acteurs, d'actrices et de vecteurs. Les actrices et les acteurs sont les citoyennes électrices et les citoyens électeurs, lesquels composent les parties politiques et les groupes de pression. Les vecteurs sont les forces démocratiques et les mécanismes démocratiques qui reposent sur les élections, les mass media et les moyens financiers. Notre thèse accorde une priorité à l'un des vecteurs, les élections. *Voir* GOUDOU, T., *op.cit.*, p.54.

exigent l'implantation d'un système démocratique pluripartite afin d'empêcher toute forme de gouvernement à parti unique[43].

L'interaction entre droits démocratiques et les libertés fondamentales des citoyens, d'une part, et obligations démocratiques des États, d'autre part, constitue un équilibre adéquat pour qu'il y ait un véritable système démocratique. Par conséquent, cette interaction qui permet à chaque citoyen de s'exprimer, de s'associer avec d'autres, de choisir ses représentants ou de se présenter comme candidat dans le cadre d'élections organisées par l'État mérite d'être analysée en référence au système africain de promotion et de protection des droits de la personne et des peuples.

En effet, l'article 13 de la Charte africaine consacre le droit de libre participation à la direction des affaires publiques et à l'égal accès aux fonctions, biens et services publics comme suit :

- Tous les citoyens ont le droit de participer librement à la direction des affaires publiques de leur pays, soit directement, soit par l'intermédiaire de représentants librement choisis, ce, conformément aux règles édictées par la loi.
- Tous les citoyens ont également le droit d'accéder aux fonctions publiques de leur pays.
- Toute personne a le droit d'user des biens et services publics dans la stricte égalité de tous devant la loi[44].

---

[43] Voir l'article 3 du Protocole additionnel à la CEDH et les commentaires de la doctrine dans P. VAN DIJK ET G.J.H. HOOF, *Theory and Practice of the European Convention on Human Rights,* 2nd edition, Deventer, Kluwer Law and Taxation Publication, 1990, 657p. surtout p. 479 ; l'article 23 de la CADH et D. SHELTON, « Representative Democracy and Human Rights in the Waster Hemispher », (1991) 12 *H.R.L.J., 358 ; A.S.I.L.,* « International Observation of Election, (includes discussion) Procesdings of the Eighty-Fourth Annual Meeting of the American Society of International Law) Remarks by S.M. SCHNEEBAUM) », (1990) *Proceedings of Annual Meeting* – A.S.I.L., 376.

- o a) le droit de libre participation à la direction des affaires publiques (art. 13 (2)) : tout citoyen peut participer, selon les modalités de la démocratie directe[45], de la démocratie semi-directe[46] ou de la démocratie représentative[47], au pouvoir politique de son État ;
- o b) le droit à l'égal accès aux fonctions publiques (art. 13 (2)) : tout citoyen peut accéder non seulement aux

---

[44] L'article 13 de la Charte africaine s'est inspiré de l'article 25 du Pacte international relatif aux droits civils et politiques (1976 999 R.T.N.U. dont voici le libellé : Tout citoyen a le droit et la possibilité, sans aucune des discriminations visées à l'article 2 et sans restrictions déraisonnables a) De prendre part à la direction des affaires publiques, soit directement, soit par l'intermédiaire de représentants librement choisis ; b) De voter et d'être élu, au cours d'élections périodiques, honnêtes, au suffrage universel et égal et au scrutin secret, assurant l'expression libre de la volonté des électeurs ; c) D'accéder, dans des conditions générales d'égalité, aux fonctions publiques et son pays. L'article 13 de la Charte africaine ne privilégie aucun modèle politique par rapport à un autre. Cf. OUGUERGOUZ, F., *op.cit.*, p.120.

[45] C'est la forme de démocratie dans laquelle les citoyennes et les citoyens exercent eux-mêmes le pouvoir sans intermédiaire. Elle était en usage dans les cités grecques antiques. De nos jours, elle ne survit que dans certains cantons suisses. Voir AUER, A., *Les droits politiques dans les Cantons suisses*, Genève, Georg-Librairie de l'Université, 1978 pp.5-92.

[46] C'est la forme de démocratie qui combine la démocratie directe et la démocratie représentative. Le pouvoir est exercé par des représentants, mais les citoyennes et les citoyens peuvent intervenir directement dans son exercice, à certaines conditions, par l'initiative populaire, le référendum. Voir AUER, A., op.cit., pp.97-187 ; DIMOTROV, E., Les formes de participation des citoyens au fonctionnement de l'État, dans *Le nouveau droit constitutionnel, Fribourg, Éditions Université Fribourg Suisse, 1987, pp.111-132.*

[47] C'est la forme de démocratie dans laquelle les citoyennes et les citoyens donne mandat à leurs représentants d'exercer le pouvoir en leur nom et place. *Ibid.*

fonctions de représentation au sein de l'État mais à
tout emploi dans l'administration de l'État[48].

- o c) le droit à l'égal accès aux biens et services publiques (art. 23(3)) : toute personne, citoyen et non national, a un droit d'accès aux biens affectés à la satisfaction des besoins d'intérêt public (entre autres les routes, les parcs et jardins, les musées) et aux services contrôlés et destinés à satisfaire les besoins d'intérêt général (tels que les hôpitaux, les transports, la police).

Le droit à l'égal accès aux fonctions publiques et le droit à l'égal accès aux biens et services publics ne rentrent pas dans le champ de nos présentes préoccupations ; ils ne seront donc pas examinés ici. Notre analyse est plutôt centrée sur la notion juridique de démocratie. Evidemment, nous ne reprenons pas les nombreuses élaborations théoriques relatives à la notion de démocratie[49], mais notre perspective est orientée

---

[48] L'article 13 (2) de la Charte africaine vise à prévenir toute discrimination en matière d'accès à tout emploi dans l'administration de l'État. Il doit être lu à la lumière du droit de non-discrimination énoncé à l'article 2 de ce même document. Précisons que la notion d'administration de l'État englobe les fonctions publiques et les fonctions de représentation ; ces dernières ayant un contenu plus étroit. Voir également OUGUERGOUZ, F., op.cit., pp.119-121.

[49] Selon la finalité qu'il convient d'assigner à la notion de démocratie, quelques auteurs ont produit leur classification. F. HENRIQUE considère la démocratie comme valeur et la démocratie comme mécanisme. N. BOBBIO distingue la démocratie formelle et la démocratie substantielle. J. HABERMAS identifie la démocratie procédurale et la démocratie substantielle. Il découle de ces réflexions sur la notion de la démocratie qu'elle se prête à deux approches : la première conçoit la démocratie comme un pur mécanisme, un agencement institutionnel (la démocratie procédurale) ; et la seconde conçoit la démocratie comme un projet de société destiné à promouvoir l'accomplissement aussi bien personnel que collectif de tous les citoyens (la démocratie substantielle). Voir HABERMAS, J., *Betveen Facts and Norms. Contributions to a Discourse Theo-*

vers une définition minimale, puisée dans le droit positif des systèmes démocratiques occidentaux contemporains, selon laquelle la démocratie est un système institutionnel dans lequel la désignation des gouvernements est résolue pacifiquement, et ce, au terme d'élections régulièrement disputées. Ainsi donc, dans cet ouvrage, nous nous intéresserons aussi bien à la notion de « démocratie procédurale » qu'à la notion de « démocratie substantielle ».

La démocratie procédurale est la démocratie qui se caractérise comme un ensemble d'institutions ou une sorte de règle du jeu politique qui tend à préserver les personnes tout autant que la communauté contre tous les risques de dictature, aussi vient de ceux qui sont représentés par des régimes autoritaires que du danger potentiel d'un despotisme de la majorité au sein même d'un système représentatif. Elle se présente comme un dispositif de protection et comme une forme de gouvernement minimal dans le sens où elle pose que la garantie des droits de chaque citoyen dérive avant tout du respect de règles et de procédures de nature juridique qui interdisent toute action abusive de la part de l'État, en lui interdisant également toute intervention novatrice qui outrepasserait les pouvoirs que les électeurs lui ont explicitement consentis.

La démocratie procédurale vise à concilier les notions de volonté majoritaire et de liberté de chaque citoyen. La démocratie substantielle est celle qui postule que les formes institutionnelles, les droits individuels ou collectifs, les modes de représentation, la nature et l'étendue de la participation, les structures économiques, ne constituent au mieux que des instruments mis au service d'une cause qui dépasse et qui mérite seule le qualificatif de démocratique : celle de l'avancement de l'égalité

---

ry of Law and Democracy. Cambridge, Massachusetts, The MIT Press, 1996, pp.287-328; ALEXY, R., "Jurgen Habermas's Theory of Legal Discourse", in Habermas on Law and Democracy; Critical Exchanges, *Cardozo Law Review*, part I, vol 17, n° 4-5, March 1996, pp. 1027-2034; HERMET, G., *op.cit.*, pp.22-27.

des hommes et des femmes jusqu'à ce point de perfection où ils se trouveront tous en mesure de tirer le meilleur profit de leurs dons personnels[50].

Dès lors, il nous importe de cerner les critères juridiques fondamentaux de la démocratie sans disserter sur les fondements institutionnels des systèmes démocratiques contemporains (la classification des systèmes institutionnels démocratiques en régimes présidentiel, parlementaire et directorial). Cela se justifie dans la mesure où nous nous limitons prioritairement à l'examen du processus de promotion et de protection des droits et libertés démocratiques. Car la validité des institutions démocratiques se mesure à leur fonctionnement : c'est le système institutionnel qui constitue le support naturel de l'État de droit et des droits et libertés.

Rappelons de façon incidente que l'État de droit s'est formé dans le creuset des régimes de légitimité traditionnelle, de la monarchie absolue dite de droit divin. Dans la tradition anglo-saxonne, la conception de l'État de droit s'est opérée en référence aux droits individuels des sujets. Le règne du droit (*The Rule of Law*) résulte d'une longue pratique constitutionnelle et juridique où le juge a joué un rôle essentiel. Il est consacré par la *Pétition of Right* de 1628, par la *Habeas Corpus Act* de 1679 et *le Bill of Right* de 1689, textes fondamentaux qui définissent les droits et libertés concrets des individus et permettent de les garantir. C'est au nom de ces droits et libertés que les colons américains se sont soulevés contre la Grande-Bretagne en 1776. Ils les ont réaffirmés dans la Déclaration d'indépendance du 4 juillet 1776 et en ont fait les dix premiers amendements de la Constitution des États-Unis d'Amérique, lesquels sont confiés à la garde du pouvoir judiciaire. Dans la tradition française, la conception de l'État de droit s'est opérée en référence à l'intérêt de l'État davantage qu'à la protection des sujets, car la société était constituée en ordres ou états des sujets aux droits, devoirs et privilèges dis-

---

[50] Voir HERMET, G., *op.cit.*, pp.21-27.

tincts. La souveraineté était limitée par la loi comme l'expression de la volonté générale, laquelle revêtait trois formes : celle de la loi divine s'imposant au monarque en tant que dispensateur de la justice ; celle de la loi naturelle obligeant le monarque à respecter les droits civils de ses sujets et celle de la constitution coutumière où les lois fondamentales contrôlaient la constitutionnalité des actes du monarque. Toutefois, la Déclaration des droits de l'homme et du citoyen de 1789, en proclamant des droits et libertés égaux et inaliénables, se rattache à la tradition anglo-saxonne, mais sans vraiment s'écarter de la conception de la loi comme volonté générale, laquelle anéantit le pouvoir judiciaire en tant que pouvoir autonome. L'État de droit moderne, fondé sur la logique démocratique, est centré sur les droits et libertés fondamentaux des personnes.

Et dans le même sens, Ph. Lauvaux observe que :

« L'universalité comme principe de légitimité procède d'abord d'une identification entre démocratie et liberté. La démocratie moderne est fondée sur la conception moderne de la liberté, elle repose essentiellement sur l'héritage du libéralisme classique. L'héritage du libéralisme classique comprend la conception pragmatique anglo-saxonne qui a inspiré les mouvements libéraux européens et la révolution américaine, et la conception rationaliste français qui a prévalu avec la révolution française. La conception anglo-saxonne s'inspire du droit naturel moderne. Elle soutient que le droit préexiste et est supérieur à la législation et que la souveraineté dont le pouvoir de faire la loi constitue l'expression est limitée par le droit. La conception française est d'inspiration positiviste. Elle suppose qu'il est possible de construire tout l'ordonnancement juridique de manière volontariste au départ d'un contrat social qui implique une table rase. Le droit se confond avec la loi. La loi est l'expression de la volonté générale qui s'identifie à la souveraineté de l'État »

Ainsi donc la démocratie suppose que le pouvoir repose sur le consentement du peuple et qu'il ait sa source dans le peuple. Toutefois, il ne s'agira pas du peuple au sens réel, c'est-à-dire l'ensemble des personnes majeures et mineures citoyennes d'un État, ni du peuple au sens idéologique ou fictif, c'est-à-dire un peuple abstrait qui a l'identité que lui confère la raison idéologique (identité variable), mais du peuple constitutif du corps électoral, c'est-à-dire l'ensemble de citoyens qui a le pouvoir de choisir librement ses dirigeants à intervalle périodique et qui a le pouvoir de révoquer ses dirigeants lorsque c'est nécessaire [51].

Au demeurant, c'est en quête d'une nécessaire complémentarité entre, d'une part, l'universalisation des droits de la personne telle que véhiculée par les instruments politiques et juridiques adoptés au sein des Nations unies et de ses institutions spécialisées, de l'Union européenne, de l'Organisation sur la sécurité et la coopération en Europe (OSCE)[52], de l'Organisation des États américains (OEA) et, d'autre part, la prise en considération de certaines réalités des communautés de droit traditionnelles[53] et de l'environnement social, économique et politique propres

---

[51] Cf. LAUVAUX, Ph. *op.cit.*, pp.31-54 ; DIMITROV, E., Les formes de participation des citoyens au fonctionnement de l'État, dans *Le nouveau droit constitutionnel, op.cit.*, pp.101-105.

[52] Signalons que, lors de la commémoration du cinquantième anniversaire de la fin de la seconde guerre mondiale, du vingtième anniversaire de la signature de l'Acte final de Helsinki et du cinquième anniversaire de la chute du mur de Berlin à Budapest le 6 décembre 1994, les États participants avaient convenu qu'à partir du 1er janvier 1995 la CSCE deviendrait l'Organisation pour la sécurité et la coopération en Europe (OSCE), une structure de sécurité qui englobe les États participants de Vancouver à Vladivostok. Voir CSCE, Document de Budapest du 6 décembre 1994, RUDH, 1995, Vol. 7, n° 11-12, pp.80 et 83. Cependant, nous avons préféré garder la dénomination « CSCE » pour les besoins de précision et de clarté lorsque nous nous référons à ses documents.

[53] Cf. ALLIOT, M., « L'État et la société en Afrique noire. Greffes et rejets ». Revue française d'histoire d'outre-mer, 1981, p.96.

de l'Afrique actuelle[54], que nous menons cette recherche. M. Alliot précise à cet effet que :

> « Les communautés (africaines subsahariennes) défendent avec acharnement leurs coutumes contre les États, qui au nom de l'unité, du développement et de la modernité, veulent les en déposséder, les coutumes garantissant les acquis, elles assurent l'indépendance ; la loi, elle, peut être imposée au groupe par une fraction du groupe ou par une autorité étrangère […]. La loi n'est pas forcément un progrès et […] perdre ses coutumes, c'est la plupart du temps, perdre son indépendance ».

Avec M. Kamto, nous sommes d'avis qu'en cette période de transition accélérée dans laquelle vivent les pays africains, la solution n'est ni dans la modernité, ni dans la tradition, ni dans le reniement de l'une ou profit de l'autre, mais assurément dans un effort d'adaptation à un environnement spécifique.

Notons que l'évolution des droits de la personne vers l'universalisme, encore qu'il est pertinent de s'entendre d'abord sur la notion d'universalisme, qui pour nous, il ne s'agit pas de rechercher une uniformité, mais une harmonisation, car nous sommes dans un monde multiculturel, formé d'entités juridiques internationales guidées par des idéologies différentes. Si l'on observe la communauté internationale d'aujourd'hui, on se rend compte qu'elle est soumise à des influences qui sont les résultantes de plusieurs dimensions (géographique, philosophique, politique, économique, etc.). A toutes ces dimensions correspondent des conceptions différentes des droits de la personne. En conséquence, l'universalisme n'empêche pas la diversité. Bien entendu, l'Afrique n'échappe pas à cette réalité. Dans ce continent, les droits de

---

[54] Voir KAMTO, M., « Une justice entre tradition et modernité », dans J. du BOIS de GAUDUSSON/G.CANAC, *La justice en Afrique*, Documentation française, 1990, *Afrique contemporaine*, numéro spécial 156, p.34.

la personne et des peuples revêtent certaines spécificités[55] et la notion de l'universalisme peut être considérée sous trois angles : l'universalisme de la conception, celui de la formulation et celui du contrôle et de l'effectivité du respect des droits de la personne.

Le progrès de l'universalisme de la conception des droits de la personne est ralenti par les tensions entre les prétendues générations de droits, tensions découlant des différences fondamentales dans la conception philosophique et les niveaux de développement économique des États. Quant à la marche vers l'universalisme de la formulation des droits de la personne, elle est presque achevée. Mais il reste certains désaccords portant sur les liaisons, d'une part, entre les droits et les devoirs de la personne et, d'autre part, entre les droits de la personne et les droits des peuples. Par contre, l'universalisme du contrôle et de l'effectivité du respect des droits de la personne demeure loin d'être réalisé. Seules l'Europe et l'Amérique sont arrivées à mettre sur pied un système de défense des droits de la personne avec un contrôle, tant politique que judiciaire, efficace et éprouvé. Le système onusien et le système africain ont adopté une procédure « contrôle – conciliation « qui consiste en un dialogue continuel entre les États concernés plutôt qu'en un recours direct des personnes devant une juridiction.

Les défaillances de l'universalisme de la conception et de la formulation se sont atténuées par l'affirmation de l'indivisibilité des droits de la personne. Les droits de la personne sont constitués de séries de droits énonçant chacune des aspects complémentaires et interdépendants de la personne humaine, située économiquement, socialement et culturellement, car fondamentalement, la racine commune de tous les droits de la personne n'est autre que l'idée élargie de justice sociale. Quant à la

---

[55] Voir MBAYE, K., *op.cit.*, pp.43-44 ; OUGUERGOUZ, F., *La Charte africaine des droits de l'homme et des peuples. Une approche juridique des droits de l'homme entre tradition et modernité,* Paris, PUF, 1993, pp. XXV à XXVI ; ROULAND, N., *Aux confins de droit*, Paris, Éditions Odile JACOB, 1991, 318p.

réalisation de l'universalisation du contrôle et de l'effectivité du respect des droits de la personne, le combat contre certains facteurs de résistance (les données religieuses, politiques, économiques, sociales et sociologiques) passe par la mise en marche de moteurs d'accélération tels que le renforcement de l'action des tribunaux nationaux, internationaux et des organisations non gouvernementales, l'accroissement de la coopération internationale et le développement économique et social des États démunis[56].

Dans une Afrique aussi plurale, nous ne nous intéressons pas aux différences entre les cultures, les systèmes de valeurs et les intérêts spécifiques nationaux. La première partie du présent ouvrage (Tome I) sera consacrée à la promotion et à la protection des droits de la personne et des peuples en général en droit international africain, et ce, dans la perspective de leur mise en œuvre[57]. Ainsi, nous examinerons l'évolution de la problématique des droits de la personne et des peuples au sein de l'OUA (chap. I) et sa réglementation et son exécution (chap. II). Nous suggérerons ensuite quelques mécanismes de mise en œuvre, en l'occurrence les techniques exécutives[58], politiques et diplomatiques et

----

[56] Voir MBAYE, K., *op.cit.*, pp.47-49 ; LAMARCHE, L., *op.cit.*, pp.160-162 ; MEYER BISCH, p., loc.cit.

[57] Générale parce qu'elle n'analyse aucun droit ou liberté en particulier, cette première partie est néanmoins spécifique par l'accent qui y est mis sur la mise en œuvre. La deuxième partie est plus spécifique en ce qu'elle a pour objet les droits et obligations démocratiques.

[58] Nous avons emprunté l'expression « techniques exécutives » à H. THERRY, « L'évolution du droit international », cours général de droit international public, *RCADI* 1990 III, pp.99-122. Ce dernier écrit : « Les techniques que nous appelons exécutives ont pour objet d'assurer la mise en œuvre du droit et donc de faire en sorte que ses normes soient respectées. Les techniques exécutives générales sont celles dont les États disposent lorsqu'un fait illicite a été commis, soit afin de faire cesser ce fait – il est alors question de la réaction à l'illicite par les représailles et les contre-mesures en cas de violation d'une norme obligatoire ou d'une norme impérative, - soit afin d'obtenir la réparation du dommage que ce

les techniques quasi juridictionnelles et juridictionnelles (chap. III) en vue de renforcer le système africain de promotion et de protection des droits et libertés à la lumière du système onusien, du système européen et du système interaméricain. Rappelons que seuls ces deux derniers systèmes offrent aux droits de la personne les pleines conditions de leur effectivité à ce jour. Et finalement, nous traitons de la question de la promotion et de la protection des droits et libertés de la femme, dans sa dimension instrumentale et surtout dans l'optique des mécanismes de leur mise en œuvre (chapitre IV).

Cet ouvrage fait appel à deux approches méthodologiques, lesquelles se compléteront mutuellement.

L'approche historique nous permettra de suivre l'évolution du droit international et des droits régionaux des droits de la personne et des peuples à travers l'examen des analyses doctrinales et de la jurisprudence, le cas échéant. L'approche comparative, quant à elle, nous sera d'un précieux secours pour apprécier l'innovation, la compatibilité ou la complémentarité du droit international africain des droits de la personne et des peuples par rapport à ses homologues universels et régionaux. Elle nous permettra de dégager le sens de certaines normes obscures du droit international africain des droits de la personne et des peuples[59].

---

fait a causé par la responsabilité. Les techniques exécutives spéciales sont au contraire instituées au coup par coup pour les traités ou résolutions des organes internationaux et sont appelées à être mises en œuvre par les États qui sont parties à ces traités ou par ceux qui acceptent de se conformer à ces résolutions. Ces techniques sont devenues depuis lors très nombreuses et diverses. On peut tenter de les classer selon le degré de pression exercées sur les États et en somme de l'atteinte qu'ils acceptent de subir quant à la préservation de leur souveraineté et de leurs compétences exclusives en a) les conférences d'examen, b) les rapports, c) les requêtes et communications, d) les enquêtes, c) les opérations de maintien de la paix, f) la vérification in situ ».

[59] Un certain nombre de sources doctrinales très variées seront utilisées dans cet ouvrage. Ce qui nécessite d'attirer l'attention du lecteur sur la distinction qui

Notre démarche se situera à trois niveaux de compréhension, et ce, pour deux raisons qui suivent. Premièrement, nous estimons que de nombreux facteurs économiques, sociaux et culturels se dissimulent dernière les normes juridiques (le droit est un fait social qui révèle une certaine manière d'envisager son univers). Deuxièmement, la tentative de comprendre et d'expliquer la conception africaine des droits de la personne en juriste pur ne nous paraît pas possible, car celui-ci ne peut saisir d'une façon isolée les droits de la personne, et par conséquent, il doit prendre en considération l'apport des autres sciences sociales.

Dans cette perspective, notre méthode d'analyse consistera à expliquer qu'à partir d'un fait ou d'une action accomplie on déduit le droit, et non pas à utiliser le droit pour expliquer un fait ou une action accomplie. Le premier niveau de compréhension sera plus abstrait : ce sera celui de la philosophie, et c'est là que l'anthropologie et l'ethnologie trouveront droit de cité. Notons qu'il existe une réelle difficulté à distinguer entre les études philosophiques et les études anthropologiques et ethnologiques produites sur l'Afrique. Outre la rareté d'ouvrages synthétiques, il y a une prolifération d'articles, éparpillés et dispersés à travers de nombreuses revues de philosophie, d'ethnologie, de sociologie, de littérature, de théologie, etc. d'Afrique, d'Amérique et d'Europe. Tout cela constitue un véritable défi pour mener une recherche[60]. Le deuxième niveau de compréhension sera celui des principes politiques et juri-

---

doit être faite entre ce que sont les droits de la personne et des peuples en Afrique subsaharienne et ce qu'ils devraient être.

[60] Voir MARCUS-HELMONS, S., « L'apport juridique dans l'élaboration des droits de l'homme », dans F. MASSART/C.ROOSENS, *Francophonie, CEE et droits fondamentaux*, Louvain-la-Neuve/Bruxelles, Academia/Bruylant, 1990, pp. 45-50 ; SCHWARZ, A., *Colonialistes, Africanistes et Africains*, Louisville-Montréal, Nouvelle option, 1979, pp.41-80 ; METOGO MESSI, E., *Théologie africaine et ethnophilosophie*, Paris, L'Harmattan, 1985, pp.5-50 ; KA MANA, « De la nécessité d'une théologie de la reconstruction », dans *Dieu a-t-il peur de l'Afrique ?* GOLLAS, n° 36, printemps 1994, pp.138-144.

diques[61]. Et le troisième niveau de compréhension sera plus concret : ce sera celui des faits illustratifs, car la vision idéale mérite d'être confrontée aux faits vécus. Par exemple, l'exercice du pouvoir est un art qui, en plus de l'intelligence, prend en considération les êtres humains tels qu'ils sont, soulignait Aristote[62].

Nous croyons enfin nécessaire de compléter cette introduction par deux observations supplémentaires. Idéalement, la rédaction du présent ouvrage aurait requis que nous consultions tant les travaux préparatoires à la Charte africaine des droits de l'homme et des peuples que les travaux internes de la Commission africaine, y compris les plaintes déposées devant elle et ce qui en est devenu. Les ressources financières nous manquaient pour nous rendre au siège de l'OUA à Addis-Abeba et à celui de la Commission à Banjul. Aurions-nous eu les moyens de nous y rendre, l'accessibilité ces documents était loin d'être une chose garantie. Deuxième remarque : cet ouvrage, assez volumineux, fait référence à des multiples études sur l'Afrique, études très diverses et qui se trouvent présentement dans un grand état d'éparpillement. En un domaine où les synthèses sont très rares, le présent ouvrage a tenté d'en réaliser une qui,

---

[61] On peut donner au mot « principes » un sens restreint comme le fait l'article 38s (1,c) du statut de la Cour internationale de Justice (CIJ) qui présente les « principes » comme troisième source de droit international (après les conventions et la coutume internationale) en ces termes : « La Cour, dont la mission est de régler conformément au droit international les différends qui lui sont soumis, applique) les principes généraux de droit reconnus par les nations civilisées ». On peut lui donner un sens plus général, auquel cas il s'agit des principes adoptés par les systèmes de droit international, de droits régionaux, voire de droits nationaux, ou par les pratiques politiques internationales, régionales et nationales applicables aux rapports internationaux. Voir MORIN, J.-Y/RIGALDIES, F./TURP, D., *Droit international public*, Notes et documents, Montréal, Les éditions thémis, 1987, t.1, p.68 ; MORIN, J.-Y., *L'État de droit,* ; RCADI, 1995, t.254, pp.31-34 ; NGUYEN, Q.D./DAILLIER, P./PELLET, A., *Droit international public*, 5è éditions, Paris, L.G.D.J., 1994, pp.341-346.
[62] Voir MORIN, J.-Y., *op.cit.*, p. 24.

nous le souhaitons, sera utile en particulier aux lecteurs africains, qui sont en si grand manque de documentation. C'est dans ce contexte que nous abordons la présente recherche qui, bien que générale suscitera probablement des études particulières qui compléteront, confirmeront ou infirmeront nos conclusions.

Droits, libertes et devoirs de la personne et despeuples en droit international africain: promotion et protection

> « Il ne s'agira, pour nous Africains, ni de copier, ni de rechercher l'originalité pour l'originalité. Il nous faudra faire preuve, en même temps, d'imagination et d'efficacité. Celles de nos traditions, qui sont belles et positives, pourront nous inspirer. Vous devrez donc avoir constamment à l'esprit nos valeurs de civilisation et les besoins réelles de l'Afrique ».

Discours du Président L. S. Senghor à l'ouverture de la réunion des experts chargés d'élaborer l'avant-projet de la Charte africaine des droits de l'homme et des peuples, CABL/LEG/67/3 *Revue* 1, Secrétariat Général de l'OUA, Addis Abéba, 1979.

En droit international général, la définition du concept « peuple » sur la base des éléments matériels tels que le passé, le territoire, la religion, la langue commune ; ou sur la base de l'élément psychologique, tel que la volonté de vivre ensemble ne semble pas satisfaisante. La complexité de cette définition s'est posée à telle enseigne qu'elle a conduit certains auteurs à s'interroger sur l'opportunité de pareille définition[63].

---

[63] *Cf.* NIGOUL, CV TORRELLI, M., *Les mystifications du nouvel ordre international*, Paris, PUF, 1984, p. 42 ; CHAUMONT, Ch., Le droit des peuples à témoigner d'eux-mêmes, *Annuaire du Tiers Monde*, Paris, Berger-Levrault, 1976, p.16 ; CALOGEROPOULOS-STRATIS, Le droit des peuples à disposer d'eux-mêmes, Bruxelles, Bruylant, 1973, p. 24.

Toutefois, les Nations unies ne considèrent le *« peuple »* que sous l'angle de la subjugation, de la domination ou de l'exploitation étrangère (Résolution 1514 (XV) du 14 décembre 1960 ou la Déclaration d'octroi d'indépendance aux pays et aux peuples coloniaux). Mais, la Convention n° 169 de l'Organisation Internationale du Travail (OIT), Convention concernant les peuples indigènes et tribaux dans les pays indépendants du 27 juin 1989, en son article 1, privilégie le principe de l'auto-qualification. Elle affirme que « Le sentiment d'appartenance indigène ou tribale doit être considéré comme un critère fondamental pour déterminer les groupes auxquels s'appliquent les dispositions de la présente convention ».

En Afrique, les droits de la personne et les droits des peuples sont indissociables, et ce, dans la mesure où la personne, absorbée par l'archétype du totem ou de l'ancêtre commun ou du génie protecteur, se fond dans la communauté. Le juge Kéba Mbaye observe que :

> « La définition d'un peuple humain déterminée la qualité de peuple, il faut tenir dûment compte des éléments qui constituent le territoire, la race, la langue, la culture, la religion, une volonté commune et aussi surtout la pratique des États. Un peuple ne se définit pas. Il se reconnaît par son comportement original et par sa solidarité dans l'action vers un but commun et par sa capacité de n'hésiter devant aucun sacrifice collectif pour arriver à une fin qui est toujours en relation étroite avec son besoin d'identité ». Et il conclut en précisant que : « C'est sciemment que les rédacteurs de la Charte africaine ont renoncé de définir la notion de peuple au sens de la Charte »[64].

Pour sa part, M.A. Glele révèle qu' :

> « En tout cas, aux termes de la Charte, le peuple ne s'identifie pas forcément à l'État, surtout pas à l'appareil de l'État, il

---

[64] *Voir* MBAYE, K., *op.cit.*, pp.172-174.

> s'analyse tantôt comme le peuple étatique, le corps électoral, la communauté nationale, tantôt comme ethnie ou nationalité, même si le droit international positif (la pratique des Nations unies) n'admet pas encore le droit à l'autodétermination des peuples (ethnie ou nationalité) composant le peuple d'un État indépendant et souverain »[65].

Pour nous, le concept *« Peuple »* serait une notion à géométrie variable dans une théorie africaine sous-jacente aux droits de la personne et des peuples. En effet, il pourrait signifier selon les circonstances en présence, soit le « Peuple étatique », à savoir la communauté nationale, le corps électoral ; soit le *« Peuple infraétatique »* à savoir ethnie ou nationalité, minorités diverses ; soit l'État, considéré comme un agent juridique international et un sujet de droit représentant le peuple constitutif d'un État et exerçant les droits qui lui sont reconnus. Nous y reviendrons à la section relative aux droits des peuples.

Notons qu'en Occident, avec l'émergence de l'idée de la relecture des droits économiques, sociaux et culturels en vue de faire face à la nouvelle forme de pauvreté qui s'y vit, c'est-à-dire l'appauvrissement des femmes, le chômage des jeunes, l'itinérance des travailleurs âgés et l'exclusion sociale, une prolifération d'opinions tend à alimenter un présumé conflit de générations de droits entre les droits civils et politiques, dits de première génération, et les nouveaux droits : les droits économiques, sociaux et culturels, dits de deuxième génération, et les droits des peuples (droits de liberté et de solidarité), dits de troisième génération. Les partisans des droits de la première génération soulèvent le défaut de justiciabilité et le défaut de juridicité des nouveaux droits. À cet effet, J. Rivero n'a pas hésité à dire « qu'il est nécessaire de garder à l'esprit la nécessité de ne pas compromettre la cohérence de la notion, le souci de traductibilité des droits de l'homme dans les faits, sa transcen-

---

[65] Voir GLELE, A.M., *Introduction à l'Organisation de l'Unité Africaine et aux organisations régionales africaines,* Paris, L.G.D.J., 1986, pp.83-84.

dance par rapport aux idéologies et aux systèmes politiques, économiques et sociaux ». Les partisans des nouveaux droits, dont E. Haba, objectent en argumentant que le concept des droits de la personne est lui-même un concept indéterminé. Il n'est pas possible d'affirmer que généralement, les droits de la personne n'aient qu'un seul sens général. C'est plutôt la maturité opérationnelle et les qualités stratégiques des droits de la personne, dans un contexte politique, économique et sociologique donné, qu'il conviendra d'évaluer, et non la juridicité des nouveaux droits[66].

---

[66] Voir RIVERO, J., *Les nouveaux problèmes des « nouveaux » droits de l'homme,* Résumé de cours, 10è Session de l'Institut International dés droits de l'homme, Strasbourg, Juillet 1979, Partie III, paragraphe 3, cité par L. LAMARCHE, *op.cit.,* pp. 140-144 ; HABA, E., « Droits de l'homme, concepts mouvants, idéologies », (1984) 29, *Archives de philosophie du droit,* pp.323-339

2

DROITS DE LA PERSONNE ET DES PEUPLES AU SEIN DE L'ORGANISATION DE L'UNITÉ AFRICAINE (OUA)

Évolution de la promotion et de la protection des droits

« La philosophie africaine contemporaine doit être une philosophie actuelle, c'est-à-dire une philosophie ouverte aux problèmes présents de l'Afrique. Le philosophe africain a un rôle actif à jouer : au lieu de se mettre à l'écart de l'histoire et des événements, il doit participer à l'édification de sa nation, à la construction de l'Afrique, en élaborant des théories spécifiquement africaines, en procédant à des réflexions approfondies sur l'éthique, la métaphysique, l'épistémologie, avec comme point de départ et source d'inspiration, les valeurs traditionnelles africaines »

(Source : Y.-E. Dogbe, Interview recueillie par Ekoli et Ciakudia au 17è Congrès Mondial de Philosophie tenu à Montréal du 21 au 27 août 1983, publiée dans *Revue Philosophique de Kinshasa*, Vol. II, n° 3-4, 1989, pp.167-168).

Les enjeux et les objectifs poursuivis par une théorie africaine sous-jacente aux droits de la personne et des peuples tentent de répondre à des questions telles que : à quoi et à qui sert une théorie des droits de la personne en Afrique ? Quelles en sont la fonction et la finalité ?

Les enjeux d'une théorie africaine sous-jacente aux droits de la personne et des peuples

Dans un continent où subsistent les marques de la mauvaise conscience subséquente aux horreurs de l'esclavage, de la colonisation et de la décolonisation cosmétique, l'intérêt que suscite une philosophie qui sous-tend les droits de la personne et des peuples est d'une importance capitale.

À ce sujet, deux courants s'affichent en Afrique subsaharienne relativement à la légitimité historique des droits de la personne et des peuples[67]. D'une part, il y a le courant négativiste (« négativiste » signifie ici un courant numériquement minoritaire et s'opposant à une théorie des droits de la personne et des peuples). Selon ce courant, l'Afrique subsaharienne n'a que faire d'une théorie des droits de la personne et des peuples calquée sur les traditions et les coutumes occidentales érigées en normes et principes prétendument universels. Ce courant soutient qu'une théorie sous-jacente aux droits de la personne et des peuples est un pur produit de l'imagination de l'impérialisme occidental. Cette théorie constitue un véritable mythe, c'est-à-dire un ensemble de croyances organisées autour d'un pôle central d'attraction ou de répulsion, et qui proposerait une explication ou une solution sommaire à partir d'un élément délibérément privilégié[68], ayant pour principale fonction d'occulter la véritable nature de la civilisation occidentale.

---

[67] *Voir* NGUEMA, I., L'Afrique, les droits de l'homme et le développement, *Rev. Comm. AFDHP*, vol 1 oct. 1971, p. 19 ; MBAYE, K., *op.cit.*, pp.40-53.

[68] Cf. MERLE, M., Sociologie des relations internationales, 2è édition, Paris, Dalloz, 1976, p. 243 ; KAMTO, M., *op.cit.*, pp.72-85.

Celle-ci est faite d'esprit de violence, de domination, d'exploitation, d'accumulation, du culte de soi (ce qui implique le mépris, la haine, la négation voire l'anéantissement de l'autre)[69] qu'il s'agisse de ce que les négativistes appellent l'impérialisme marchand, de l'impérialisme missionnaire, de l'impérialisme militaire, ou de l'impérialisme culturel définis comme étant l'occidentalisation[70].

Le courant négativiste s'appuie sur un certain nombre d'actes ou de comportements qui ont été ceux des États occidentaux en l'occurrence : les Anglais se sont heurtés violemment aux aspirations légitimes de leurs colonies américaines décidées à faire valoir leur droit à l'indépendance proclamée en 1776, et ce, malgré l'adoption de la Magna Carta Libertatum proclamée en 1215 (La Magna Carta Libertatum est une œuvre de barons en révolte contre le roi anglais à la suite de la multiplicité des abus, plus particulièrement en matière fiscale et ecclésiastique) ; les Américains ont continué à pratiquer l'esclavage des Noirs, l'extermination des Amérindiens et la ségrégation raciale en dépit de la Déclaration d'Indépendance de 1776 ; la Déclaration des droits de l'homme et du citoyen de 1789 n'a pas non plus contrarié la France dans l'édification et l'extension d'un vaste empire colonial parmi les peuples de couleur, ni dans la pratique de l'esclavage des Noirs ; la Déclaration universelle des droits de l'homme de 1948, de son côté, n'a pu empêcher

---

[69] Parlant de la colonisation en Afrique, P.F. GONIDEC affirme que : « Les motifs qui sont à la base de l'expression coloniale expliquent que, dans son essence, la colonisation et la domination sont, non seulement juridique, mais aussi bien économique, sociale, culturelle, religieuse, et. Le phénomène colonial est un phénomène global de domination dont tous les aspects sont solidaires et complémentaires ». Voir GONIDEC, P.-F., *L'État africain*, Paris, L.G.D.J., 1985, p. 59.

[70] Voir CASSESE ? A., « La valeur actuelle des droits de l'homme », dans *Humanité et droit international*, Mélanges Jean DUPUY, Paris, Pédone, 1991, pp.65-67 ; NGUEMA, I., *op.cit.*, p. 20 ; LATOUCHE. S. *« l'Occidentalisation du Monde » ; essai sur la signification, la portée et les limites de l'uniformisation planétaire*, Paris, Éditions la Découverte, 1989, 143p.

l'Afrique du Sud d'instituer, la même année, la politique d'apartheid et de discrimination raciale et d'en poursuivre l'application systématique.

Soulignons que la rédaction de la Déclaration universelle des droits de l'homme s'avéra un véritable exercice de confrontation entre deux conceptions des droits et libertés de la personne. Il s'agissait de trouver un point d'équilibre dans l'énumération des droits civils, politiques, économiques et sociaux, tant du point de vue des démocraties occidentales que des pays socialistes. Mais, la Dudh illustre la victoire conceptuelle de la philosophie occidentale des droits de la personne, au regard des droits y énoncés et de la conception privilégiée des rapports entre la personne et l'État, en accordant une visibilité plus grande aux droits et libertés individuels classiques, c'est-à-dire aux droits civils et politiques. De plus, en aucun cas, il n'était apparu évident aux États-pères de la DUDH et des Pactes internationaux que les autres États membres de la communauté internationale, en particulier les États du Sud, pourraient leur opposer des droits autres qu'ils estimaient représenter des standards accomplis au sein de leurs forums. C'est alors que, Mwalimu Juluis Nyerere, ex-Président tanzanien, leur fait savoir son opinion à cet effet en ces termes :

> « Beaucoup de nos compatriotes souffrent d'une malnutrition permanente et de toutes les maladies mentales et physiques qui l'accompagnent. Leur pauvreté et leur ignorance rendent dérisoire tout discours sur la liberté humaine »[71].

D'autre part, il y a le courant positiviste (« positiviste » a ici le sens d'un courant numériquement majoritaire et favorable à une théorie des droits de la personne et des peuples), courant auquel nous adhérons. Selon ce courant, la clé de la démocratisation et du développement éco-

---

[71] Cité dans K. MBAYE, *Les droits de l'homme en Afrique*, op.cit., pp.10-11 et 151-152 ; La fédération française des clubs Unesco, *La conquête des droits de l'homme*, Paris, Unesco, 1988, pp.19-35.

nomique de l'Afrique subsaharienne réside dans la mise en application d'une théorie de promotion et de protection des droits de la personne et des peuples. Notons que même en Occident, il existe aussi en vue d'études juridiques, économiques et philosophiques destinées à construire au profit des peuples du Sud une théorie de droit de la personne et des peuples fondée sur le concept de « basic rights ». L. Lamarche écrit à propos :

> « La théorie des droits de la personne essentiels (basic rights) repose donc avant tout sur les revendications du Sud, lesquelles sont fondées sur la nécessité de satisfaire les besoins essentiels (basic needs). L'une des caractéristiques de cette théorie consiste dans l'apparente immédiateté requise dans la mise en œuvre du droit au développement et des stratégies relatives au développement, compte tenu de l'urgence de voir comblés et respectés ces droits essentiels »[72].

Le discours de ses adeptes semble se dérouler en deux temps, à savoir : les droits de la personne et des peuples existaient dans les communautés africaines subsahariennes traditionnelles et ils sont consacrés de façon indélébile et irréversible dans l'État postcolonial. Les droits originellement africains et traditionnellement reconnus sont le droit à la vie, le droit à la justice, le droit de participer à la chose publique, le droit au travail, le droit à la substance, le droit à l'hospitalité, les droits de pensée, d'expression et d'association et la liberté de mouvement. Le con-

---

[72] Voir NGUEMA, I., *op.cit.*, pp.18-20 ; MBAYE, K., *op.cit.*, pp.60-69 ; NGOM. B., La Charte africaine des droits de l'homme et des peuples : Présentation dans A. FRENET et al., *Droit de l'homme Droit des peuples*, Paris, PUF, 1982, pp.203-205 ; KOUEVI. A., *Essai de commentaire de la Charte africaine des droits de l'homme et des peuples*, Thèse, Toulouse, 1987, p.8 ; GLELE, op.cit., pp.86-87. *Cf.* LAMARCHE, L., *op.cit.*, p. 153 ; SHUE, H., *Basic rights : Subsistence, Affluence and U.S Foreign Policy*, Princeton, Princeton University Press, 1980, 223p.

texte communautaire et anti-individualiste dans lequel l'effectuation de ces droits se réalise (ces droits se rapportent à une communauté davantage qu'à la personne) affecte la façon d'envisager leur jouissance[73]. Ces deux postulats de ce discours se démontrent thématiquement et symboliquement de la façon suivante.

Selon l'approche thématique, s'agissant des civilisations africaines subsahariennes, observent-ils, les différents concepts fondamentaux qui se trouvent au cœur d'une théorie des droits de la personne et des peuples, notamment : le concept de « *Dieu* »[74] ; le concept d' « *État* », Dont la toute-puissance et l'omniprésence s'opposent à l'émergence et à l'épanouissement des attributs fondamentaux et des prérogatives spécifiques reconnus à la personne en tant qu'individu ; le concept de « *droit* » et le concept de « *personne y compris peuple* », étaient niés par la civilisation occidentale.

Ainsi, avancent-ils, s'agissant de Dieu, pour les civilisations africaines subsahariennes traditionnelles, il n'est pas comme dans l'univers occidental l'Etre Absolu, distinct de sa créature,, extérieur au monde. Il coexiste avec les personnes, ses créatures. Le Dieu « animiste » n'est pas un Dieu transcendant, tout puissant, omniscient et souverain, concentrant entre ses mains tous les pouvoirs. Mais, il est un Dieu immanent, la force vitale par essence, qui coexiste, qui cohabite avec la communauté villageoise formée de vivants et de morts, d'enfants à naître, des ancêtres fondateurs de l'image et des clans. Les manifestations de Dieu « animiste » sont multiformes. Ses compétences sont nettement

---

[73] Voir *Droits de l'homme et développement économique en Afrique francophone, acte du Colloque organisé à Butare (Rwanda) du 3 au 7 juillet 1978*, numéro spécial de la Revue Juridique du Rwanda, 1980, n° 1, pp.157-160 ; MARASINGHE, M., L., Traditional Conceptions of Human Rights in Asia and Africa, in WELCH, C.E./MELTZER, R.I., *Human Rights and Development in Africa*, Albany, State University of New York Press, 1984, pp.32-34.

[74] Créateur et finalité de l'univers à l'image duquel la personne a été créée et doit être traitée selon la religion chrétienne par exemple.

spécialisées et multidimensionnelles pour assurer la prospérité, la paix, la sécurité, la cohésion, l'équilibre, l'harmonie, le bonheur du village[75].

En Afrique subsaharienne précoloniale, poursuivent-ils, le système étatique[76] variait selon le type de communauté, précisions que toutes les variantes de communauté africaine étaient caractérisées par l'absence d'un appareil d'État au sens où les règles sont établies par un Parlement, elles sont interprétées par des tribunaux et elles sont mises en applications par un Exécutif, notamment selon que les communautés étaient, soient grégaires, soient parentalisées, soient hiérarchisées, soient en voie d'étatisation. Les formes d'organisation sociale repérables en Afrique précoloniale sont le produit de phénomènes de processus de composition, de décomposition et de recomposition, en bref de va-et-vient constant des « communautés englobées » aux « communautés englobantes », qui se déroulent à l'intérieur de l'espace continental. Sur le plan politique, l'organisation sociale se présentait en quatre systèmes de communauté. On pouvait distinguer : « le système de communauté grégaire dans lequel les activités et les relations sociales sont placées sous l'autorité d'un notable, l'aîné de la communauté. Ce système se rencontre parmi les populations nomades (Pygmées en Afrique centrale, Touaregs au Sahel) ; - le système de communauté parentalisée où les activités, les règles de conduite et de comportement sont déterminées par

---

[75] C'est ainsi qu'il se manifeste en dieu de la guerre, de la chasse, de l'agriculture, de l'amour, de l'intelligence, de la beauté etc. Aucune de ces divinités ne peut assurer à elle seule le bonheur de la communauté villageoise. Cet Etre Suprême s'appelle Niamien chez les Baoulé de la Côte d'Ivoire et les Ashanti du Ghana. Modimo chez les Tswana du Botswana, Numbi chez les vili (Angola), les lari (Congo), les Yombe « Zaïre). Les travaux du colloque de Bounkié sur les religions africaines traditionnelles argumentaient en ce sens. Voir *Les Religions africaines traditionnelles. Rencontres Internationales de Bouké*, 1962, Paris, Éditions du Seuil, 1965, 317p. ; CHEIKH ANTA DIOP, *Civilisation ou barbarie : Anthropologie sans complaisance,* Paris, Présence africaine, 1981, pp.393-412.

[76]. Cf. GONIDEC, P.-F., *L'État africain, op.cit.*, p.31.

la notion de parenté, qu'il s'agisse du domaine politique, économique, socioprofessionnel ou culturel. Ce système comprend des communautés ethniques qui se subdivisent à leur tour en communautés tribales, en clans, en sous clans, lignages, sous-lignages. La qualité de la personne prime ; - le système de communauté hiérarchisée où les règles et les pratiques qui gouvernent les activités et les relations sociales sont déterminées au regard des fonctions et des rôles exercés par la personne au sein de la communauté, au en regard de la place qu'elle occupe sur l'échelle sociale ; - le système de communauté en voie de cristallisation étatique des anciens royaumes ou des anciens empires de l'Afrique précoloniale, dont les règles d'organisation et de fonctionnement s'appliquent à tous les sujets du souverain sans distinction de statut parental, politique ou professionnel (par exemple les anciens empires du Mali, du Ghana, du Kongo, etc.). C'est le cadre territorial qui détermine les règles.

Sur le plan économique, on pouvait distinguer : - l'existence d'espace de production très spécialisés à la suite d'une division sociale du travail et d'un commerce intercommunautaire même à longue distance, de certains produits précieux tels que l'or, les textiles, le sel, le riz, l'igname, le mil, la cola ; - et l'existence d'espaces d'échange tels que les aires de marchés fréquentés par les producteurs, des courtiers et des commerçants professionnels. Ces aires de marchés dessinaient les centres urbains, en l'occurrence Tombouctou, Kano, Djenné, qui faisaient l'objet d'un trafic entre régions économiques distinctes. Notons que le processus de réalisation de la valeur s'effectuait soit par le transfert de don et le contre-don, soit par le troc d'un produit contre un autre produit, et soit par l'échange de véritables monnaies telles que la cauris, les perles d'aigri, les manilles[77].

---

[77] Cf. KI-ZERBO, J., *Histoire générale de l'Afrique*, Paris, Présence africaine, 1986, pp.34-80 ; OBENGA, T., *Les peuples Bantu, Migrations, expansion et identité culturelle*, Paris, L'Harmattan, 1989, 598p. et *Afrique centrale précolo-*

L'État n'était pas laïc, car les communautés étaient des communautés sacrales, Le caractère sacral était directement lié au système économique et social. Par exemple, la terre, le moyen essentiel de production, était (et demeure toujours) considérée comme une divinité (la propriété de Dieu et des dieux), prêtée aux ancêtres, puis à leurs descendants dont beaucoup de leurs membres sont morts, quelques-uns sont vivants et le plus grand nombre est encore à naître. Notons que chez les peuples éleveurs (les pasteurs) comme les Sakalava au Madagascar et les Hima-Tutsi dans la région des Grands Lacs africains, la terre n'était pas le moyen essentiel de production, mais c'était le troupeau. Ce qui explique certains conflits fonciers qui perdurent jusqu'à ce jour dans certaines régions des Grands Lacs africains, provoqués par leur migration perpétuelle et la méconnaissance des frontières établies et reconnues par les peuples cultivateurs, notamment les lits de rivières, les dunes de sable, les collines et les rideaux d'arbres[78]. Il n'avait pas pris la place et les fonctions de Dieu sur Terre comme c'est le cas dans l'État occidental, même dans le système de communauté en voie de cristallisation étatique des anciens royaumes ou des anciens empires de l'Afrique précoloniale, les autorités placées à la tête des petites communautés locales n'étaient pas nommées par le monarque. Elles se considéraient comme représentants de leur communauté locale et non les délégués du pouvoir central. De plus, même la conquête ne faisait par disparaître les droits

---

niale, Paris, 1974, 187p. ; AMSELLE, J.-L., « Ethnies et espaces : pour une anthropologie topologique », dans J.-L. AMSELLE ET E. M'BOKOLO, *Au cœur de l'ethnie : ethnies, tribalisme et État en Afrique*, Paris, Éditions La Découverte, 1985, pp.11-48 ; NGUEMA, I., *op.cit.*, p.11 ; CORNEVIN, R., *Histoire des peuples de l'Afrique noire*, Paris, Berger-Levrault, 1963, p.200.

[78] Voir GONIDEC, P.-F., *Les droits africains, op.cit.*, pp.12-13 et *L'État africain, op.cit.*, pp. 18 et 40.

d'autonomie des autochtones.[79]. Il ne détenait pas tous les pouvoirs entre ses mains, et ne considérait pas tous les citoyens de façon égale, mais avec certaines considérations de sexe, d'âge, de religion, etc., La considération de la personne était d'abord en fonction d'une division naturelle du travail, c'est-à-dire une distribution des tâches en fonction du sexe, de l'âge et des dispositions personnelles (capacités, talents, expérience). Par exemple la cueillette aux femmes et aux enfants et la chasse aux hommes. Avec l'apparition du surplus économique et du commerce, la division sociale du travail fut en fonction de la spécialisation de certaines personnes à certaines branches de la production. Par exemple, l'apparition de métiers spécialisés comme la fonte du métal, la fabrication des équipements de la production agricole et des forces armées, la poterie, le tissage, etc.[80] La décentralisation des pouvoirs dépendait du type de société considérée.

Relevons pour notre part, qu'en Afrique subsaharienne, la tendance générale est celle de réduire la société politique, voire le politique, à l'État. En général, écrit P.-F. Gonidec, une société est une société politique qu'à partir du moment où les progrès de la production matérielle et par la suite de la pensée ont permis aux hommes de se constituer en sociétés capables de décider consciemment des affaires communes de la collectivité. Du point de vue de l'ordre fonctionnel, poursuit-t-il , cette société est caractérisée par un certain « ordre » qui, à l'intérieur, assure la bonne concorde (le maintien de l'ordre social), et à l'extérieur, assure la sécurité (la survie de la société en s'opposant aux autres sociétés ou en coopérant avec elles).

---

[79] Voir GONIDEC, F.-P., *l'État africain*, pp.40-46 ; ALLIOT, M., « Religions d'Afrique et droits d'expression française », *Revue juridique et politique, Indépendance et coopération*, n° 2, 1984, pp.696-706.
[80] Cf. GONIDEC, P.-., *Les droits africains.*, pp.20-21.

D'où il apparut que la fonction du politique fut double, notamment le progrès et la conservation de la société[81]. Tandis que l'État, comme le prétend F. ENGELS, est une certaine forme d'organisation de cette société, un produit de la société à un stade déterminé de son développement de suite d'une insoluble contradiction avec elle-même et de l'antagonisme des classes aux intérêts économiques opposés. C'est alors, dans le but d'estomper ces conflits et de les maintenir dans les limites de « l'ordre », que le besoin d'imposer un pouvoir se fait sentir, un pouvoir né de la société, mais qui se place au-dessus d'elle et lui devient de plus en plus étranger.

Ce Pouvoir, c'est l'État. F. Engels précise que :

« Comme l'État est né du besoin de refreiner des oppositions de classes, mais comme il est né, en même temps, au milieu du conflit de ces classes, il est, dans la règle, l'État de la classe la plus puissante, de celle qui domine au point de vue économique et qui, grâce à lui, devient aussi classe politiquement dominante et acquiert ainsi de nouveaux moyens (les moyens de contrainte, tels que la forme publique et les impôts) pour mater et exploiter la classe opprimée. C'est ainsi que l'État antique était avant tout l'État des propriétaires d'esclaves pour mater les esclaves, comme l'État féodal fut l'organe de la noblesse pour mater les paysans serfs et corvéables, et comme l'État représentatif moderne est l'instrument de l'exploitation du travail salarié par le capital ». Et plus loin, il conclut que : « L'État n'existe donc pas de toute éternité. Il y a eu des sociétés qui se

---

[81] Voir GONIDEC, P.-F., *L'État africain, op.cit.*, pp.23-30 ; DIOUF, M., « Les intellectuels africains face à l'entreprise démocratique », *Politique Africaine*, n° 51, octobre 1993, pp.35-47, surtout p. 44.

sont tirées d'affaires sans lui, qui n'avaient aucune idée de l'État et du pouvoir d'État »[82].

Ce qui nous amène à constater qu'en Occident, le processus d'aménagement d'espace (nouveau) pour la société civile et le secteur privé s'effectue non au sein de l'État comme est le cas en Afrique sub-saharienne, mais en dehors de l'appareil étatique. A notre avis, cela trouverait une explication, du moins en partie, au fait qu'en Occident, c'est la Nation qui avait fait l'État, tandis qu'en Afrique, c'est l'État qui devrait faire la Nation.

Pour la civilisation occidentale, notent les positivistes, les civilisations africaines n'avaient pas de droits, parce qu'elles n'ont jamais connu l'écriture et l'État. En effet, d'une part, la fonction de l'écriture est de fixer dans le temps les règles de conduite des membres d'une société et de les porter à la connaissance de ceux-ci de telle sorte que ces règles soient les mêmes pour tous, et d'autre part, la fonction de l'État est précisément de créer et de légitimer les règles de droit sur l'ensemble de son territoire.

Or, dans les sociétés africaines traditionnelles, on n'entend pas par droit des règles juridiques consignées dans des documents écrits, assorties de sanctions exécutives par la puissance publique. Le droit y apparaît comme un système de normes « constatées ou posées », dont l'application ne se fait pas nécessairement au moyen de la contrainte organisée, constate M. Kamto. L'auteur poursuit en soulignant que : *« c'est- à tort, que pendant longtemps, on a donné aux droits de ces sociétés, le nom de « droits primitifs »*, de *« droits archaïques »*, ou de *« droits des peuples sans écriture »*, car mérite la qualification du droit, toute règle de conduite ayant pour objet dans la pensée de celui (ou

---

[82] Voir ENGELS, F., *L'origine de la famille, de la propriété privée et de l'État*, Paris, Éditions sociales, 1972, pp.155-159.

ceux) qui la proclame, de faire régner l'ordre au sein des relations sociales »[83].

Dans les droits africains ancestraux, l'essence du droit est encore contenue dans la chaleur et la force des paroles qui l'extériorisent[84]. La force du droit n'est pas encore détachée de son mode d'expression qui est oral. La règle du droit n'a pas de valeur en soi. Elle est au service de la communauté dont elle doit assurer la paix, la cohésion, la sécurité, l'identité, la survie. Les droits africains ancestraux sont marqués d'abord par le caractère agraire (terrien) de la civilisation africaine précoloniale, ce qui les différencie des droits européens, fortement marqués par l'industrie et le commerce.

Ensuite, le caractère communautaire des communautés africaines a considérablement laissé son empreinte sur les droits africains à telle enseigne qu'il y avait d'un côté les droits des communautés en tant que ses membres les constituaient, de l'autre, il y avait des personnes qui tenaient leurs droits de leur appartenance à la communauté, ce qui les différencie des droits européens, lesquels considèrent une personne comme distincte et indépendante de la communauté à laquelle elle appartient[85]. Par exemple, chez les wazimba, mon terroir, le chef du clan veillait à ne légiférer qu'avec le concours des anciens. Les lois étaient élaborées lors des assemblées publiques auxquelles étaient conviés tous

---

[83] Voir KAMTO, M., *op.cit.*, pp.39-30 et LAMY, E., *e droit privé zaïrois,* 1er vol., introduction à l'étude de droit écrit et du droit coutumier zaïrois, Kinshasa, Presses universitaires du Zaïre, 1975, pp.89-92.

[84] Comme l'atteste I.NGUEMA dans son article intitulé : « Les voies nouvelles de la codification des coutumes gabonaises », *Revue juridique et politique, indépendance et coopération,* n° 3 et 4, 1984, pp.360-362 ; KAMTO, M., *op.cit.,* pp.170-178.

[85] Cf. NGUEMA, I., « Divinités gabonaises, droit et développement », *Revue juridique et politique, indépendance et coopération,* n° 2, 1984, pp.95-97 ; ELIAS, T.O., *La nature du droit coutumier africain,* Paris, Présence africaine, 826p. ; GONIDEC, P.-F., *Les droits africains*, Paris, L.G.D.J., 1976, pp.9-16.

les hommes adultes du clan. Ce sont la personne et la communauté qui en sont la mesure et la fin, raison pour laquelle la loi ancestrale ne s'impose pas de l'extérieur ni d'en haut (des personnes) comme le fait la loi qu'impose l'État occidental, qui, devenu laïc, a pris la place et les fonctions de Dieu sur Terre en détenant tous les pouvoirs entre ses mains, et en considérant tous les citoyens de façon égale (mais aussi avec certaines considérations de sexe, d'âge, de religion, etc.). La décentralisation éventuelle des pouvoirs relève de la décision de l'État[86].

Quant à la nature des personnes africaines, poursuivent-ils, on se posait la question de savoir si les Nègres avaient une âme. Dans l'affirmative, on faisait peser sur eux une sorte de déchéance due à la malédiction provoquée par la conduite irrévérencieuse de leur ancêtre Cham, dont on prétendait faire le point de départ de leur race[87].

La personnalité juridique de la personne négro-africaine peut commencer à fonctionner avant la naissance[88]. Elle peut aussi continuer à fonctionner après le décès[89]. La personnalité juridique des personnes négro-africaines ne s'acquiert pas une fois pour toutes. Elle s'acquiert et se développe au fur et à mesure que l'on s'intègre dans la vie sociale : circoncision, mariage, naissance des enfants, séries d'initiations à la

---

[86] Il est question ici de l'État qui se forme en Europe occidentale au XVIe siècle à partir de l'époque monarchique. Le professeur DUGUIT l'assimile à un phénomène de force. Le professeur KELSEN le réduit à un système de règles. Le professeur BURDEAU le définit comme un pouvoir de droit. Voir CHANTEBOUT, *Le pouvoir et l'État dans l'œuvre de Georges BURDEAU*, Paris, Economica, 1994, pp.37 et 57.

[87] Voir *La Sainte Bible*, Genèse 10, 18-27 ; SALA-MOLINS, L., *Le code noir ou le calvaire de Canaan, Paris, P.U.F., 1987, pp.15-20*.

[88] C'est le cas du projet de mariage arrangé pendant qu'une fille se trouve encore dans le sein de la mère.

[89] Dans bon nombre de coutumes ancestrales, l'enfant né des œuvres de le veuve qui a été recueillie par le frère du défunt conformément à la coutume du lévirat, peut avoir pour père non pas le géniteur, c'est-à-dire l'actuel mari de la mère, mais le défunt lui-même.

suite desquelles des personnes peuvent devenir immortelles, parce qu'elles sont devenues invulnérables aux effets de coups de fusils, de lances, de machettes, pour assurer la défense de la communauté pendant la guerre, etc.

La personnalité juridique peut diminuer de coefficient, s'étioler voire disparaître avant même que n'intervienne la mort physique. La conception du sujet de droit n'est en somme pas une conception statique ni mécanique mais plutôt dynamique[90].

Aujourd'hui, avancent-ils, l'effort de réflexion de certains auteurs, stimulé et confirmé par la richesse des expériences d'une part, et l'observation de certains scientifiques de la vie pratique portant sur les civilisations africaines d'autre part, établissent sans équivoque l'existence et la reconnaissance des quatre thèmes, à savoir : les concepts de Dieu, d'État, de droit, de personne y compris peuple, à partir desquels s'impose le nouveau concept de droits de la personne et des peuples dans les communautés africaines traditionnelles[91]. Cette prise de position, concluent-ils, était le reflet de l'état de la science à cette époque où règnent les théories de l'ethnocentrisme et de l'évolutionnisme militants du 19è siècle, qui a pour fonction de justifier la traite des esclaves et la colonisation de l'Afrique[92].

---

[90] Cf. NGUEMA, I., « Universalité et spécificité des droits de l'homme en Afrique », *Revue juridique et politique, indépendance et coopération,* n° 3 et 4, 1984, p.345.

[91] Voir à cet effet, ROULAND, N., *Anthropologie juridique,* Paris, P.U.F., 1989, p.192ss ; *Au confins du droit,* Paris, Éditions Odile JACOB, 1991, pp.203-225 et les fondements anthropologiques des droits de l'homme, *Revue générale de droit,* Université d'Ottawa, 1994, Vol. 25, n° 1, p.13 ; BALANDIER, G., *Anthropologie politique,* Paris, P.U.F., 1978, 278p. ; BIMWENYI-KWESHI, O., *Discours théologique négro-africain. Problème des fondements,* Paris, Présence africaine, 1981, pp.58-62.

[92] Voir SCHWARZ, A., *Colonialistes, africanistes et africains,* Louisville-Montréal, Nouvelle option, 1979, pp.41-60 ; et METOGO MESSI, E., *Théologie africaine et ethnophilosophie,* Paris, L'Harmattan, 1985, pp.14-30.

En se fondant sur l'approche symbolique, soulignent les adeptes du courant positiviste, on se rend compte qu'elle atteste bel et bien de l'existence, de la reconnaissance et de la consécration des valeurs cardinales telles que la personne humaine, la paix, la justice, la liberté, la solidarité. Ces valeurs, dont le but fondamental est d'assurer au sein de la communauté la paix, la cohésion et la sécurité, se découvrent en scrutant soigneusement le fond du patrimoine culturel de l'Afrique. Elles se découvrent dans des proverbes, des devinettes, des contes, des maximes, des adages, des chants, des jeux, des faibles et des épopées[93].

La fonction et la finalité de la théorie africaine sous-jacente aux droits de la personne et des peuples

La légitimité d'une théorie africaine sous-jacente aux droits de la personne et des peuples n'est plus simplement historique, c'est-à-dire un fait consacrer par la tradition. Elle est devenue essentiellement une légitimité populaire[94] qui exprime les aspirations légitimes des personnes et des peuples de l'Afrique actuelle d'où l'on estime qu'une théorie africaine sous-jacente aux droits de la personne et des peuples *« c'est la vie »,* car elle est entachée d'éléments portant l'empreinte des pro-

---

[93] Cf. CHEVRIER, J., « Essai sur les contes et récits traditionnels d'Afrique noire », Paris, Hatier, 1986, p. 5ss ; NGUEMA, I., L'Afrique, les droits de l'homme et le développement, *op.cit.*, p.30ss.

[94] Deux proverbes de la sagesse ancestrale africaine aident à mieux comprendre cette attitude, à savoir :

« Etre le premier à se marier, dans une famille, ne signifie pas nécessairement être le plus riche ; être le dernier à se marier dans une famille ne signifie pas nécessairement être le plus pauvre » (la richesse est considérée en fonction du nombre d'épouses, d'enfants, de l'importance de la basse Cour et non des avoirs en compte bancaire) ; *« Être le premier à naître, l'aîné, dans une famille ne signifie pas nécessairement être le plus intelligent être le dernier à naître, le benjamin, dans la famille ne signifie pas nécessairement être le plus stupide »,* Cité par I. NGUEMA, *op.cit.*, p.18.

blèmes (tels que la dictature, la pauvreté, etc.) qui ne préoccupent que certains dirigeants politiques africains et qui agitent à la vie politique, économique, sociale et culturelle du continent.

À cet effet, l'ancien président du Ghana Gerry Rawlings n'avait pas hésité à stigmatiser que

> « Pour nous (Africains), la démocratie ne saurait simplement signifier la tenue d'élections périodiques pendant que nous continuons à endurer la pauvreté, la misère, l'analphabétisme, la faim et les piètres services de santé et que beaucoup de nos citoyens solides sont incapables de trouver du travail. Nous pouvons séparer la discussion des structures ou procédures de gouvernement de la nécessité économique de satisfaire les besoins essentiels de la société »[95].

Ainsi donc, les aspirations humaines fondées sur la paix, la dignité, l'appropriation effective de l'espace démocratique et la nécessité de se défendre devant la détérioration générale des conditions d'existence d'une proportion grandissante des citoyennes et des citoyens, lesquelles déterminent les aspirations contemporaines des populations résidant dans les États occidentaux, ne doivent pas demeurer l'apanage de celles-ci, mais aussi des populations résidant dans les États africains subsahariens. Et par conséquent, la légitimité d'une théorie africaine sous-

---

[95] Allocution du président Gerry RAWLINGS à la séance inaugurale du séminaire de la commission nationale de la démocratie, Sunyani, Ghana, le 5 juillet 1990, dans G.J. SCHMITZ/ Eboe HUTCHFUL, *Démocratisation et participation populaire en Afrique,* Institut Nord-Sud, Ottawa,, 1992, p.18ss ; Voir également LAMARCHE, L., *op.cit.,* pp.121-226 ; ZAHIR FARES, *Afrique et démocratie, Espoir et illusions,* Paris, L'Harmattan, 1992, p.164ss ; NGUEMA, I., *op.cit.,* p. 34ss ; MASSENGO-TIASSE, M., *Comment peut-on vivre libre et digne en Afrique ?* Paris, Éditions Michel de Maule, 1988, pp.13-17 ; GLELE, A.M., *op.cit.,* p.80 ; NCHAMA Eya C.M., *Développement et droits de l'homme en Afrique,* Paris, Publisud, 1991, p.139ss.

jacente aux droits de la personne et des peuples prend alors la forme d'une légitimité démocratique.

Rappelons que la communauté villageoise n'avait pas seulement en vue d'assurer la subsistance de ses membres, grâce à la production, à la distribution, au partage et à la consommation des denrées alimentaires. Elle se préoccupait aussi des différentes fonctions devant concourir à l'éclosion, à l'épanouissement, au renforcement, à la continuité et à la pérennité de la vie dans la communauté villageoise. Cependant, la communauté villageoise a changé de dimension. Des nouvelles mentalités apparaissent avec l'avènement de l'ère coloniale et de l'ère postcoloniale. L'exercice de toutes ces fonctions se trouve concentré, sans partage, pour la seule finalité de l'État et de ceux qui détiennent le pouvoir. La concentration des pouvoirs législatif, exécutif et judiciaire entre les mains du gouverneur général dans l'État colonial avait abouti à la mise en place d'un État administratif ayant une organisation bureaucratique et militaire au sein de laquelle les droits des citoyennes et des citoyens n'étaient pas garantis ou ne l'étaient que partiellement. Par conséquent, l'État colonial était autoritaire et paternaliste, non démocratique[96].

Aujourd'hui, face à cette mutation, une théorie sous-jacente aux droits de la personne et des peuples en Afrique subsaharienne trouve son fondement dans une théorie de développement, développement pris comme un processus continu visant à la satisfaction des besoins d'une communauté[97].

---

[96] Cf. REYNTJENS, F., « Les problèmes spécifiques posés par la protection des droits fondamentaux dans les pays en voie de développement, en Afrique noire en particulier », dans *Le nouveau droit constitutionnel,* Centre interuniversitaire de droit public, Bruxelles, Bruylant, 1987, pp.50-51 ; KAMTO, M., *op.cit.,* pp.201-351 ; NGCHEMA Eya C.M., *op.cit.,* p.118 ; NGUEMA, I., *op.cit.,* p.37 ; FOUGA, P., « L'ajustement structurel et la pauvreté au Burundi », *Les cahiers du CEDAF,* n° 5, Bruxelles, 1992, pp.140-144.

[97] GLELE, A.M., *lo.cit. ;* NGUEMA, I., *op.cit.,* p. 38; MBAYE, K., *op.cit.,* pp. 185-210; PELLET, A., *Le droit international du développement,* Paris, P.U.F.,

En guise d'illustration, on peut se placer au niveau d'une théorie de développement définie successivement dans le cadre de l'État-nation, dans le cadre sous régional, dans le cadre continental (entendu africain) et dans le cadre international.

En prenant l'État-nation pour cadre, force est de remarquer qu'en règle générale, l'organisation et les institutions de l'État postcolonial africain résultent de la conjonction de l'héritage précolonial et colonial, car La tendance à la concentration des pouvoirs dans l'État africain postcolonial, et portant, un respect fort réduit pour les droits de la personne et des peuples n'est que l'héritage d'une organisation politico-administrative coloniale antidémocratique [98].

Les règles d'organisation et de fonctionnement de l'État postcolonial peuvent être caractérisées, sur le plan politique, au moyen de quatre traits généraux suivants :

- L'existence du parti unique de fait ou de droit ;
- La concentration du pouvoir entre les mêmes mains et l'exercice du pouvoir à vie ; ce qui aboutit à la personnalisation et à la centralisation du pouvoir (RDC ex-Zaïre, Cote d'Ivoire, Kenya, etc.)
- L'absence des libertés, l'insécurité, l'épuisement ou l'inhibition de l'esprit de participation, d'initiative et de créativité (RDC ex-Zaïre, Togo, Congo, etc.) ;

1987, p. 4; FEUER, C./CASSAN, H., *Le droit international du développement,* Paris, Dalloz, 1991, pp.1-4.

[98] Voir GONDEC, p.-F., *Les systèmes politiques africains,* Paris, I.G.D.J., 1978, pp.37-40 ; et *L'État africain : évolution, fédéralisme, centralisation et décentralisation, panafricanisme,* Paris, L.G.D.J., 19085, 362p. ; CONAC, G., *Les institutions constitutionnelles des États francophones d'Afrique et de la République Malgache,* Paris, Economica, 1979, 353p. ; KODJO, E., *Et demain l'Afrique,* Paris, Stock, 1985, 366p. ; PISANI, E., *Pour l'Afrique, Paris, Éditions Odile JACOB, 1988, 251p.*

- L'absence de l'État de droit et l'épanouissement des régimes autoritaires ou dictatoriaux (Burundi, Rwanda, Ouganda, Nigeria, Togo, etc.)[99]

Sur le plan économique coexistent le secteur de l'économie de subsistance, dénommé secteur informel, entre les mains des peuples d'Afrique et le secteur de l'économie de marché extraverti, dominé par des sociétés commerciales transnationales constituées de capitaux étrangers bénéficiant d'une situation de monopole sur de vastes espaces de l'activité économique[100].

Sur le plan social, l'opposition existe entre d'une part le milieu rural (village) pauvre, misérable, abandonné et marginalisé et d'autre part le milieu urbain (ville) bénéficiant de la considération et de l'attention

---

[99] Voir CONAC, G., « Les processus en démocratisation en Afrique », dans *L'Afrique en transition vers le pluralisme politique,* Paris, Economica, 1993, pp.11-42 et *Les institutions constitutionnelles des États d'Afrique francophone,* Paris, Economica, 1976, pp.20-18 ; GAULME, F., « Une transition malaisée vers la démocratie, un bilan politique de 1992 en Afrique subsaharienne », *Marchés tropicaux,* 12 février, 1993, pp.389-392 ; TOLOFFI, S., « L'automne des dictateurs », Croissance, n° 358, Mars, 1993, pp.12-13, LAVROFF, D.G., *Les systèmes constitutionnels en Afrique noire : les États francophones,* Paris, Pédone, 1976, pp.15-20 ; et *Les Constitutions africaines,* Paris, Pédone, 1964, 440p. ; BOURGI, A., « Le laboratoire de la démocratie », *Jeune Afrique, n° 1676 du 18-24 février 1933, pp. 50-52.*

[100] CF. NCHAMA Eya, C.M., *op.cit.,* pp.131-135 ; FOUGA, E., *op.cit.,* pp.46-48 ; PISANI, E., op.cit. pp.40-62 ; NGUEMA, I., *op.cit.,* p.39 ; BOUVE-RESSES, J., *Droit et politique du développement,* Paris, P.U.F., 1990, pp. 13-90 ; STRAHM, R., *Pourquoi sont-ils si pauvres ?* faits et chiffres en 57 tableaux sur les mécanismes du sur/sous développement, Neuchâtel, La Braconnière, 1974, 147p.

toute particulière de l'État d'où émergent les nouveaux riches dont l'essentiel de la fortune se trouve cachée à l'étranger[101].

Sur le plan culturel, on distingue le secteur dominé par l'analphabétisme et celui des intellectuels déracinés dont la formation acquise en fonction des besoins de pays étrangers ne répond pas aux structures et besoins des États africains. Dans l'état de niveau de vie actuelle en Afrique subsaharienne, caractérisé par l'aggravation de la précarité de conditions matérielles d'existence pour toutes les couches sociales, et la dépendance de celle-ci à l'égard de l'extérieur, l'amélioration de conditions de vie ne peut provenir que de stratégies développées courageusement par les élites intellectuelles, politiques, financières – africaines. Par exemple, implanter en Afrique subsaharienne des systèmes éducatifs qui favorisent la curiosité, l'imagination et l'esprit de recherche dès le préscolaire de façon à former des jeunes africains habitués à poser les problèmes en termes rationnels, scientifique et contemporains. Donner aux jeunes africains et africaines *« l'art de trouver »* adapté aux défis de son époque. Car, c'est par l'art de trouver la formule appropriée, l'art de se réapproprier les trouvailles des autres et de les resservir sous une autre forme que l'Occident a dominé et continue à dominer[102].

Dès lors, nous pouvons avancer que les objectifs poursuivis par la politique africaine de développement qui sous-tend une théorie africaine des droits de la personne et des peuples peuvent être définis comme suit :

---

[101] Voir DUMONT, R., P*our l'Afrique, j'accuse :* Le journal d'un agronome au Sahel en voie de destruction, Paris, Plon, 1993, 250 p. ; ZIEGLER, J. : *La Suisse lave plus blanc, Paris, Éditions du Seuil, 1990, 186p.*

[102] Cf. KABOU, A., l'Afrique responsable, dans UREF/AUPELF, *Démocratisation, économie et développement : la place de l'enseignement supérieur*, Montréal, Éditions AUPEELE, 1992, pp.23-28 ; GUEMA, I., *Université, société et développement en Afrique centrale*, Revue Présence Africaine n°143, 1990, p.31 ; et *Rêve d'africain*, documentaire produit par TV5, 1993.

Selon la dimension nationale par:

- L'unité nationale en supprimant les barrières linguistiques, ethniques, tribales, claniques dans le but de réaliser un projet de société bénéficiant de sentiments d'un vouloir commun ;

- L'intégration nationale en supprimant les discriminations fondées sur la condition sociale, l'exercice de métier, l'âge et le sexe ;

- La solidarité nationale grâce à une politique d'aménagement équilibrée du territoire et de répartition équitable des richesses nationales entre tous les citoyens et indiquant la participation de tous à la gestion des affaires de l'État ;

- Et l'éclosion d'une conscience politique nationale au détriment de la conscience d'appartenance clanique, tribale ou ethnique dont les populations sont encore fortement empreintes.

Selon la dimension sous régionale par:

- L'intégration économique des politiques mises en œuvre au niveau des États de la sous-région en établissant un inventaire aussi exhaustif que possible des ressources, des potentialités et des faiblesses des États aux fins de déterminer soit des secteurs susceptibles de faire l'objet d'une politique régionale répondant aux besoins de tous les États, soit des secteurs de développement complémentaires entre les États conduisant à l'instauration de liens de dépendance et à l'élimination d'institutions faisant double emploi ;

- Et la mise en œuvre d'une politique de coopération supposant la liberté de circulation des idées, des personnes, des biens et des capitaux et l'échange d'expériences et d'informations par le biais de l'organisation fréquente de rencontres sportives, touristiques ou culturelles, le tout, aux fins de renforcer l'efficacité des relations interafricaines sous régionales qui témoignent d'une réelle volonté d'intégration par la voie de plusieurs organisations à vocation économique, financière et culturelle qui se chevauchent, Telles que l'Union Douanière et Economique de l'Afrique Centrale (UDEAC), la Banque Centrale des États de l'Afrique Centrale (BEAC), l'Union Monétaire de l'Afrique Centrale (UMAC), la Banque de Développement des États de l'Afrique Centrale (BDEAC), la Communauté Economique des Pays des Grands Lacs (CEPGL), la Banque de Développement des Pays des Grands Lacs (BDPGL), l'Union des États de l'Afrique Centrale (UEAC), la Communauté Economique des États de l'Afrique Centrale (CEEAC), et le Centre International de Civilisation Bantoue (CICIBA) en Afrique Centrale ; le Conseil de l'Entente, l'Union Monétaire Ouest-Africaine (UMOA), la Banque Centrale des États de l'Afrique de l'Ouest (BCEAO), la Banque Ouest Africaine de Développement (BOAD), la Communauté Economique de l'Afrique de l'Ouest (CEAO), la Communauté des États de l'Afrique de l'Ouest (CEDEAO) en Afrique de l'Ouest, l'Union Douanière Sud-Africaine, l'Union Monétaire Sud-Africaine (SACU), la Conférence pour la Coordination du Développement en Afrique Australe (SADCC) et la Zone d'Echanges Préférentiels (ZEP) en Afrique de l'Est et Australe, et l'Union du Maghreb Arabe (UMA) et le Comité Permanent Consultatif du Maghreb (CPCM) en Afrique du Nord[103].

Au niveau de l'Afrique par :

- L'unité africaine en faisant face au phénomène de la balkanisation résultant du partage de l'Afrique entre les anciennes puissances coloniales. L'OUA constitue la manifestation probante d'une volonté d'intégration politique régionale à améliorer ;

---

[103] Voir MAVUNGU, M.-di-N., *Les relations interafricaines,* Paris, CHEAM, 1990, 112p. ; GONIDEC, P.F., *Les organisations internationales africaines : Etude comparative,* Paris, L'Harmattan, 1987, 303p.

- La constitution d'un marché commun africain capable de promouvoir l'intégration, l'indépendance et le développement économique du continent (Plan de Lagos), car la plupart des pays classés parmi les moins avancés (PMA) de la planète se trouvent regroupés en son sein. La Banque Africaine de Développement (BAD constitue un instrument de financement des projets de développement et de promotion de la coopération régionale et du commerce interafricain) ;

- Et l'éclosion et le développement de la conscience africaine qui soutiendront la reconstitution, la restructuration et l'épanouissement de la personnalité africaine.

Il convient de rappeler au passage, que l'Afrique se signale socialement au niveau mondial, par l'existence d'un grand nombre de réfugiés et de personnes déplacées, soit à la suite de la survenance de calamités naturelles (sécheresse, famine, inondations), soit à la suite de guerres dans les États (en Somalie, en Angola, au Soudan, au Libéria) ou entre États (l'Ouganda, le Rwanda et le Burundi contre la RDC, ex- Zaïre), ou l'instauration de climats d'intolérance (en Algérie), ou de régimes dictatoriaux à l'intérieur des États (au Nigéria, au Rwanda, au Burundi, en RDC, ex- Zaïre). Elle a vu naître sur le plan culturel, des divisions fondées sur l'existence des différences linguistiques héritées des anciennes puissances coloniales (pays anglophones, pays arabophones, pays francophones, pays hispanophones, pays lusophones).

Sur le plan mondial par:

- La nouvelle voie de l'universalité des droits de la personne et des peuples dans un monde pluraliste ;

- La solidarité en vue d'un développement communautaire et non individualiste uniquement (des États les plus industrialisés), global et intégral de tous les peuples ;

- La reconnaissance de l'UA en tant que nouvel acteur du droit international nouveau et défenseur des intérêts du continent africain dans le concert des nations[104].

En somme, nous concluons avec W. Friedmann que les théories du droit peuvent adopter trois attitudes : ou elles subordonnent la personne à la communauté, ou elles subordonnent la communauté à la personne, ou enfin elles cherchent à fondre les deux exigences rivales [...]. Que ce conflit, non résolu jusqu'à présent, doive durer perpétuellement n'est pas affaire de théorie du droit ou de théorie politique, mais de moralité humaine. Il n'y a aucun antagonisme nécessaire et irréconciliable entre les droits de la personne et les prétentions de la communauté. C'est à cause de ce conflit dans le monde de la politique que les philosophes du droit mettent en avant, selon leurs sympathies, la communauté ou la personne. Mais la solution du conflit est moins un problème de théorie du droit que de conduite humaine[105].

Tels nous apparaissent les tenants et aboutissants de la situation qui légitime la politique africaine de développement, qui sous-tend une théorie africaine sous-jacente aux droits de la personne et des peuples, laquelle est entachée d'éléments portant l'empreinte des problèmes qui

---

[104] Voir OUA : *Quelle Afrique en l'an 2000,* Institut International d'Etudes Sociales, Genève, 1979, p.20ss ; OUA, *Conseil des Ministres, projet de traité portant création de la Communauté Economique Africaine,* CM/1134 (XXXVII) annexe II, 37è session ordinaire Nairobi 15-21 juin 1981 ; ONU PNUD, *recommandation de Nairobi pour un programme de coopération technique entre pays africains,* TCDC/AF/12/Rev. 20 mai 1980 ; NGUEMA, I., Universalité et spécificité des droits de l'homme en Afrique, contribution au colloque international organisé sur le thème « Universalité des droits de l'homme dans un monde pluraliste » par le conseil de l'Europe, 19-22 mars 1989 à Strasbourg *Revue juridique et politique, indépendance et coopération* n° 2 et 4, 1989, p.345ss ; MAVUNGU, M-di-N., *Les relations interafricaines, op.cit.,* pp.11-18 ; JOUVE, E., *Le droit des peuples,* Paris, PUF, 1992, p.3ss.

[105] Voir FRIEDMANN, W., *Théorie générale du droit,* Paris, L.G.D.J., 1965, pp.38-41 ; MATRINGE, J., *op.cit., pp.110-115.*

préoccupent les dirigeants politiques africains et qui agitent la vie politique, économique, sociale et culturelle du continent dont le droit international africain constituerait l'expression.

Les droits de la personne et des peuples dans la Charte constitutive de l'OUA de 1963

La conception des droits de la personne et des peuples dans la Charte constitutive de l'OUA

Force est de relever, sans l'ouvrir complètement, qu'un débat persiste sur la conception des droits de la personne et des peuples dans la Charte constitutive de l'OUA. Certains auteurs[106] avancent que la Charte de l'OUA développe une conception unidimensionnelle des droits de la personne et des peuples (anticoloniale, sans obligations pour les États membres). En revanche, d'autres[107] soutiennent que la Charte constitutive de l'OUA développe une conception pluridimensionnelle des droits de la personne et des peuples. Pour eux, l'OUA ne s'est pas bornée à se préoccuper de la lutte anticoloniale (Résolution CM/Ers/3 (VI) du 3 décembre 1965). Elle s'est également préoccupée de la protection des minorités (Manifeste de Lusaka sur l'Afrique Australe du 16 avril 1969)

---

[106] Voir NDIAYE, B., The Organization of African Unity (OAU), in *The International Dimensions of Humon Rights,* Unesco, Paris, 1982, pp.600-612 ; SUDRE, F., *op.cit.,* pp.81-82 ; NGOM, B., La Charte africaine des droits de l'homme et des peuples, dans A. FENET, *Droits de l'homme, droits des peuples,* Peuples, Paris, 1982, p.205 ; AIT-AHMED, H., L'afro-fascisme, les droits de l'homme dans la Charte africaine et la pratique de l'OUA, Paris 1990, p.195ss.

[107] Voir MBAYE, K., « Les droits de l'homme en Afrique, dans K. VASAK, *Les dimensions internationales des droits de l'homme,* Paris, Unesco, 1978, p.651 ; NDAM NJOYA, *La conception africaine du droit humanitaire,* Pris, Unesco, 1986, p.22 ; GLELE, A.M., *op.cit.,* p.81 ; JOUVE, E., *op.cit.,* p. 223 ; KAMTO M/PONDI, J.E/ZANG, L., *Rétrospective et perspectives africaines,* Paris, Silex, p. 224 ; NGUEMA, I., *L'Afrique, les droits de l'homme et le développement, op.cit.,* p. 48 ; RIGAUX, F., *Pour une déclaration universelle des droits des peuples,* Bruxelles, Lyon, 1990, 169p.

et des difficultés reliées au développement économique et social en vue de l'instauration d'un nouvel ordre économique africain (Déclaration de Monrovia du 20 juillet 1979 ou Résolution AHG/ST 3 (XVII)). Par exemple, dans la Déclaration de Monrovia (Déclaration d'engagement sur les principes directeurs à respecter et les mesures à prendre en faveur de l'autosuffisance nationale et collective dans le développement économique et social), les Chefs d'État et de gouvernement de l'OUA ont déclaré qu'ils étaient :

> « Conscients du fait qu'un régime politique doit protéger les droits fondamentaux de l'homme et des peuples et les libertés démocratiques, essentielles pour mobiliser les initiatives créatrices des peuples africains en vue d'un développement rapide y compris les innovations scientifiques et technologiques »[108].

L'OUA a tenté d'endiguer le phénomène des réfugiés en Afrique. Elle essaie de faire face à la situation dramatique des réfugiés africains par une démarche normative que nous développons dans les pages qui suivront un peu plus loin.

Les principes relatifs aux droits de la personne et des peuples dans la Charte constitutive de l'OUA

C'est dans les dispositions de son préambule ainsi que dans celles qui définissent ses objectifs que la Charte constitutive de l'OUA consacre les droits de la personne et des peuples[109].

La Charte constitutive de l'OUA mentionne pour les États membres le devoir de mettre les ressources naturelles et humaines du continent au service du progrès général des peuples africains dans tous les domaines

---

[108] Voir Doc OUA, *§6 de la Résolution* AHG/ST 3(XVII).

[109] Voir ABDOUL, B. A./KOFFI, B./FETHI, S., L'OUA : *De la Charte d'Addis-Abeba à la Convention des droits de l'homme et des peuples,* Paris, Silex, 1984, pp.13-14 et 405-407.

de l'activité humaine (§4 du préambule). La Charte de l'OUA affirme que les peuples africains ont le droit inaliénable de déterminer leur destin (§2 du préambule). Promouvoir la liberté, l'égalité, la justice et la dignité humaine sont des objectifs essentiels à la réalisation des aspirations légitimes des peuples africains (§3 du préambule). Les États membres de l'OUA affirment leur adhésion aux principes de la Charte des Nations-Unies de la *Déclaration Universelle des Droits de l'homme*. Ils se déclarent persuadés que la Charte des Nations-Unies et la *Déclaration Universelle des Droits de l'homme* offrent une base solide pour une coopération pacifique et fructueuse entre leurs États (§9 du préambule).

En définissant les objectifs que poursuivront les États membres de l'OUA, la Charte leur prescrit de coordonner et d'intensifier leur coopération et leurs efforts pour offrir de meilleures conditions d'existence aux peuples d'Afrique (art. 2 lit. b) ; d'éliminer sous toutes ses formes le colonialisme de l'Afrique (art. 2, lit. d) et de favoriser la coopération internationale en tenant dûment compte de la Charte des Nations-Unies et de la *Déclaration Universelle des Droits de l'homme (*art. 2, lit. e). Pour la plupart des États d'Afrique, la reconnaissance d'un corps de droits de la personne fut une conséquence du processus de réception constitutionnelle. En effet, ces États reçurent leur Constitution et, avec elle, une déclaration de droits de la personne. Néanmoins, cette adhésion formelle aux droits de la personne ne saurait expliquer la grande distance entre la formulation (la théorie) et l'application effective (la pratique) des engagements pris à ce propos.

Telle est considérée, à notre propos, la place des droits de la personne et des peuples dans la Charte constitutive de l'OUA de 1963.

Le système de protection et d'assistance de l'OUA aux réfugiés en Afrique

Le phénomène des réfugiés en Afrique

L'hospitalité de l'Africain, souvent présentée comme légendaire, n'est qu'une manifestation des droits étendus qui étaient reconnus à l'étranger. Et l'histoire de l'Afrique précoloniale nous fournit un bel exemple selon lequel la circulation d'un point à un autre du continent était libre et n'était limitée que par l'insécurité des voyages[110]. Mais, il est à noter que l'Afrique contemporaine, du Nord au Sud, d'Est en Ouest, se trouve confrontée aux problèmes épineux des réfugiés.

La situation dramatique des réfugiés en Afrique constitue, à notre sens, une manifestation probante de la gravité de la crise politique, économique et sociale persistante dans laquelle sont prolongés les Etas africains. Le phénomène des réfugiés en Afrique ne peut être compris qu'à partir de la connaissance de certaines causes tant anciennes, telles que les séquelles de la colonisation, les guerres de libération et les conflits d'indépendance ; que récentes, comme l'instabilité politique et la violation des droits de la personne et des peuples.

Ainsi donc, pour les besoins de ses exploitations agricoles et de ses entreprises industrielles et commerciales, la colonisation avait amplifié les mouvements migratoires en Afrique. Le juge Kéba Mbaye soutient que le droit d'asile était toujours accordé une fois demandé par l'étranger. Celui-ci était assimilé purement et simplement à l'autochtone et il bénéficiait même d'une attention particulière. Mais à l'arrivée du colonisateur, l'accueil des réfugiés fut exclu d'une colonie à l'autre et même d'une possession à l'autre. D'ailleurs en 1957, les membres de

---

[110] Ki-ZERBO, J., *op.cit.,* p. 150; OBENGA, T., *op.cit.,* p. 155ss; COURNE-VIN, R., *op.cit.,* p.324ss; MBAYE, K., *Les droits de l'homme en Afrique, op.cit.,* p.256 ; OUGUERGOUZ, F., *op.cit.,* p. 105 ; JOUVE, Ed., *Le tiers monde dans la vie internationale,* Paris, Berger-Levrault, 1983, p.262ss.

l'UPC, partis du Cameroun oriental français furent chassés du Cameroun occidental par les Anglais, de qui dépendait ce territoire[111].

Le processus de la décolonisation, avec l'émergence des États-nations africains dès 1956, créa des situations politiquement et sociologiquement très confuses au sein des nouveaux États. Privilégiant et favorisant leurs intérêts égoïstes, les puissances colonisatrices exploitèrent profondément les réalités ethniques durant cette période. Des foyers de tension s'allumèrent ça et là. Ce qui permit aux puissances colonisatrices d'orchestrer des pseudo-guerres d'indépendance, d'alimenter la persistance de l'apartheid, d'entretenir des conflits de frontières, des guerres civiles et de sécession, fomenter des coups d'État. Quant aux causes de mouvements migratoires en Afrique nous pouvons les classer en : causes durables (régimes répressifs) et causes temporaires (conflits armés, cataclysmes naturels) ; ou causes traditionnelles (persécution politique) et causes principales (situations économiques)[112]. Cette attitude eut pour effet d'aggraver le phénomène des mouvements migratoires en Afrique. Aujourd'hui, un Africain sur cent est un réfugié et un réfugié sur deux dans le monde est africain[113].

Les moyens institutionnels régissant la question des réfugiés en Afrique

Il nous paraît fondé d'aborder les moyens qui ont été déjà envisagés comme un système institutionnel de protection et d'assistance aux réfugiés par l'OUA, notamment les conférences, la Convention de l'OUA régissant les aspects propres aux problèmes des réfugiés en Afrique et la Charte africaine des droits de l'homme et des peuples.

---

[111] Voir MBAYE, K., *op.cit.*, p.255.

[112] Voir DIALLO ISSA, B.Y., *Les réfugiés en Afrique : de la conception à l'application d'un instrument juridique de protection,* Wien, Wilhelm Braumüller, 1974, 239p.

[113] Cf. MBAYE, K., *op.cit.,* p. 256; HCR, *Réfugiés,* focus Afrique n° 96, II, 1994, Genève, 1994, p.4ss.

Concernant les conférences, trois d'entre-elles nous intéressent ici. C'est d'abord la Conférence d'Addis-Abeba d'octobre 1967, organisée par l'OUA, la Commission économique des Nations unies pour l'Afrique (CEA) et la fondation Dag Hammarskjöld. Celle-ci s'était proposé d'examiner les aspects juridiques, économiques et sociaux des problèmes des réfugiés africains. Ses recommandations constituèrent les bases du droit des réfugiés en Afrique dont, d'une part, l'adoption de la Convention de l'OUA régissant les aspects propres aux problèmes des réfugiés en Afrique de 1969, et d'autre part, la création d'un Bureau pour le placement et l'éducation des réfugiés africains (BPERA) en mai 1967[114].

Ensuite, la Conférence d'Arusha, tenue du 7 au 17 mai 1979, organisée par l'OUA, la CEA et le HCR. De ses recommandations, nous retiendrons la réaffirmation des principes de la solidarité internationale et du partage des fardeaux, de l'harmonisation des procédures d'asile, de l'établissement des services de réinstallation et d'intégration effective des réfugiés dans les pays d'accueil, du rapatriement volontaire et de l'application des instruments régionaux et internationaux au niveau national[115].

Enfin, la Conférence internationale de Genève sur les mesures d'assistance au profit des réfugiés en Afrique, tenue en avril 1981. En mettant l'accent sur la solidarité internationale comme moyen essentiel d'apporter une solution durable aux problèmes des réfugiés, la Conférence internationale de Genève évalua l'ensemble des besoins considérés relatifs aux problèmes des réfugiés en Afrique à la somme de 1.153.990.292 dollars US et auxquels les États devraient consentir des

---

[114] Voir MBAYA, K., *op.cit.*, pp.258-260 ; Scandinavian Institute of African Studies : *The Recommandation from The Arusha Conference on The African Refugee Problems,* Uppsala, Sweden, 1981, p.6ss.
[115] Ibid.

contributions financières pour y faire face. Cette somme fut répartie en cinq portefeuilles comme suit :

- L'aide d'urgence ;
- L'aide d'assistance supplémentaire directe en faveur des réfugiés ;
- L'assistance supplémentaire directe en faveur des rapatriés ;
- Les projets d'appuis infrastructurels ;
- Les programmes approuvés en cours d'exécution[116].

Quant aux instruments juridiques qui créent le cadre juridique de la stratégie à mener, notons que la Charte africaine des droits de l'homme et des peuples comporte de nombreuses dispositions rattachées au problème de mouvements de populations. Les dispositions relatives à la liberté de circulation (l'art. 12 al. 1), au droit de quitter tout pays et de revenir dans son pays (l'art. 12 al. 2), au droit d'asile (l'art. 12 al 2 et l'art. 23 al 2 à et b), à l'interdiction d'expulsion individuelle et collective (l'art. 12 al 4 et 5) garantissent la protection des réfugiés.

La Convention de l'OUA régissant les aspects propres aux problèmes des réfugiés en Afrique du 10 septembre 1969, entrée en vigueur le 20 juin 1974[117], traite du problème des réfugiés sur la base de certains principes complémentaires aux droits et devoirs énoncés par la Convention universelle. Dans la Convention africaine, il existe une série de droits et devoirs qui s'adressent aux réfugiés africains, aux États d'accueil et ceux d'origine, membres de l'OUA.

À l'égard de l'État d'accueil, le réfugié a l'obligation de se conformer aux lois et règlement en vigueur et aux mesures visant au maintien de l'ordre public. Il doit s'abstenir de tous agissements subversifs (terro-

---

[116] Voir ONU, *Rapport du Haut Commissaire des Nations unies pour les réfugiés, Assemblée générale, Documents officiels, Vingt-huitième session,* supplément n° 12 A(A/43/12/Add.I) New York 1981.

[117] OUA *Résolution CM/Rés. 36/III du 17 juillet 1964,* Caire (Egypte).

ristes) dirigés contre un quelconque État membre de l'OUA. L'État d'accueil doit faire tout ce qui est à son pouvoir pour accueillir les réfugiés et assurer leur établissement. Il ne doit pas appliquer des mesures telles que le refus d'admission à la frontière, le refoulement ou l'expulsion, obligeant à retourner ou à demeurer dans un territoire où la vie, l'intégrité corporelle ou la liberté seront menacées. L'État d'origine doit, à l'égard des réfugiés qui retournent volontairement, faciliter leur réinstallation, leur reconnaître tous les droits et privilèges accordés à tous les nationaux et les assujettir aux mêmes obligations[118].

La Convention africaine consacre une définition élargie du réfugié par rapport à la Convention universelle de 1951 et de son protocole de 1967. Le terme réfugié dans la Convention de l'OUA s'applique également à toute personne qui, du fait d'une agression, d'une occupation extérieure, d'une domination étrangère ou d'événements troublant gravement l'ordre public dans une partie ou dans la totalité de son pays d'origine ou du pays dont elle a la nationalité, est obligée de quitter sa résidence habituelle pour chercher refuge dans un autre endroit à l'extérieur de son pays d'origine ou du pays dont elle a la nationalité[119]. Une préférence est accordée au rapatriement volontaire.

L'article 5 de la Convention dispose que :

Le caractère essentiellement volontaire du rapatriement doit être respecté dans tous les cas et aucun réfugié ne peut être rapatrié contre son gré. Les réfugiés qui rentrent volontairement dans leur pays ne doivent encourir aucune sanction pour l'avoir quitté pour l'une quelconque des raisons donnant naissance à la situation de réfugié. Toutes les fois que cela sera nécessaire, des appels devront être lancés par l'entremise des moyens nationaux d'information ou du Secrétaire général de l'OUA, pour inviter les réfugiés à rentrer dans leur pays et de

---

[118] Cf. AMADOU, F., *Afrique, terre de réfugiés, que faire ?* Paris, l'Harmattan, 1984, p.45.

[119] Voir l'article 1 al 2 de la Convention.

leur donner des assurances que les nouvelles situations qui règnent dans leur pays d'origine leur permettent d'y retourner sans aucun risque et d'y reprendre une vie normale et paisible, sans crainte d'être inquiétés ou punis. Le pays d'asile devra remettre aux réfugiés le texte de ces appels et les leur expliquer clairement. Les réfugiés qui décident librement de rentrer dans leur patrie à la suite de ces assurances ou de leur propre initiative, doivent recevoir de la part du pays d'asile, du pays d'origine ainsi que des institutions bénévoles, des organisations internationales et intergouvernementales, toute l'assistance possible susceptible de faciliter leur retour.

Une réaffirmation de la solidarité africaine une exclusion du réfugié subversif (terroriste) du bénéficie de la protection prévue par la Convention et un encouragement au dialogue en vue de trouver les solutions aux problèmes des réfugiés y sont consacrés de façon indéniable.

L'article 2 al 4 de la Convention stipule que :

Lorsqu'un membre éprouve des difficultés à continuer d'accorder le droit d'asile aux réfugiés, cet État membre pourra lancer un appel aux autres États membres, tant directement que par l'intermédiaire de l'OUA ; et les autres États membres, dans un esprit de solidarité africaine et de coopération internationale, prendront les mesures appropriées pour alléger le fardeau dudit État membre accordant le droit d'asile.

Aux termes de l'article 2 al 2 :

« L'octroi du droit d'asile aux réfugiés constitue un acte pacifique et humanitaire et ne peut être considéré par aucun État comme un acte de nature inamicale » et de l'art 3 al 2 : « Les États signataires s'engagent à interdire aux réfugiés établis sur leur territoire respectif d'attaquer un quelconque État membre de l'OUA par toutes activités qui soient de nature à faire naître une tension entre les États membres, et notamment par les armes, la voie de la presse écrite et radiodiffusée ».

Le mécanisme de mise en œuvre des moyens institutionnels

Les institutions d'application des moyens institutionnels

L'OUA avait créé deux institutions régionales et deux institutions nationales, dont la mission était d'appliquer la politique qu'elle aura retenue et les règles qu'elle aura adoptées relativement aux problèmes des réfugiés.

Sur le plan régional, elle avait institué la Commission des Dix et la Commission de médiation, de conciliation et d'arbitrage, lesquelles avaient la charge de s'acquitter de la mission précitée.

La Commission des Dix était composée de 10 États membres de l'OUA[120]. Elle était chargée de donner des avis à l'OUA et de l'assister dans la définition de sa politique sur les problèmes des réfugiés[121]. Créée en 1964, son rôle fut de préparer la Convention africaine régissant les aspects propres aux problèmes des réfugiés en Afrique de 1969. Durant la même période, un comité de coordination fut créé. Il comprenait les représentants des Nations unies et de ses institutions spécialisées, les représentants des organisations gouvernementales et non gouvernementales s'occupant des problèmes des réfugiés et les représentants du secrétariat exécutif du comité de libération de l'OUA et du président en exercice de la conférence annuelle des mouvements de libération. En sa qualité d'organisme de coordination et de consultation, le comité conseillerait le Bureau de placement et d'éducation des réfugiés africains (BPERA) et donnerait son approbation aux programmes élaborés par ce dernier en vue de faire face aux exigences de la situation des réfugiés en Afrique. Il contrôlerait le fonctionnement du budget opérationnel du BPERA. Le BPERA fut créé à la suite des recommandations de la Conférence d'Addis-Abeba de 1967. Il fut conçu d'abord comme un Bureau

---

[120] Les membres de la commission provenaient des dix pays suivants : Burundi, Cameroun, Cogo, Ghana, Nigeria, Rwanda, Sénégal, Soudan, Tanzanie, Ouganda, Cf. JOUVE, Ed., *L'OUA,* Paris, PUF, 1984, p.173.

[121] Voir OUA, *Résolution CM/Rés. 19/II du 20 février 1964,* Lagos (Nigéria).

séparé du secrétariat de l'OUA. Il devint un organe autonome en 1971 avant d'être placé sous la supervision du secrétariat général de l'OUA, chargé des affaires politiques en 1974[122].

En plus de la mission qui lui était confiée dans le cadre des problèmes des réfugiés, il fut relevé que la Commission de médiation, de conciliation et d'arbitrage (art. 19 de la Charte et art. 1 du Protocole de médiation, de conciliation et d'arbitrage) est le quatrième organe de l'OUA[123]. Elle comprenait vingt et un membres élus à la majorité de deux tiers pour cinq ans par la Conférence des chefs d'État et de gouvernement sur une liste de personnalités présentées par les États membres (art. 2 du Protocole).

Sur le plan national, l'OUA avait prévu la désignation d'un agent de liaison du BPERA par chaque État membre de l'OUA. Ce dernier serait le correspondant national chargé de signaler les possibilités de bourses d'études, de travail, d'installation ou de réinstallation qui s'offriraient dans son pays[124]. De plus, chaque État devrait créer sur son territoire un comité national qui serait chargé de mettre en œuvre les politiques nationales d'aide aux réfugiés. Ce comité national jouerait un rôle consultatif dans la promulgation et l'amendement des lois nationales sur les réfugiés[125]. En dernier ressort, la nécessité de créer des comités inter-

---

[122] Cf. OUA, *Résolution CM/Rés. 244/XVII du 19 juin 1974,* Mogadiscio (Somalie).

[123] Aux termes de l'article 7 de sa Charte, l'OUA poursuit ses objectifs par le biais de la conférence des chefs d'État et de gouvernement, du conseil des ministres (les deux étant des organes de direction et de décision), du secrétariat général (organe d'exécution) et de la commission de médiation, de conciliation et d'arbitrage (organe de consultation).

[124] *Cf.* OUA, *Résolution CM/Rés. E89/XXVII du 3 septembre 1976.*

[125] *Cf. OUA, Résolution CM/Rés. 244/XVII* du 19 juin 1974, Mogadiscio (Somalie).

gouvernementaux se fit également sentir pour faciliter le rapatriement volontaire des réfugiés vers leur pays d'origine[126].

La mission des institutions d'application des moyens institutionnels

La fonction principale du BPERA consistait à assurer l'assistance juridique et la réinstallation des réfugiés. Il s'occupait également de l'éducation et du placement des réfugiés. Il recueillait et diffusait tous les renseignements relatifs à l'éducation, la formation professionnelle et l'emploi des réfugiés[127].

Quant à la Commission de médiation, de conciliation et d'arbitrage, elle fut mandatée à la fonction d'interpréter et d'appliquer les termes de la Convention régissant les aspects propres aux problèmes des réfugiés en Afrique[128]. Elle était compétente uniquement pour les litiges entre États (art. 2 du Protocole). Elle pouvait être saisie soit par les parties intéressées au litige, soit par le Conseil des ministres, soit par la Conférence des chefs d'État et de gouvernement (art. 12 du Protocole).

En fait, les moyens institutionnels mis en place par l'OUA que nous venons de décrire ci-haut, n'ont jamais été et ne seront pas à la hauteur des résultats escomptés, car ils n'ont jamais été opérationnels. Selon M. A. Glele, la Commission n'avait pas fonctionné en raison d'une part de l'hostilité des responsables politiques africains à l'égard d'un gouvernement de juges susceptibles de subir des manipulations occultes et

---

[126] Cf. *La Convention de l'OUA CM/Rés. 36/III* du 17 juillet 1964, Caire (Egypte)) ar. 5 ; OUA, *Résolution CM/Rés. 244/XVII* du 19 juin 1974, Mogadiscio (Somalie).

[127] Cf. OUA, *Résolution CM/Rés. 347/XXIII du 11 juin 1979 et Résolution CM/Rés. 347/XXIII du 11 juin 1974,* Mogadiscio (Somalie).

[128] *L'Article 9 de la Convention* se lit comme suit : « *Tout différend entre États signataires de la présente Convention qui porte sur l'interprétation ou l'application de cette Convention et qui ne peut être réglé par d'autres moyens doit être soumis à la Commission de médiation, de conciliation et d'arbitrage de l'Organisation de l'Unité Africaine, à la demande de l'une quelconque des parties ou différend* ».

d'autre part, de leur préférence à régler entre pairs leurs différends par la palabre. En la matière, les responsables politiques africains avaient adopté deux approches dont l'une consiste en l'action individuelle ou personnelle grâce à des négociations bilatérales et l'autre en la constitution de commissions ad hoc de chefs d'État et de gouvernement africains tiers dans le différend[129]. Il est à noter que l'action des responsables politiques africains peut être qualifiée comme une action réductrice de tensions et régulatrice permanente des relations amicales et fraternelles entre africains[130].

Cependant, l'amplification du mouvement spontané des populations en Afrique demeure constante. Elle demeure le fruit des régimes totalitaires régnants qui s'acharnent à conserver leurs pouvoirs à tout prix et

---

[129] C'est ainsi que lors du conflit armé algéro-marocain de 1963, à la suite des échecs des tentatives du règlement pacifique du conflit par certains Chefs d'État d'Afrique du Nord, l'empereur Hailé SELASSIE d'Ethiopie et le président Modibo KEITA du Mali parvinrent à réunir le roi du Maroc et le chef d'État algérien à Bamako (Mali) le 29 octobre 1963 pour conduire un accord. De même en décembre 1965, dans le conflit de frontières entre le Kenya du président Jomo KENYATTA et la Somalie du Premier ministre EGAL, ce fut le président NYERERE de la Tanzanie qui joua le rôle de médiateur jusqu'à la déclaration commune (accord) sur la fin du conflit. En novembre 1966, le président MOBUTU du Zaïre joua un rôle similaire à l'occasion du différend opposant le Rwanda au Burundi. Le président Jomo KENYATTA sera le négociateur dans la guerre civile congolaise (zaïroise) de 1964-1965. Lors de la guerre du Biafra, une commission d'enquête et de consultation composée de six chefs d'État (Cameroun, Ghana, Ethiopie, Liberia, Niger et Zaïre) fut chargée de résoudre le conflit. Cf. GLELE A.M., *op.cit.,* p.44 ; KWAM KOUASSI, E., *op.cit.,* pp.118-122 et 200-211 ; ABDOUL, BA/KOFFI, B./FETHI, S., op.cit., *p.15 ; JOUVE, E., op.cit.,* pp.76-79.

[130] L'ancien président du Zaïre, MOBUTU SESE SEKO joua le rôle de médiateur dans la crise angolaise (1975-1995) et dans la crise rwandaise (1990-1994) ; les présidents Omar BONGO du Gabon, Blaise COMPAORE du Burkina-Faso, Idriss DEBY du Tchad avaient calmé la crise Centrafricaine menaçant le président Ange PATASSE, Voir *Afrique Contemporaine*, Paris, PUV, 1975-1994.

par tous les moyens dont ils disposent. Pour cette raison, et avec l'existence des foyers potentiels d'alimentation quasi permanents du phénomène lié au déplacement des populations, en l'occurrence : la Somalie, le Liberia, le Burundi, le Rwanda, l'Angola, la République Centrafricaine, la RDC, ex-Zaïre, pour ne citer qu'eux, lesquels constituent des excellentes illustrations de la gravité de la situation qui guette les populations africaines, nous proposerons la création d'une Commission africaine pour les minorités, les réfugiés et les problèmes humanitaires, dont nous espérons qu'elle pourrait remédier à cette situation aux conséquences désastreuses en Afrique mieux que ne les font les moyens institutionnels mis en place jusqu'à maintenant.

Les droits de la personne et des peuples dans la Déclaration d'Alger de 1976

La situation politique africaine lors de la proclamation de la Déclaration d'Alger

Besoin est, nous semble-t-il, de signaler quelle a été la situation politique en Afrique au moment de la proclamation de la déclaration d'Alger.

On pouvait constater d'abord l'existence d'un État official d'apartheid, l'Afrique du Sud. L'Afrique du Sud occupait, en plus militairement la Namibie. Ensuite, le conflit entre le royaume marocain et l'État du Sahara occidental persistait sans aucun espoir de dénouement. Ce conflit était lié à l'occupation du territoire de la République sahraoui par le royaume marocain et à la non reconnaissance de l'indépendance de ce dernier par le Maroc. Et enfin, cinq États africains étaient en guerre civile[131].

---

[131] Dont l'Angola entre le MPLA de Dos Santos qui était soutenu par le Congo-Brazzaville, le bloc communiste et les pays dits progressistes du Sud et l'UNITA de J. Savimbi bénéficiant de l'appui logistique de l'Afrique du Sud, du Zaïre, du bloc capitaliste et des pays dits modérés du Sud ; le Mozambique entre le Frente

L'aperçu général de la Déclaration d'Alger

La Déclaration universelle des droits des peuples ou la Déclaration d'Alger est de source non-étatique et non interétatique[132]. Elle a été proclamée le 4 juillet 1976, date correspondant symboliquement aux deux siècles de la Déclaration d'indépendance des États-Unis de 1776, par un groupe d'intellectuels, de représentants de mouvements de libération et de dirigeants politiques exilés sous l'impulsion des deux organisations non-gouvernementales. Ces deux ONG[133] sont la Fondation

---

de Libertaçao de Moçambique (FRELIMO de Edouaro Moudlane, Samora Machel et Marcelino Dos Santos) et l'Afrique du Sud ; la Somalie entre le conseil suprême révolutionnaire (CSRS), socialiste, présidé par Siad Barre et les six mouvements de libération à savoir : le Front Démocratique Somalien du Salut (FDS), le Mouvement National Somalien (MNS), le Groupe Manifesto (GM), le Congrès de la Somalie Unifiée (CSU), le Mouvement Patriotique Somalien (MPS) et le Front de la Somalie Unifiée (FSU), l'Ethiopie entre le régime éthiopien et le Front de Libération de l'Erythrée (FLE) et le Front Populaire de Libération de l'Erythrée (FPLE) ; et le Soudan entre les autorités de Khartoum et l'Armée de Libération du Peuple Soudanais (l'ALPS) dirigée par le colonel John Garang, Voir NCHAMA EYA, CM, *op.cit.*, p.27ss ; *Réfugiés, n°* 56, Genève, Septembre 1988, pp.17, 27, 34, 44ss ; MUGWATEBIO, S., *L'Angola crise et la guerre*, Victoria, Cameroun, Press-book, 1976, p.12ss ; AKOBU, J., John Garang, *ce Noir que les Noirs ignorent, in Africa international,* n° 187, Dakar, octobre 1986, p.13s ; ONU, *Rapport de la commission des Nations unies pour l'Erythrée,* Assemblée générale, Documents officiels de la 5è session, suppl. n° 8 (A/1285) Lake success, New York, 1950, p.1ss.

[132] Le projet de la Déclaration d'Alger a été élaboré par un groupe de juristes indépendant, à savoir : G. ABI-SAAB G., A. CASSESE, L. FERRARI-BRAVO, P.FOIX, L. MATARASSO, F., RIGAUX et J. SALMON, Cf OUGUERGOUZ, F., *op.cit., p.229.*

[133] L'expression « Organisation non gouvernementale » désigne les organisations internationales qui n'ont pas été créées par voies d'accords intergouvernementaux. Cf. La résolution 1296 (XLIV) du Conseil économique et social des Nations unies concernant les dispositions relatives aux consultations avec les organisations non gouvernementales du 23 mai 1968 reproduite dans CM. Eya NCHAMA, *op.cit., p.74.*

internationale Lelio Basso pour le droit et la libération des peuples et la Ligue internationale pour les droits et la libération des peuples[134].

---

[134] Les activités des ONG dépendent de leurs objectifs et de leurs ressources. Les ressources des ONG sont constituées par les souscriptions de leurs membres des dons et legs, des subventions et des produits de leurs publications. Les activités des ONG peuvent consister en l'élaboration des normes des droits de l'homme et des peuples, en la mise en œuvre de celles-ci par les pressions exercées pour la ratification des instruments internationaux et la surveillance de leur application, et en la promotion et la protection des droits de l'homme et des peuples. Certaines d'entre-elles ont joué un rôle de premier ordre dans le cadre de leurs activités en Afrique. La Commission internationale de juristes organisa le premier congrès des juristes africains à Lagos (Nigéria) du 3 au 7 janvier 1961 sur le thème de la « Primauté du droit » qui constitue la phase de la conception de l'idée de la Charte africaine. La résolution adoptée à l'issue du congrès connue sous le nom de « Loi de Lagos » invitait les gouvernements africains à adopter une convention des droits de l'homme en vue de la création d'une Cour à laquelle toute personne pourrait s'adresser pourvu qu'elle soit sous la juridiction d'un des États signataires (Le point 4 de la Loi de Lagos). Elle organisa, avec la collaboration de l'Association sénégalaise d'études et de recherches juridiques, le colloque de Dakar en septembre 1978 sur le thème « le développement et les droits de l'homme », qui est considéré comme la définition du projet de la Charte africaine. Les participants au colloque ont préconisé la conclusion au niveau panafricain d'une convention des droits de l'homme, la création d'instituts sous-régionaux des droits de l'homme pour la promotion et la sensibilisation de l'opinion publique, la création d'une ou plusieurs commissions interafricaines des droits de l'homme composées de magistrats indépendants et chargés de connaître toutes les requêtes relatives à la violation des droits de l'homme (F. OUGUERGOUZ, *op.cit.*, p.54). La Fondation internationale Lelio Basso pour le droit et la libération des peuples et la Ligue internationale pour les droits et la libération des peuples ont rédigé, dans le cadre des activités de l'élaboration des normes de droits de l'homme et des peuples, la Déclaration d'Alger du 4 juillet 1976, ou « Déclaration universelle des droits des peuples » qui avait inspiré considérablement les rédacteurs de la Charte africaine. Cf. KOUEVI, A., loc.cit. ; RIGAUX, *op.cit.*, p.143 ; GITTLEMAN, The African Charter on Human and Peoples Rights, Virginia in Journal of international law, vol. 22 n° 4, 1982, p.670ss.

La Déclaration d'Alger constitue une manifestation politique ayant une influence morale considérable dans la dynamique du droit à l'autodétermination des peuples. Aujourd'hui, il existe encore de multiples moyens par lesquels certains États occidentaux ou certains pouvoirs économiques internationaux privés, voire la conjonction de ces deux forces, entravent ou contrecarrent le libre choix des systèmes politique, économique et social des États du Tiers monde et en particulier des États africains[135].

Considérée comme la *« Magna carta des peuples »* par A. Cassese, la Déclaration d'Alger constitue une contribution du droit officieux face à l'extension croissante de l'impérialisme dans un monde libre où l'entreprise capitaliste pourrait agir librement sans le moindre obstacle. Et par conséquent, elle pourrait réaliser librement de grands profits au détriment des peuples en voie de développement et leur imposer sa suprématie[136].

La Déclaration d'Alger *« veut »* avoir une portée *« universelle »*. Celle-ci pourrait se traduire non seulement par son rayonnement géographique, mais surtout par la cohérence qu'elle témoigne en énonçant

---

[135] L'exemple le plus frappant est celui relatif à la succession de l'ancien président de la Côte d'Ivoire, Houphouët-Boigny. La position de la France fut très flottante à l'égard du respect de la constitution ivoirienne et celle du Fonds Monétaire International ferme en faveur du premier Ministre OUATTARA et non du président de l'Assemblée nationale K. BADIE conformément à l'article 11 de la constitution ivoirienne, Journal télévisé, France 2 soir du 8 décembre 1993.

[136] Voir CSSESE, A., La portée politico-juridique de la Déclaration d'Alger dans A. CASSESE et E. JOUVE, *Pour un droit des peuples*, Paris, Berger-Levrault, 1978, pp.64-67 ; NCHAMA EYA, C.M., *op.cit.*, p. 27 ; BASSO, L., Les fondements idéologiques de la Déclaration d'Alger dans A. CASSESE et E. JOUVE, *op.cit.*, p.33ss.

presque tous les principes politiques, économiques, sociaux, culturels, écologiques, essentiels à la vie des peuples[137].

La Déclaration d'Alger ne définit pas la notion de « *Peuple* ». Toutefois, celle-ci peut se dégager de l'économie générale de la Déclaration d'Alger, elle-même. Elle considère le peule, soit comme une communauté humaine qui se signale par des différences suffisamment significatives à l'égard des autres peuples ; soit comme l'ensemble de la majorité de la population d'un État dont un des droits fondamentaux est de n'être pas soumis aux pouvoirs d'une minorité, soit encore comme un peuple homogène structuré en État, comme une minorité nationale dont les droits collectifs sont reconnus à l'intérieur de cet État et dont l'accent est mis sur la volonté d'un futur[138]. Pour Ed. JOUVE, la notion du « *Peuple* » est « *un mot caméléon* » dont le sens est fonction de son environnement[139].

Les droits de la personne et des peuples dans la Déclaration d'Alger

Les principes proclamés dans la Déclaration d'Alger

Les droits des peuples proclamés dans la Déclaration d'Alger sont ceux affirmés dans la plupart des instruments juridiques adoptés au sein des Nations-Unies[140]. La Déclaration d'Alger ne produit aucun effet

---

[137] Voir RIGAUX, F., Remarques générales sur la Déclaration d'Alger, dans A. CASSESE et E. JOUVE, *op.cit.,* pp.41ss.

[138] Voir ECHEVERRIA, J., Le peuple comme communauté du manque, Eléments pour une définition, dans A. CASSESE et E. JOUVE, *op.cit.,* pp.95-97 ; RIGAUX, F., loc.cit.

[139] Voir JOUVE, Ed., L'émergence d'un droit des peuples dans les relations internationales, dans A. CASSESE et E. JOUVE, *op.cit.,* p. 105 ; GLELE, A.., *op.cit.,* p.83.

[140] En l'occurrence, les articles 1 §2 et 55 §5 a, b, c de la Charte des Nations-Unies (but des Nations-Unies et coopération économique et sociale internationale) ; les pactes internationaux des droits de l'homme adoptés le 16 décembre 1966 par l'Assemblée générale des Nations-Unies, l'article premier commun

juridique[141]. Dans sa première section (art. 1 à 4) relative au droit à l'autodétermination des peuples, elle affirme le droit à l'existence des peuples. Le droit de tout peuple à l'existence (art. 1er) comprend le droit au respect de l'identité nationale et culturelle (art. 2), le droit à la possession paisible de son territoire (art. 3) et le droit à la protection contre toute forme de génocide (art. 4). Ce faisant, le droit à l'existence se réfère, non seulement à la survie biologique des peuples ou des personnes composant les peuples, mais également aux données culturelles des relations collectives[142].

La section II de la Déclaration d'Alger consacre le droit à l'autodétermination politique des peuples (art. 5 à 7). Ce dernier a pour objectifs de mettre l'accent sur l'indépendance des peuples exploités vis-

---

relatif au droit des peuples à disposer d'eux-mêmes ; la résolution 1514 (XV) intitulée « Déclaration sur l'octroi de l'indépendance aux pays et aux peuples coloniaux « adoptée le 14 décembre 1960 par l'Assemblée générale des Nations-Unies ; la résolution 1803 (XVII), intitulée « Souveraineté permanente sur les ressources naturelles » adoptée le 14 décembre 1962 par l'Assemblée générale des Nations-Unies, la résolution 3103 (XXVIII), intitulée « Principes de base concernant la domination coloniale et étrangère et les régimes racistes » adoptée le 12 décembre 1972 par l'Assemblée générale des Nations-Unies ; la résolution 3201 (S-VI), intitulé « Déclaration concernant l'instauration d'un nouvel ordre économique international » adoptée le 1er mai 1974 par l'Assemblée générale des Nations-Unie ; la résolution 3281 (XXIX), intitulée « la Charte des droits et devoirs économiques des États » adoptée le 12 décembre 1974 par l'Assemblée générale des Nations unies, la résolution 3148 (XXVIII) intitulée « Préservation et épanouissement des valeurs culturelles » adoptée par l'Assemblée général des Nations-Unies le 14 décembre 1973. Tous les instruments cités ci-dessus se trouvent réunis dans ONU, *Droits de l'homme, recueil d'instruments internationaux,* ST/HR/I/Rev. 3, New York, Nations-Unies, 1988.

[141] Voir CARUSO, S., *La déclaration d'Alger comme « Projet juridique »,* dans A. CASSESE et E. JOUVE, *op.cit.,* pp.169-172.

[142] Cf. SALMON, J.A.J., l'apport de la Déclaration d'Alger au droit international, dans A. CASSESE et E. JOUVE, *op.cit.,* p. 56 ; RIGAUX, F., *op.cit.,* p.128 ; NCHAMA EYA, C.M., *op.cit.,* p. 56.

à-vis des puissances étrangères, d'exiger le caractère représentatif du gouvernement dans les pays concernés et d'accorder le droit d'autodétermination aux minorités nationales définies comme des groupes différents de la majorité nationale par la race, la religion, etc.[143]. Ce droit peut être subdivisé en deux aspects fondamentaux, dont l'un interne et l'autre externe.

Dans son aspect externe, la pratique onusienne (la résolution 2625 (XXV)) soutient que le droit à l'autodétermination ne peut s'exercer que dans les cas de la domination coloniale, de l'occupation étrangère ou du régime d'apartheid[144]. Nous pouvons affirmer que le droit à l'autodétermination externe s'est exercé de façon significative en Afrique. En 34 ans, date de l'indépendance du Soudan, à mars 1993, date de l'indépendance de l'Erythrée), l'Afrique est passée de trois États indépendants (Ethiopie, Liberia et Egypte) à 53 États souverains.

Quant à son aspect interne, le droit à l'autodétermination suppose le droit pour chaque peuple de veiller à ce que le gouvernement librement choisi repose toujours sur le consensus du peuple. Et que ce gouvernement soit capable d'assurer le respect effectif des droits et libertés fondamentaux pour tous dans un régime démocratique représentatif. Autrement dit, le droit à l'autodétermination suppose la non-ingérence dans les affaires intérieures des autres peuples et l'alternance politique pacifique ou *la démocratie*. En Afrique, certains Chefs d'État agissent

---

[143] Dans le Principe VII de l'Acte final d'Helsinki du 1er août 1975, on peut lire que « Le droit à l'autodétermination politique dispose que tous les peuples ont toujours le droit, en toute liberté, de déterminer lorsqu'ils le désirent et comme ils le désirent, leur statut politique interne et externe, sans ingérence extérieure, et de poursuivre à leur gré leur développement politique, économique, social et culturel ».

[144] Cf. MAVUNGU, M.-di-N., *Le règlement judiciaire des différends interétatiques en Afrique*, Fribourg, Éditions universitaires Fribourg Suisse, 1992, pp.94-111 ; JOUVE, E., *le droit des peuples, op.cit.*, p.80 ; ECHEVERRIA, J., *op.cit.*, p.100ss ; RIGAUX, *op.cit.*, p.44.

comme s'ils étaient des gouverneurs provinciaux d'autres États. A l'intérieur de leur pays, beaucoup de ces dirigeants africains continuent de se comporter à l'égard de leur peuple comme à l'époque coloniale. Cette situation traduit une dépendance psychologique qui conduit au mauvais développement des États africains. Très peu de pays africains ont résolu la question d'une alternance politique pacifique[145].

Les conditions de la jouissance effective par les peuples de leurs droits économiques sont posées dans la section III de la Déclaration d'Alger (art. 8 à 12). Il s'agit de la maîtrise des ressources naturelles (art. 8), de la participation au progrès scientifique et technique (art. 9), d'une juste rémunération du travail et de l'établissement d'échanges internationaux à des conditions égales et équitables (art. 10). Ces conditions, combinées à celles du droit à l'autodétermination politique, constituent les fondements du droit pour tout peuple de se doter d'un système économique et social de son choix (art. 11).

Or, il convient de constater que de nombreux États africains sont rongés par la détérioration des échanges, la corruption et la dette extérieure. Ils disposent d'un budget national dépendant de l'extérieur à plus de 80 %. Ce faisant, ils ne jouissent pas du droit à l'autodétermination tant dans son aspect politique que dans son aspect économique. Certains

---

[145] Les exemples du Burundi avec l'assassinat de Melchior Ndadaye, premier Président élu démocratiquement et Hutu, lettre de la Francophonie, n° 66, 1er novembre 1993, du Gabon avec les résultats de l'élection présidentielle truqués, journal télévisé, France 2 soir, du 11 décembre 1993, de la RDC, ex-Zaïre, où la transition pour l'alternance politique pacifique dure plus de six ans, constituent des illustrations très regrettables. Voir JOUVE, E., *Le droit des peuples, op.cit.,* p. 79 et *L'émergence d'un droit de peuples dans les relations internationales, op.cit.,* p.106 ; GAJA, G., *L'autodétermination politique dans la Déclaration d'Alger : Objectifs et réalités,* dans A. CASSESE et E. JOUVE, *op.cit.,* p.123ss.

d'entre eux dépendent idéologiquement de l'Occident, d'autres de l'ancienne Europe de l'Est et d'autres encore des États arabes[146].

Le droit à la culture est évoqué dans la section IV de la Déclaration d'Alger (art. 13 à 15). Il comprend le droit de parler sa langue, de préserver et de développer sa culture (art. 13) ; le droit à ses richesses artistiques, historiques et culturelles (art. 14) ; le droit de ne pas se voir imposer une culture étrangère (art. 15). Force est de souligner que la culture africaine est très sollicitée, pour ne pas dire envahie, par le mode de vie à l'occidentale ou à l'orientale. Le péril est particulièrement significatif dans les États africains qui importent la technologie dont ils ne possèdent pas eux-mêmes des éléments de base. La concentration des moyens de communication de masse et l'unification des modèles culturels, des opinions, des besoins de consommation, qu'ils ont tendance à instaurer, subvertissent les cultures traditionnelles africaines[147].

La section V de la Déclaration affirme le droit à l'environnement et aux ressources communes (art. 16 à 18). Elle propose un nouvel ordre politique et économique dont la construction est compatible avec les fonctions du système écologique du globe terrestre. En Afrique, tous les peuples veulent éviter à tout prix que l'Afrique soit transformée en dépotoir de déchets nucléaires. Ils ont constaté que la course folle aux armements nucléaires dilapide des ressources pouvant être employées à l'amélioration des conditions de vie d'une grande partie de l'humanité et que le risque d'être anéanti par une explosion nucléaire est énorme[148].

---

[146] Cf. GIARDINA, A., *Les droits économiques des peuples dans la Déclaration d'Alger*, dans A. CASSESE et E. JOUVE, *op.cit.*, pp.137-140ss ; RIGAUX, *op.cit.*, p.135 ; NCHEMA EYE, *loc.cit.*

[147] Voir FOIS, P., *Le droit à la culture dans la Déclaration d'Alger*, dans A. CASSESE et E. JOUVE, *op.cit.*, p.155ss ; RIGAUX F., *op.cit.*, p.57 ; NCHEMA EYA, C.M., *op.cit.*, p.137.

[148] Cf. CHATILLON, G., *Pour une écologie au service des peuples*, dans A. CASSESE et E. JOUVE, *op.cit.*, p.145ss ; JOUVE, E., *Le droit des peuples*, *op.cit.*, p.95 ; RIGOUX, *op.cit.*, p.131 et 137 ; NCHAMA EYA, C.., *loc.cit.*

Il importe de relever que les rédacteurs de la Déclaration d'Alger se sont efforcés de tenir en équilibre deux objectifs qui risquent d'être parfois contradictoires dans la section VI relative aux droits des minorités (art. 19 à 21). Il s'agit, d'une part, de la nécessité de préserver l'intégrité territoriale et une forme d'unité politique de l'État et, d'autre part, du respect des droits fondamentaux des peuples qui constituent une minorité au sein d'un État. Ce qui revient à dire que chaque minorité a le droit d'exiger de l'État le respect de tous les principes établis par la Déclaration d'Alger et non seulement de ceux consacrés par la section VI, sans porter atteinte à l'intégrité territoriale et à l'unité politique de l'État dès lors que celui-ci se conduit conformément à tous les principes énoncés dans la Déclaration d'Alger. Dans le cas contraire, la Déclaration d'Alger accorde et garantit à la minorité le droit de faire sécession.

Le droit de sécession dans la Déclaration d'Alger constitue un puissant instrument de pression sur l'État pour que celui-ci respecte les droits de chaque minorité. Et il constitue l'une des sanctions envers l'État qui ne se conduit pas conformément aux principes qu'elle énonce. Les membres d'une minorité, du moins en Afrique, ont le droit de demeurer sur le territoire de l'État dont ils ont la nationalité sans pour autant abandonner leur propre culture. Néanmoins le cas des minorités nationales est exploité par les intérêts étrangers qui cherchent à provoquer la décomposition des États pour mieux les soumettre à leur influence[149].

La section VII et la dernière de la Déclaration d'Alger traite des garanties et sanctions (art. 22 à 30). L'institution du tribunal permanent des peuples, un tribunal d'opinion (le tribunal de Russell), s'est faite dans le

---

[149] L'exemple des Tutsi au Rwanda, au Burundi et en Ouganda demeure flagrant à ce propos. Voir MUKONDE, M.P., « Que cache l'invasion dans l'État du Zaïre ? », *Le Devoir du 7-8 décembre 1996,* p.A9 ; CONDORELLI, L., « Droits des minorités et garanties des droits des peuples : Les risques de la Déclaration », dans A. CASSESE et E. JOUVE, *op.cit.,* p.127ss ; URIBE, A., « Regards sur la Déclaration d'Alger », Dans A. CASSESE et E. JOUVE, *op.cit.,* p.50.

but d'ouvrir aux peuples, aux personnalités ou aux partis politiques en exil ou aux mouvements de libération nationale ne satisfaisant pas aux critères des résolutions 1514 (XV) et 2625 (XXV)des Nations-Unies, l'accès à une forme de justice que le droit international réserve aux seuls États[150]. De plus la section VII fait obligation aux membres de la communauté internationale de rétablir les droits fondamentaux d'un peuple lorsqu'ils sont gravement méconnus[151].

L'influence exercée par la Déclaration d'Alger sur l'orientation de la Charte africaine des droits de l'homme et des peuples

L'intérêt d'aborder la Déclaration universelle des droits des peuples se justifie de par l'influence qu'elle avait exercée sur l'orientation de la Charte africaine des droits de l'homme et des peuples[152]. Les rédacteurs de la Charte africaine des droits de l'homme et des peuples se sont abondamment inspirés du texte et de l'esprit de la Déclaration d'Alger, affirme I. Nguema, qui est l'un de ceux-ci.

S'inspirant de la Déclaration d'Alger, les rédacteurs de la Charte africaines ont consacré certains droits qu'elle proclame. Le droit à l'existence (Section I de la Déclaration d'Alger) est affirmé à l'article 20 al. 1 de la Charte africaine. Les droits à l'autodétermination politique et

---

[150] Voir La Charte des Nations unies, articles 92-96 et le Statut de la Cour Internationale de Justice, article 34 al 1 disposent que : « *seuls les États ont qualité pour se présenter devant la Cour Internationale de Justice* ».

[151] Cf. SARTRE, J.P., *Discours inaugural à l'ouverture de la 1ère session à Stockholm le 2 mai 1967, du Tribunal international contre les crimes de guerre commis au Vietnam* ; URIBE, A., *op.cit.*, p.53 ; DI BLASE, A., « La légitimité du recours à la force dans les résolutions des Nations-Unies et dans la Déclaration d'Alger », dans A. CASSESE et E. JOUVE, *op.cit.*, p.161ss.

[152] Voir NGUEMA, I., *La vie de la Charte africaine des Droits de l'homme et des peuples*, vol. 1, Banjul, oct. 1991, p.2 ; NCHAMA EYA, C.M., *op.cit.*, p.19ss ; KODJO, E., Le contexte historique de la Charte africaine des droits de l'homme et des peuples, *op.cit.*, p.31 ; KOUEVI, A., Essai de commentaire de la Charte africaine des droits de l'homme et des peuples, Toulouse, 1987, p.21.

économique (Section II et III de la Déclaration d'Alger) se trouvent consacrés dans la Charte africaine aux articles 19, 20 al. 2 et 3, et 21. Le droit à la culture (Section IV de la Déclaration d'Alger) est affirmé dans la Charte africaine aux articles 19 et 20. Le droit à l'environnement et aux ressources communes (Section V de la Déclaration d'Alger) est reconnu aux articles 22 et 24 de la Charte africaine. Les droits des minorités (Section VI de la Déclaration d'Alger) sont consacrés implicitement dans la Charte africaine aux articles 19 et 20. Le principe de solidarité et des relations amicales entre les États (Art. 12 et 18 de la Déclaration d'Alger) est réaffirmé dans la Charte africaine, en son article 23[153].

En somme, la Déclaration d'Alger de 1976, expression du droit à l'autodétermination des peuples et des personnes composant les peuples, se résume dans toutes ses facettes en un projet pour l'avenir (un instrument de lutte pour un monde meilleur). Signalons que la Déclaration d'Alger ne contient aucune disposition limitative ou/et aucune disposition dérogatoire se rapportant aux droits des peuples qu'elle énonce[154].

Telle fut et demeure à certains égards, la situation en Afrique, dont la Déclaration universelle des droits des peuples constitue en quelque sorte l'expression[155].

---

[153] Voir également d'autres commentaires dans I. NGUEMA, *op.cit.,* p.3 ; JOUVE, E., Le droit des peuples, *op.cit.*, p.50ss ; RIGAUX, F., *op.cit.*, pp.127et 146.

[154] Voir RIGAUX, F., *op.cit.*, p.149.

[155] Cf. JOUVE, E., *Le droit des peuples, op.cit.*, p.78ss.

3

HISTORIQUE ET CONTENU DE LA CHARTE AFRICAINE DES DROITS DE L'HOMME ET DES PEUPLES

La CHADHP est un instrument juridique international qui établit un système de promotion et de protection des droits de la personne et des peuples dans le cadre de l'Organisation de l'Unité Africaine (l'OUA), devenue l'Union africaine depuis 2000. Rappelons que la mission de l'OUA consiste à renforcer la cohésion et la solidarité entre les États africains, à intensifier leur coopération ainsi que leurs efforts, afin d'offrir de meilleures conditions d'existence aux peuples d'Afrique.

L'article 2 de la Charte de l'OUA dispose que :

1. Les objectifs de l'organisation sont les suivants : a) Renforcer l'unité et la solidarité des États africains ; b) Coordonner et intensifier leur coopération et leurs efforts pour offrir de meilleures conditions d'existence aux peuples d'Afrique ; c) Défendre leur souveraineté, leur intégrité territoriale et leur indépendance ; d) Eliminer sous toutes ses formes le colonialisme de l'Afrique ; e) Favoriser la coopération inter-nationale, en tenant dûment compte de la Charte des Nations unies et de la Déclaration universelle des Droits de l'homme. 2) A ces fins, les États membres coordonneront et harmoniseront leurs politiques générales, en particulier dans les domaines suivants : a) Politique et diplomatie ; b) Economie, transports et communications ; c) Education et culture ; d) Santé, hygiène et nutrition ; Science et technique ; f) Défense et sécurité.

Depuis son adoption à Nairobi (Kenya), le 28 juin 1981 et à l'unanimité, par le sommet des chefs d'État et de gouvernement de l'OUA, la CHADHP a fait l'objet de plusieurs importantes études. Celles-ci ont été effectuées soit sous l'angle de l'analyse de son contexte historique[156] ; soit dans une optique comparative et sous l'angle de son contenu et de ses mécanismes de mise en œuvre avec les instruments internationaux relatifs aux droits de la personne dont, au plan universel, la DUDH, le PIDESC, le PIDCP et le Protocole facultatif se rapportant au PIDCP, le tout dénommé la Charte internationale des droits de l'homme et sur le plan régional, la CEDH et la CADH[157].

A la différence de la plupart des traités internationaux, la CHADHP se présente comme une mosaïque de règles empruntées à divers ordres juridiques ou relevant de branches du droit généralement considérées comme distinctes : la Charte intègre en effet certaines dispositions constitutionnelles de divers États africains, de même que des dispositions autant de droit privé, par exemple de droit de la famille, que de droit

---

[156] Voir MBAYE, K., *Droits de l'homme et des peuples en Afrique et la Charte africaine,* rapport de la conférence tenue à Nairobi 2/2 décembre 1985, Commission internationale de juristes, p.2 ; KODJO, E., *La Charte africaine des droits de l'homme et des peuples, le contexte historique,* dans *RUDH* vol.I, 1989, p.29 ; GLELE A.M., *Introduction à l'OUA et aux organisations régionales africaines, op.cit.,* pp.80-82 ; NGUEMA, I., *L'Afrique, les droits de l'homme et le développement, Revue de la Commission Africaine de droits de l'homme et de peuples,* vol. 1, oct. 1991, p.47ss ; KAMTO, M/PONDI, J.-E/ZANGLE, *L'OUA : rétrospective et perspectives africaines,* Silex, Paris, 1990, pp.16-17 ; OUGUERGOUZ, F., *La Charte africaine des droits de l'homme et des peuples, op.cit.,* pp.41-78.

[157] Voir BUERGENTHAL, T/KISS, A., *La protection internationale des droits de l'homme, op.cit.,* p.p. 127-134 ; SUDRE, F, *Droit international et européen des droits de l'homme, op.cit.,* pp.81-83 ; COHEN-JONATHAN, G., *La protection internationale des droits de l'homme dans le cadre des organisations universelles,* Documents d'études, Droit international public, n° 3.06, la documentation française, Paris, 1990, pp. 32-34, MUKONDE, M.P., *L'OUA, la Charte africaine des droits de l'homme et des peuples et la mondialisation des droits de la personne,* Thèse, Montréal, 1994, 138p.

public national[158]. La CHADHP a une visée qui concerne l'avenir de l'Afrique. Comme telle, elle débouche sur un projet de société impliquant des choix politiques, économiques, sociaux et culturels[159]. La CHADHP, accord ratifié à ce jour par tous les 54 États africains et le dernier État membre de l'UA à adhérer est la République du Soudan du Sud, qui a ratifié la Charte le 23 octobre 2013, est un acte juridique ayant force exécutoire et propre à produire des effets juridiques à l'égard de ceux-ci[160].

La CHADHP comporte un préambule qui reprend les objectifs principaux de la Charte de l'OUA de 1963 ainsi qu'un total de soixante-huit articles, répartis en trois parties[161]. La première partie comprend vingt-

---

[158] Les droits civils et politiques, et dans une certaine mesure, les droits économiques, sociaux et culturels relèvent du droit interne, lequel englobe ainsi tous ces droits constitutionnels nécessaires à l'épanouissement de la personne humaine. Tandis que les droits des peuples ont prix formes dans la sphère du droit international. Voir NGOM. B. S., *La Charte africaine des droits de l'homme et des peuples, Présentation,* dans A. FRENET, *Droits de l'homme, Droits des peuples,* Paris, Silex, 1082, pp. 203-205.

[159] Voir la Charte africaine des droits de l'homme et des peuples, préambule §3, 4, 8,9 ; FLORY, M., *La quatrième décennie pour le développement, la fin du nouvel ordre économique international ?* dans *Annuaire français de droit international,* 1990, p. 606 ; BARAGIOLA, P., *La nouvelle convention de Lomé (IV),* Bruxelles 1989, p. 1 ss ; CAVIEZEL, L/FOUGA, P., *L'ajustement structurel et la pauvreté au Burundi, dans Les cahiers du CEDAF,* n° 5, Bruxelles, 1992, p. 140ss.

[160] Voir Commission africaine des droits de l'homme et des peuples, Tableau de ratification, en ligne sur wwwachpr.org ; MBAYE, K., *op.cit.,* p. 35 ; MASSENGO-TIASSE, M., *Comment peut-on vivre libre et digne en Afrique ? op.cit.,* pp. 15-18 ; CONSEIL CONSTITUTIONNEL D'ALGERIE, *décision du 20 août 1989 relative au code électoral,* dans *RUDH,* 1989, p. 276ss ; NGUEMA, I., *La Commission africaine des droits de l'homme et des peuples,* note d'information rédigée à l'occasion des journées organisées à Paris les 7 et 8 déc. 1992 par l'UNESCO et l'institution des droits de l'homme du Barreau de Paris, p. 1ss.

[161] *La Charte africaine des droits de l'homme et des peuples,* New York, 1990, ONU, HR/PUB/90/1 ; OUA, Doc. CAB/LEG/67/3/Rév. 5.

neuf articles (art. 1 à 29) relatifs aux droits et devoirs conformément à la conception africaine où les droits sont inséparables des devoirs visant les personnes, les peuples et les États. La seconde partie (art. 30 à 63), intitulée « *Des mesures de sauvegarde* », est consacrée entièrement au mandat confié à la Commission africaine des droits de l'homme et des peuples. La troisième partie (art. 64 à 68), intitulée « *Dispositions diverses* », comprend des mesures pratiques concernant la signature, la ratification et les conditions d'amendement de la Charte.

Cet analyse de la CHADHP des droits de l'homme et des peuples portera sommairement sur son élaboration dans la première section (I), sur son contenu dans la seconde section (II) et dans les la dernière section (III) sur les garanties de mise en œuvre des droits et devoirs.

L'élaboration de la Charte africaine

Il existe certains faits pertinents qui ont contribué de façon déterminante à l'élaboration finale de la CHADHP au-delà de l'évolution chronologique qui l'entoure. Ces faits ont retenu notre attention, raison pour laquelle nous les rappelons ici. La CHADHP révèle certaines valeurs propres à l'Afrique, qui méritent d'être soulignées. Elle accorde un droit de regard aux États non-africains et aux organisations internationales préoccupées par la question du respect des droits de la personne et des peuples, fait rare qui mérité également d'être signalé.

L'historique de la Charte africaine

Quelques faits marquants dans l'énonciation de la Charte africaine

Ces faits peuvent se résumer en ces trois points suivants :

- La marque de la violation des droits de la personne et des peuples dans le cadre du système de l'apartheid ;
- Le combat pour un nouvel ordre économique international ;

- La dérive autoritaire et totalitaire prise par certains pouvoirs en Afrique.

En effet, lorsque se tenait la seizième conférence ordinaire des chefs d'État et de gouvernement de l'OUA à Monrovia (Liberia), du 17 au 20 juillet 1979, les peuples africains du Zimbabwe, de la Namibie et de l'Afrique du Sud subissaient encore la colonisation et la ségrégation raciale. Il y avait des tressaillements en Afrique Nord-Ouest liés à la décolonisation du Sahara occidental. Les règles du marché mondial échappaient au contrôle des États africains. Le concept du droit des peuples à jouir en toute souveraineté des ressources naturelles de leur pays ainsi que la notion du droit au développement économique et au progrès social avaient commencé à s'affirmer dans la communauté internationale[162]. L'exemple de trois tyrans, à l'esprit sanguinaire, dont l'empereur Bokassa 1er en République Centrafricaine, le président Marcia Nguema en Guinée Equatoriale et le président Idi Amin Dada en Ouganda, qui ont été déchus tous en 1978 et 1979, témoignait de la situation dramatique des droits de la personne et des peuples en Afrique[163].

C'est ainsi que, devant une pareille situation en Afrique telle que décrite ci-dessus, la Conférence des chefs d'État et de gouvernement de l'OUA prit la décision AHG/115/XVI en faveur de l'élaboration d'un avant-projet de Charte africaine des droits de l'homme et des peuples. Cette décision s'imposait, compte tenu des dures épreuves que certains peuples africains avaient subies de la part de leurs gouvernements. Elle se justifiait par la volonté de certains chefs politiques africains de voir finalement les États ayant adhéré à la *Déclaration universelle des droits*

---

[162] Voir FLORY, M., *loc.cit.*

[163] Cf. NGOM, B., *op.cit.*, p. 66; KOUEVI, A., *op.cit.*, p. 10 ; KODJO, E., *loc.cit.* ; NGUEMA, I., *loc.cit.*

de l'homme et aux deux Pactes internationaux relatifs aux droits de la personne d'être régis par le droit des peuples à disposer d'eux-mêmes[164].

La chronologie de l'évolution de la Chartes africaine

C'est au cours du congrès organisé par la Commission Internationale de Juristes sur le thème « *La primauté du droit* » tenu à Lagos (Nigéria), du 3 au 7 janvier 1961, qu'a été émise pour la première fois l'idée d'une convention africaine et de l'établissement d'une juridiction africaine des droits de la personne et des peuples. Dans la loi de Lagos, acte final du congrès, l'idée y figurait sous forme de recommandation sans consistance. Le point 4 de l'acte se lisait comme suit :

> « Afin de donner plein effet à la Déclaration universelle des droits de l'homme de 1948, les gouvernements africains devraient étudier la possibilité d'adopter une convention africaine des droits de l'homme prévoyant, notamment, la création d'un tribunal approprié et des voies de recours ouvertes à toutes les personnes relevant de la juridiction des États signataires »[165].

Cette idée d'une Convention africaine des droits de l'homme se transforma dix-sept ans plus tard en projet au colloque de Dakar de 1978. Ce colloque fut organisé conjointement par la Commission Internationale de Juristes et l'Association sénégalaise d'études et de recherches juridiques et avait pour thème « *le développement et les droits*

---

[164] Voir OUA, *Rapport du Secrétaire général*, Doc. CM/1427 (XL.VI), Part II, Addis-Abéba, juillet 1987, p. 82ss.

[165] Cf. NGUEMA, I., *La Charte africaine des droits de l'homme et des peuples*, *op.cit.*, p. 1 ; MBAYE, K., *Rapport introductif à la conférence de Nairobi de décembre 1985*, *op.cit.* p. 20ss, et *Les droits de l'homme en Afrique*, *op.cit.*, p. 147ss ; KOUEVI, A., *op.cit*, p. 10ss, GLELE, A., M., Introduction à la Charte africaine des droits de l'homme et des peuples, dans *Droits et libertés à la fin du XXè siècle*, Etudes offertes à Claude-Albert Colliard, Paris, Pédone, 1984, p. 313.

de l'homme ». Le paragraphe 16 des conclusions et des recommandations du Colloque de Dakar énonce que :

> « Le Colloque a demandé à l'OUA et à tous les États africains de tout mettre en œuvre pour l'établissement d'un système des droits de l'homme et de son contrôle en Afrique. Il a préconisé : (a) la conclusion, au niveau panafricain, d'une convention des droits de l'homme ; (b) la création d'instituts sous régionaux des droits de l'homme pour l'information et la sensibilisation de l'opinion publique ; (c) la création d'une ou plusieurs commissions interafricaines des droits de l'homme, composées des magistrats indépendants et chargés de connaître toutes les enquêtes relatives à la violation des droits de l'homme ; (d) la création dans les États africains d'organisations de masse susceptibles de défendre efficacement les droits de l'homme »[166].

À l'issue du colloque de Dakar, un groupe de suivi fut constitué comprenant à l'époque M. Kéba Mbaye, Président de la Cour suprême du Sénégal et Président de la Commission Internationale des Juristes, Atsu-Koffi Amega, Président de la Cour suprême du Togo, François-Xavier Mbouyoum, Procureur général du Cameroun, Ahioua H.T.. Moulare, Président de la Cour d'appel d'Abidjan (Côte-d'Ivoire) et Niall Mac Dermot, Secrétaire général de la Commission Internationale des Juristes. Il fut chargé de convaincre les chefs d'État et de gouvernement africains du bien-fondé et de la pertinence du projet d'une Charte africaine en matière des droits de la personne et des peuples.

La gestation et la maturation du projet furent atteintes lorsque le Président sénégalais L.S. Senghor accepta de présenter le projet à la session de l'OUA, tenue à Monrovia (Libéria) du 17 au 20 juillet 1979. Il en résulta la décision 115 (XVI) de la Conférence des chefs d'État et de

---

[166] Voir NGUEMA, I., *op.cit.*, p. 2 ; MBAYE, K., *op.cit.*, p. 21 ; KOUEVI, A., *op.cit.*, p. 11 ; GLELE, A., M., *op.cit.*, p. 314ss.

gouvernement de l'OUA, qui ordonna au Secrétaire général de l'OUA de réunir un comité d'experts africains de haut niveau, chargé de préparer un avant-projet de Charte africaine des droits de l'homme et des peuples[167]. Cet avant-projet devait prévoir l'institution d'organes de promotion et de protection de ces droits comme en témoignent les termes de la décision 115 :

> « 2. Invite le secrétaire général de l'OUA ; b) à organiser dans une capitale africaine et cela dans les meilleurs délais, une conférence restreinte d'experts de haut niveau, en vue d'élaborer un avant-projet de la Charte africaine des droits de l'homme et des peuples prévoyant notamment l'institution d'organes de protection des droits de l'homme et des peuples ».

Un comité fut institué. Il sera composé d'une vingtaine d'experts africains provenant de 16 pays. Il fut présidé par le juge sénégalais Kéba Mbaye[168].

---

[167] A.M. GLELE souligne que lorsque le Président L., S. SENGHOR du Sénégal prit l'initiative de proposer à ses pairs africains une Charte africaine des droits de la personne, il ne pensait pas aux droits des peuples. Cette dimension a été imposée par le président Didier RATSIRAKA de Madagascar. Cette dernière dimension était devenue le cheval de bataille des pays progressistes ou révolutionnaires africains. C'est ainsi que la dimension des droits des peuples fut couplée à celle des droits de la personne. Cf. GLELE, A., M., *op.cit.*, p. 83.

[168] Le juge K. MBAYE a été le premier présent de la Cour suprême du Sénégal pendant 18 ans, il a été membre puis vice-président de la Cour internationale de Justice de la Haye, membre et président de la Commission des Droits de l'homme des Nations-Unies, Président de l'Académie internationale des droits de l'homme. Il est considéré comme le père du droit au développement. Il fut président de Conseil constitutionnel du Sénégal. Voir OUA, *Réunion des experts pour l'élaboration d'un avant-projet de la Charte africaine des droits de l'homme et des peuples*, du 28 novembre au 8 décembre 1979 à Dakar (Sénégal), CAB/LEG/67/3/Rev 1, Addis-Abeba, 1979.

Dans son rapport de présentation de l'avant-projet de la Charte africaine, le comité d'experts souligna le fait que celui-ci fut bâti autour d'une idée maîtresse, à savoir que la Charte africaine des droits de l'homme et des peuples devait être le reflet de la conception africaine des droits de l'homme et des peuples. Cette idée justifia une certaine originalité dans le contenu et dans la présentation de la Charte africaine. Les particularités proposées furent les suivantes :

- Une place de choix a été donnée aux principes de non-discrimination dans l'énumération des droits et libertés reconnus et protégés. C'est ce qui explique que la non-discrimination soit le premier droit énoncé dans ce projet ;

- Un accent particulier a été mis sur les règles relatives aux objectifs de l'OUA tels qu'ils sont déterminés dans l'article 2 de la Charte de l'OUA et notamment sur le devoir de solidarité et de coopération, sur la souveraineté des États et la lutte contre la domination étrangère ;

- Les droits des peuples ont été énoncés à côté des droits de la personne. La conception d'une personne totalement libre et totalement irresponsable envers la communauté, voire opposée à celle-ci a été jugée non conforme à la philosophie africaine. Le principe de l'égalité des peuples a été affirmé. Il s'oppose à toute tentative de domination d'un peuple par un autre, quelle que soit la dimension que l'on donne au peuple ;

- Les devoirs de chaque personne vis-à-vis des communautés dans lesquelles elle vit et plus particulièrement vis-à-vis de la famille et de l'État ont été spécifiés ;

- Il fut souligné que les valeurs africaines de même que la morale ont encore une grande importance dans les communautés africaines ;

- Les droits économiques, sociaux et culturels vont bénéficier d'une place de grande importance et un accent particulier est mis sur le droit au développement[169].

La naissance officielle de la Charte africaine eut lieu à la conférence des chefs d'États et de Gouvernement de l'OUA, tenue à Nairobi (Kenya) en juin 1981, sur la base du projet arrêté à l'issue de la conférence des ministres de la justice de l'OUA, organisée à Banjul (Gambie) en 1981. Le projet de la Charte africaine s'était principalement fondé sur l'avant-projet élaboré par des experts africains du 28 novembre au 8 décembre 1979 à Dakar.

La première tentative d'adoption de la Charte africaine ne fut pas couronnée de succès le 24 mars 1980 à Addis-Abeba, faute de quorum. Ce défaut de quorum, loin d'être le fait du hasard, était une manifestation de mauvaise volonté de la part de certains gouvernements dits *« progressistes »*[170]. Sans pouvoir exprimer ouvertement leur position, ils n'étaient pas en faveur de l'adoption d'une Charte des droits de l'homme et des peuples par l'OUA. Ils craignaient que ce soit le début d'un libéralisme qu'ils ne souhaitaient pas voir s'introduire en Afrique. Finalement, la Charte africaine fut adoptée à l'unanimité le 28 juin 1981 à Nairobi. Elle entra en vigueur le 21 octobre 1986. L'élection des pre-

---

[169] Car c'est en tenant compte de la situation et des besoins des peuples des pays d'Afrique, pays en développement vers la construction d'une communauté nationale de liberté, de justice sociale et de paix que les droits de solidarité sont énoncés en qualité des principes fondamentaux d'un projet de société qui devra se traduire dans les réalités socio-politiques, économiques et cultures africaines. Voir GLELE, A.M., *op.cit.*, pp. 86-87.

[170] Au sein de l'OUA, il y a des tendances politiques qui s'affichent, à savoir : la tendance des gouvernements dits *« modérés »*, connue sous le nom de *« groupe de Brazzaville »*, alliés à l'occident capitaliste et la tendance des gouvernements dits *« progressistes »*, ou *« groupe de Casablanca »*, qui avait déclaré de se libérer de l'emprise de l'occident capitaliste. Cf. HIPPOLYTE, M., *Les États du groupe de Brazzaville aux Nations,* Pais, Amand Collin, 1970, p. 19-66.

miers membres de la Commission eut lieu à Addis-Abeba le 29 juillet 1987. Le 12 juin 1989, la Commission fut dotée d'un siège permanent fixé à Banjul (la décision AHG/Déc. XXIV)[171].

Les caractéristiques de la Charte africaine

Les valeurs africaines de civilisation

Les recommandations relatives aux valeurs africaines de civilisation ont été formulées par le Président L. S. Senghor et par le Secrétaire général de l'OUA E. Kodjo à la conférence des experts africains, organisée à Dakar du 28 novembre au 8 décembre 1979.

Le Président L. S. Senghor s'exprima comme suit :

« Il ne s'agira, pour nous Africains, ni de copier, ni de rechercher l'originalité pour l'originalité. Il nous faudra faire preuve, en même temps, d'imagination et d'efficacité. Celles de nos traditions, qui sont belles et positives, pourront nous inspirer. Vous devrez donc avoir constamment à l'esprit nos valeurs de civilisation et les besoins réels de l'Afrique. En Afrique, l'individu et ses droits sont enveloppés dans la protection assurée à tous par la famille et par les autres communautés. Il n'y a

---

[171] Si la Charte et le règlement intérieur de la Commission sont tous deux silencieux sur le siège permanent de celle-ci, c'est, pensons-nous, pour deux raisons principales : Premièrement, pour des raisons de sérénité des débats de la Commission africaine, il était souhaitable que son siège soit fixé en dehors de la ville et du pays où les organes politiques et administratifs de l'OUA sont fixés. Deuxièmement, par sensibilité politique, il était souhaitable que le siège de la Commission africaine ne soit pas fixé dans un pays qui ne soit pas lui-même un modèle de référence en matière de respect des droits et libertés de la personne et des peuples. Par conséquent, le choix porté sur Banjul, la capitale de la Gambie, par la Conférence des chefs d'État et de Gouvernement, fut convaincant dans la mesure où Banjul avait déjà accueilli les deux conférences ministérielles préparatoires à l'adoption de la Charte africaine. Voir également OUGUERGOUZ, F., *op.cit.*, pp. 300-301.

pas opposition, mais symbiose dans la solidarité. Il nous faudra prévoir un système de devoirs des individus, complétant harmonieusement les droits qui leur sont reconnues par la société à laquelle ils appartiennent. Nous avons voulu mettre l'accent sur le droit au développement et sur les autres droits qui nécessitent la solidarité des États pour être pleinement satisfaits : droits à un environnement sain, droit de participer au partage équitable des biens communs de l'humanité, droit de jouir d'un ordre économique international juste, enfin droit sur les richesses et ressources naturelles. Dans cette conception, le développement des droits des peuples respecte l'homme et ses libertés. Il ne s'agit pas de tracer des frontières entre les différentes catégories de droit et de les hiérarchiser »[172].

Le Secrétaire général de l'OUA Edem Kodjo ajouta :

« Les droits des peuples ne se résument pas seulement au droit au développement. En effet, à l'intérieur des États-nations, on en infère les droits de l'individu au sein de sa collectivité et ces devoirs doivent être soulignés. Le projet soumis comme document de travail les passe en revue en les situant dans le cadre adéquat devoirs vis-à-vis de la famille, de la société, de l'État et de la communauté internationale. À l'extérieur, les droits des peuples fondent et valident l'émergence d'un ordre international nouveau où les rapports entre nations se dégageront du mépris affiché de ceux que la « science a rendus maîtres et possesseurs de la Nature » et qui n'ont que dédain pour ce que Hugues de Varine appelle la « culture des autres ». Le droit des

---

[172] *Discours du Président I. S. SENGHOR à l'ouverture de la réunion des experts chargés d'élaborer l'avant-projet de la Charte africaine des droits de l'homme et des peuples*, (CABL/LEG/67/3 *Revue 1*, Secrétariat général de l'OUA, Addis-Abeba, 1979.

peuples à l'autodétermination, à l'égalité raciale, le droit sur les ressources naturelles et les matières premières, le droit de ne pas subir de perpétuelle manière la dégradation continuelle des termes de l'échange et les aléas d'un système monétaire et économique international qui fonctionne au profit exclusif de quelques-uns, le droit d'organiser des formes de solidarités nouvelles librement consenties, par exemple « le droit à l'unité africaine », c'est-à-dire le droit de promouvoir une communauté africaine politique ou économique, doivent trouver leur place au clair soleil de notre Charte »[173].

Force est de souligner que cette conception trouve sa source dans les réalités politiques, économiques et sociales quotidiennes auxquels sont confrontés les États africains et s'inspire de la structure sociale de l'Afrique subsaharienne traditionnelle qui repose sur le système juridique communautaire dont la famille est la cellule de base. Dans la structure sociale de l'Afrique subsaharienne traditionnelle, il s'agissait de la famille étendue placée sous l'autorité d'un patriarche et non de la famille nucléaire, limitée aux seuls époux et enfants. La personne s'y situe par rapport à la communauté, communauté et personne sont complémentaires. La communauté n'est pas une entité abstraite, pas plus que la personne n'est en réalité autonome : elles sont l'une et l'autre, l'une pour l'autre[174].

Il convient de noter, comme partout ailleurs dans le monde, que toute personne n'est destiné à la mort. Toutefois, chez les négro-africains, les morts ne sont pas morts. La mort n'est que le passage du monde visible à l'univers invisible, car de son vivant déjà, la personne humaine est constituée, selon R. Bastide, d'une pluralité des éléments constituants de

---

[173] Ibid.

[174] Voir DIOP, A.C., *Civilisation ou barbarie*, Présence africaine, Paris, 1981, pp. 147-156 ; et également NGUEMA, I., *L'Afrique, les droits de l'homme et le développement, op.cit.*, p. 36 ; *NDAM NJOYA, op.cit.*, p. 24.

la personne, c'est-à-dire qu'elle est composée de deux parties distinctes, à savoir, son corps mortel et son âme immortelle[175]. Par contre les lignages, les villages, les tribus sont des communautés à la fois permanentes et distinctes de la personne. La personne africaine se situe également par rapport à l'ordre naturel des choses qui l'entourent, à la *« cosmologie africaine »* comme l'appelle P.-F. Gonidec[176].

L'idée de parenté recouvre une réalité religieuse qui veut que deux parents aient un ancêtre mythique commun se confondant ou non avec un totem[177]. Dans cette réalité, la femme représente la source de la vie[178]. L'enfant est la justification et la consécration du mariage. Il constitue le signe de la vitalité et de la force de la famille et en même temps l'assurance de pouvoir perpétuer la lignée[179].

---

[175] Voir BASTIDE, R., « Le principe d'individuation : contribution à une philosophie africaine », Dans *La notion de personne en Afrique noire*, Centre National de la recherche scientifique, Colloque international du 11-17 octobre 1971, Paris, Éditions du CNRS, 1973, pp. 33-43 ; KAGAME, A., *La philosophie Bantu comparée*, Paris, Présence africaine, 1959, 335p.

[176] Cf. GONIDEC, P.-F., *Les droits africains, évolutions et sources*, Paris, L.G.D.J., 1968, p. 14ss ; DIOP, A.C., *op.cit.*, pp.393-410.

[177] Si la transcendance de Dieu vient de sa grandeur inégalable (Dieu est Un, mais il se démultiplie pour répondre aux sollicitations diverses, c'est-à-dire, une unicité éclatée, revêtant les apparences qu'il désire), la transcendance des ancêtres vient de la croyance en l'existence post mortem. C'est cette croyance qui justifie par ailleurs le culte des morts dont se charge au niveau de l'ensemble de la communauté, le chef qui est e représentant des ancêtres mythiques fondateurs de la communauté et au niveau de chaque famille, le pater familias. Voir KAMTO, M., *op.cit.*, pp. 165-166.

[178] Voir DIALLO, Y., *Traditions africaines et droit humanitaires II*, CICR, Genève, 1978, pp.7-9 ; MBAYE, K., *op.cit.*, p. 162.

[179] Un proverbe africain dit : *« C'est en restant constamment auprès des vieux que les enfants sont sûrs de recueillir les cristaux de la sagesse ancestrale dont les vieux sont les dépositaires »*. Voir NDAM NJOYA, op.cit., p. 8 ; NGUEMA, L., *op.cit.*, p. 2.

La personne âgée (le vieillard) est considérée comme proche des esprits des ancêtres. Elle intercède auprès de ceux-ci et des divinités, soit pour assurer la bénédiction, soit pour procéder à la toilette du village. Elle assure la paix, la prospérité, l'harmonie sociale grâce à l'exercice de la fonction judiciaire par la réconciliation et la négociation, en instaurant l'union par la persuasion[180].

La justice africaine subsaharienne traditionnelle est essentiellement conciliatoire. La décision à rendre est généralement un consensus[181]. Car l'insertion de la personne africaine dans un réseau de liens qui lui assure une sécurité et qui lui garantit un confort est primordiale. D'ailleurs, c'est ce qui constitue la fonction principale de la communauté[182].

La personne africaine est située, c'est-à-dire elle n'est pas considérée comme une personne abstraite et prise isolement de son milieu environnant. R. Bastide observe à cet effet que :

« La conception occidentale définit l'individu à la fois par son unité intrinsèque ; il est indivisum in se ; et d'un autre côté par son autonomie ; il se pose en opposant ; il est ab alio distinctum. Or ces deux caractères manquent à la personne telle que la conçoivent les Africains, qui est divisible et qui n'est pas distincte (la pluralité des éléments constitutifs de la personne, la fusion de l'individu dans son environnement ou son passé) [...]. Leur connaissance du monde (des Africains) est une connaissance plus concrète qu'abstraite, plus d'images que de con-

---

[180] Cf. DIALLO, Y., *loc. cit* ; NDAM NJOYA, *loc.cit.* ; NGUEMA, IK, *loc.cit.*

[181] Cela traduit la répugnance à adopter des solutions judiciaires qui risqueraient de rompre un équilibre harmonieux au sein de la communauté, Cf. *Ibid.*

[182] Voir KWAM KOUASSI, E., op.cit., p. 247 ; Commission internationale de juristes, *Journées de réflexion portant sur la Charte africaine des droits de l'homme et des peuples, rapport de synthèse,* Dakar du 13-15 janvier 1993, Genève, 1993, p. 3ss.

cepts. Là où nous voyons un troupeau, le Nuer voit des vaches.
Là où nous voyons la forêt, le Bantou voit des arbres »[183].

Ainsi donc, pour elle, l'absence d'un culte de la personne ne signifie pas toute absence d'individualisation, La structure sociale africaine traditionnelle accorde une place à l'individualité mais exclut tout individualisme.

Le consensualisme qui caractérise la communauté africaine traditionnelle rend en effet sans objet la revendication des droits d'une personne abstraite que sous-entend le concept des droits de la personne tel qu'il a été développé dans la société occidentale.

K. Vask rappelle que :

> « Reconnaître qu'en Afrique, l'individu ne vaut que par rapport au groupe auquel le rattachent tant de liens dont la signification échappe souvent au « blanc », c'est admettre que les droits fondamentaux de cet individu devront toujours être en quelque sorte « rapport » au groupe.

Pour sa part, M. Duverger constate que :

> « On a cru à l'égalité des hommes, à la liberté de pensée, à la libre entreprise, à la souveraineté nationale, à la concurrence individuelle, à la propriété et au profit, cette idéologie n'est pas celle de l'Afrique ».

Quant à M. Prouzet, il conclut en ces termes :

> « La notion de libertés politique, telle qu'elle est née en Europe à la fin du XVIIIè siècle et telle qu'elle s'est affirmée ensuite dans les pays de démocratie libérale, est pour l'heure difficile-

---

[183] Cf. BASTIDE, R., *op.cit.*, p. 39.

ment transposable en terre africaine tant que la société restera marquée par une philosophie anti-individualiste » [184].

La dimension internationale de la Charte africaine

Aux termes du paragraphe 6 du préambule de la Charte africaine, les États africains reconnaissent :

> « Que, d'une part, les droits fondamentaux de l'être humain sont fondés sur les attributs de la personne humaine, ce qui justifie leur protection internationale et que d'autre part, la réalité et le respect des droits du peuple doivent nécessairement garantir les droits de l'homme ».

Il apparaît que l'ambition de l'OUA consistait à réussir le dépassement dialectique entre la tradition et la modernité dans le respect des spécificités culturelles enrichies par l'apport de l'universalisme des droits de la personne[185]. L'OUA admettait que les États africains aillent une obligation à l'égard de la communauté internationale quant à la promotion et à la protection des droits de la personne et des peuples[186].

---

[184] Voir VASAK, K., *Les droits de l'homme et l'Afrique, dans Revue belge de droit international,* 1967, p. 46 ; DUVERGER, M., *Jamas. Les deux faces de l'Occident,* Paris, Fayard, 1972, p. 19 ; PROUZET, M., *Contribution à la liberté publique en Afrique noire. Cas particulier de l'Afrique occidentale,* dans Mélanges offerts à Georges BURDEAU, *Le pouvoir,* Paris, L.G.D.J., 1977, p. 943.

[185] M. BUZINGO écrit à ce propos que l'objectif visé est de donner aux peuples africains le départ d'une ère nouvelle marquée par la valeur repensée des traditions africaines. Voir BUZINGO, M., *Intérêt et contribution de la Charte de Banjul au concept de droits de l'homme, dans F. MASSART. C. ROOSENS, Francophonie,* CEE et Droit fondamentaux, Louvain-la-Neuve/Bruxelles, Académia/Bruylant, 1990, p.119.

[186] Le juge Kéba MBAYE observe que l'OUA reconnaît que la protection des droits fondamentaux de la personne et des peuples n'est plus une compétence exclusivement nationale au sens de l'article 2§7 de la Charte des Nations unies. A l'appui, il cite l'affaire de la Barcelona Traction, Cf. CIJ, *Recueil,* 1970, §34, p. 32 ; MBAYE, K., *op.cit.,* p. 163.

De plus, la Charte africaine fournit une base juridique autorisant les interventions extérieures en faveur des militants des droits de la personne et des peuples. L'article 55 de la Charte africaine dispose qu' :

> « Avant chaque session, le Secrétaire de la Commission dresse la liste des communications autres que celles des États parties à la présente Charte et les communique aux membres de la Commission qui peuvent demander à en prendre connaissance et en saisir la Commission »[187].

C'est ainsi que certains États de démocratie libérale font de la promotion et de la protection des droits de la personne et des peuples une condition à leurs relations politiques, économiques et culturelles avec leurs partenaires africains[188].

Tel apparaît, à notre avis, l'essentiel du contexte historique de l'élaboration de la Charte africaine des droits de l'homme et des peuples de 1981 dont nous analysons le contenu dans la section suivante.

Le contenu de la Charte africaine

Ph. Kunig fait remarquer que les problèmes sur lesquels bute une protection efficace des droits de la personne sont comparables dans leur intensité en Afrique et en Amérique latine et que sur les deux continents

---

[187] Voir également KODJO, E., op.cit., p. 34.

[188] Pour Edem KODJO, Les États occidentaux peuvent dès maintenant mettre leur poids dans la balance pour accélérer le processus de constitution d'États de droit en Afrique. Il n'y a plus de scrupule à nourrir à cet effet. Du reste, la Convention de Lomé III a déjà fait quelques progrès dans ce sens. Voir KODJO, E., loc.cit. ; BARGIOLA, P./CAVIEZEL, L., La nouvelle convention de Lomé (IV), loc.cit. ; Francophonie, la Déclaration de Maurice, du 18 octobre 1993, lettre de la Francophonie, n° 66, 1er novembre 1993, p. 5 ; et *surtout supra* chapitre V.

les États sont caractérisés par l'existence de difficultés économiques et de régimes politiques répressifs[189].

Avec Ph. Kunig, nous pouvons dire qu'il existe une certaine parenté d'approche entre la conception africaine des droits de la personne et des peuples et celle des latino-américains qui constituent le reflet de leurs préoccupations communes.

Il est à noter que la CHADHP se différencie de la CEDH[190]. Cette dernière ne consacre pas les droits économiques, sociaux et culturels non plus que les devoirs individuels. Néanmoins, les droits économiques, sociaux et culturels sont consignés dans la Charte sociale européenne.

L'indivisibilité des droits de la personne et des peuples dans leur globalité est affirmée au paragraphe 8 du préambule de la CHADHP en ces termes :

> « Convaincus qu'il est essentiel d'accorder désormais une attention particulière au droit au développement, que les droits civils et politiques sont indissociables des droits économiques, sociaux et culturels, tant dans leur conception que dans leur universalité, et que la satisfaction des droits économiques, sociaux et culturels garantit la jouissance des droits civils et politiques »

La CHADHP fait donc œuvre d'innovation du fait qu'elle codifie dans son texte les différentes catégories de droits, tels que les droits

---

[189] Cf KOUEVI, A., *op.cit.*, p. 17 ; Voir également BUERGENTHAL, T./KISS, A., *op.cit.*, p. 128 ; KODJO, E., *op.cit.*, p. 31 ; NGUEMA, L., *op.cit.*, p. 48.

[190] M. BUZINGO écrit à ce propos qu' : « *il n'existe pas de valeurs supérieures opposables à la liberté individuelle. L'essentiel consiste à maintenir une société démocratique permettant le jeu des volontés particulières. Sans entrer dans les détails, retenons que le monde occidental en général se caractérise par cette conception basée sur l'individu. Nous la trouvons spécialement dans la Convention européenne et la jurisprudence de la Cour de Strasbourg* ». Cf. BUZINGO, M., *op.cit.*, pp. 115-116.

civils et politiques, les droits économiques, sociaux et culturels de la personne, les droits des peuples, les droits de la solidarité et les devoirs de la personne et des États[191]. Ainsi donc, elle consacre l'indivisibilité des droits de la personne et des peuples tant au niveau de leur substance qu'au niveau de la justiciabilité ».

J. Matringe constate que :

> « En réalité, l'affirmation des deux catégories de droits (droits de nature exécutoire et droits programmatoire) doit être appréciée dans son contexte dans un continent ruiné et affamé, dépourvu de réels services publics au service des hommes, tant sur le plan économique que social ou encore culturel. Alors que, ce mariage de droits antinomiques se présente potentiellement comme un instrument de promotion et de réhabilitation de l'individu, (…). Les États sont juridiquement tenus d'assurer la jouissance immédiate de tous les droits de l'individu ». Toutefois, eu égard du niveau de développement des États africains, il convient de noter que la distinction n'apparaît pas dans la pratique[192].

Comme l'avait souligné le Président L. S. SEnghor en ces termes :

---

[191] Le critère retenu dans la Charte africaine pour la consécration des droits de la personne et des peuples dans leur globalité est celui des valeurs de civilisation africaine, et non pas sur le critère de l'importance de l'effort financier que devrait consentir l'État-Partie généralement observé par les autres instruments juridiques internationaux et régionaux. Voir Nations-Unies, Doc. A/C.3/SR410, 1952, (54) relatif aux travaux préparatoires des Pactes des Nations unies de 1966 ; BOSSUYI, M., *La distinction juridique entre les droits civils et politiques et les droits économiques, sociaux et culturels, dans Revue des droits de l'homme*, Vol. 8, 1975, p. 790ss ; OUGUERGOUZ, F., *op.cit.*, p. 83.

[192] Voir MATRINGE, J., *Tradition et modernité dans la Charte africaine des droits de l'homme et des peuples. Etude du contenu normatif de la Charte et de son apport à la théorie du droit international des droits de l'homme*, Bruxelles, Bruylant, 1996, pp.25-30.

« Le droit en Afrique emprunte la forme du rite auquel il faut obéir parce qu'il commande. Il est inséparable des obligations dues à la famille et aux autres communautés »[193],

C'est dans la dynamique des traditions communalistes des peuples africains, traditions qui visent à assurer l'épanouissement en symbiose de la personne (ses droits n'ont de sens véritable que s'ils s'exercent en communion avec les autres membres de la communauté, ce qui implique la solidarité et partant des devoirs) et de la communauté, que la Charte africaine définit, d'une part, les droits et libertés reconnus à la personne et aux peuples, et d'autre part, les devoirs imposés à la personne et aux États[194].

Les droits et libertés reconnus par la Charte africaine

À la personne

Les droits reconnus dans la Charte africaine comprennent en premier lieu les droits individuels fondamentaux consacrés par les déclarations et conventions internationales et régionales[195].

---

[193] Cf. SENGHOR, L., S., *Discours, loc.cit.* ; GLELE, A.M., op.cit., p. 86; NGUEMA, L., *loc.cit.*

[194] Nous soutenons, avec M. BUZINGO, que la conception africaine des droits de la personne se caractérise par l'interdépendance entre les personnes (titulaires de droits certes, mais aussi sujets de devoirs) et les communautés reconnues comme sujets de droits au service de l'épanouissement de chacun de leurs membres, étant entendu qu'à leur tour, ceux-ci ont des obligations vis-à-vis d'elles , Cf. BUZINGO, M., *op.cit.*, p. 118.

[195] Dans les conceptions autres qu'africaines, la protection de ces droits passe avant toute autre considération. La prise en compte de la communauté ('la société') ne devient impérative que par la nécessité de maintenir un milieu sans éléments perturbateurs grâces qui mineraient le déploiement de ces droits. La possibilité légale de suspendre certains de ces droits, par exemple aux motifs prévus dans la Convention européenne (art. 15), la Convention américaine (art. 27) et

C'est notamment :

- La non-discrimination (art. 2) : la primauté donnée à ce principe se comprend parfaitement dans un continent qui a tant souffert de la discrimination raciale et de l'apartheid[196];
- L'égalité (devant la loi, art 3 al 1 ; dans la loi, art. 3 al. 2), imposée à l'État (art. 128 al. 3), est la plus désirée par les peuples africains subsahariens, car la société coloniale avait et a la particularité de juxtaposer deux sociétés, l'une métropolitaine et l'autre indigène, qui ne jouissent pas des mêmes droits[197] ;
- L'inviolabilité de la personne humaine (art. 4). Notions à propos de la peine de mort, que tous les codes pénaux africains la prévoient. Or en droit international africain des droits de la personne et des peuples, il n'y a jamais eu un véritable débat là-dessus ; par conséquent c'est la loi du Talion qui s'applique ;
- Le respect de l'intégrité physique et morale de la personne humaine (art. 5) est la conséquence de l'interdiction de toute sorte

---

dans le Pacte international relatif aux droits civils et politiques (art. 4), obéit à la logique de la primauté de la personne, car il s'agit de dérogations temporaires dictées par le souci de sauvegarder un espace de sécurité et de paix indispensable à l'épanouissement de la personne qui demeure toujours premières. Voir VERWILGHEN, M., BUZINGO, M., *Droits de l'homme, Recueil de documents internationaux et nationaux*, Bruylant, Bruxelles, 1989, pp. 24, 123 et 161.

[196] F. OUGOUERGOUZ observe que : « L'article 2 aurait gagné en précision si le terme « discrimination » avait été substitué à celui de « distinction ». En effet, toute distinction n'est pas forcément discriminatoire et l'égalité de traitement n'est pas synonyme d'identité de traitement ». Cf OUGOUERGOUZ, F., op.cit., p. 87 ; voir également BAYETSKY, A.F., *The Principle of Equaliy or Non-Discrimination, in International Law*, dans *Human Rights Law Journal*, Vol. 11, N° 1-2, 1990, pp. 3-4; Me KEAN, W., Equality and Discrimination under Internation Law, Oxford, Clarendon Press, 1983, 333p.

[197] Voir Comité des Droits de l'homme des Nations unies, *Affaires Mr. GUEYE et 742 autres retraités sénégalais de l'Armée français contre France*, Décision du 6 avril 1989, 9.4, Nations unies Doc. CCPR/c/35/D/196/1985.

d'asservissement, d'exploitation ou d'avilissement, en l'occurrence l'esclavage, la traite de la personne humaine, la torture, les peines ou châtiments cruels ou dégradants[198] ;

- La préoccupation de garantir le droit à la liberté et à la sécurité (art. 6) se légitimise dans un continent encore à la recherche des unités nationales et de son équilibre politique, économique et social[199].

- Le droit à un jugement équitable (art. 7) est indispensable dans la mesure où dans certains États africains l'arbitraire (au sens de l'illégalité et de l'opportunité par opposition à la nécessité) avait été érigé en méthode de gouvernement. Autrement dit, dans ces États, le législateur produit des lois que l'exécutif ne respecte pas, l'exécutif mène un appareil étatique dressé contre le citoyen et le pouvoir judiciaire ne peut dire le droit à l'encontre de l'État[200].

- Les droits à l'information (art. 9 al. 1) et à l'éducation (art. 17 al. 1) sont d'une importance particulière en Afrique où l'analphabétisme est très répandu. Ils sont mis à la charge de l'État ;

- Le droit à la résidence et à la libre circulation (art. 12), ils expriment l'hospitalité en Afrique subsaharienne, qui est un devoir, une obligation morale. L'Afrique subsaharienne a toujours été

---

[198] Une interrogation profonde se pose sur la compatibilité de certaines pratiques traditionnelles courantes, telles que la clitoridectomie et l'excision, et le respect de l'intégrité physique et morale de la personne. Cf. ERLICH, M., *La femme blessé. Essai sur les mutilations sexuelles féminines*, Paris, L'Harmattan, 1986, 321p.

[199] Cf. Affaires NCUBE, S/TSHUMA, B/NDHLOVU v *The State, Judgement delivered by the Supreme Court of Zimbabwe, 6 october and 14 december 1987*, dans *Review of the International Commission of Jurists*, N° 41, 1988, pp.61-62.

[200] Voir DE QUIRINI, P., « Pitié pour les villageois », dans *Zaïre-Afrique*, n° 199, novembre 1985, pp. 540-542.

une terre de migration et d'asile. L'article 12 doit être lu en conjonction avec la Convention de l'OUA sur le droit des réfugiés qui contient une notion de droit d'asile plus large que celle prévue par la Convention sur le statut des réfugiés de 1951. Il interdit l'expulsion collective des étrangers, au vue de cette pratique qui est malheureusement courante en Afrique subsaharienne ;

- Le droit de propriété (art. 14) ne garantit cependant pas la propriété de la terre, bien que les communautés africaines subsahariennes connaissent aujourd'hui la propriété privée, héritée de l'époque coloniale. En effet, la terre en Afrique subsaharienne est frappée d'une impossibilité d'appropriation de principe. En vertu du droit coutumier africain subsaharien, la terre est mise par les dieux à la disposition de la communauté, qui l'exploite ou l'affecte et la désaffecte selon les besoins et les intérêts de tous ses membres[201] ;

- Le droit au travail (art. 15). Nous savons que la Charte africaine ne mentionne pas le droit à la sécurité sociale pour l'unique raison que la majorité des États africains ne pourraient financièrement supporter la charge de ce système. Mais il peut être suppléé par la solidarité sociale (art. 29) ;

- Le droit à la santé (art. 16) est mis à la charge de l'État. Signalons qu'il est très difficilement respecté dans la mesure où dans plusieurs États africains, on assiste à une détérioration systématique et affligeante des services de santé. Or, ce droit nécessite une prestation effective de l'État ;

- Le droit de la famille, de la femme, de l'enfant, des personnes âgées ou handicapées (art. 18) est conforme au droit africain tra-

---

[201] Cf. RAKUAONA, R., *Le concept de propriété en droit foncier de Madagascar*, Paris, Karthala, 1967, pp.34-40 ; voir également les études réunies et présentées par E. LE BRIS, E. LE ROY et F. LEIMIDORDER, *Enjeux fonciers en Afrique noire*, Bondy-Paris, Orstrom-Karthala, 1982, 425p.

ditionnel. Ce dernier considère la famille comme un sujet privilégié des rapports juridiques, la cellule essentielle de la communauté africaine. Sa revalorisation contribue à la restauration de la santé morale de la jeunesse.

Force est de remarquer que les auteurs de la Charte africaine n'ont pas prévu des dérogations aux droits énoncés aux articles 2 à 7, à savoir : le droit à la non-discrimination, le droit à l'égalité, le droit à l'inviolabilité de la personne humaine, le droit au respect de l'intégrité physique et morale de la personne humaine, le droit à la liberté et à la sécurité et le droit à un jugement équitable. Leur attitude se justifie au motif que ces droits sont considérés comme si fondamentaux qu'il n'est pas possible de leur apporter une dérogation[202].

En second lieu, la Charte africaine contient les libertés individuelles fondamentales suivantes :

- La liberté de conscience et de religion (art. 8) est essentielle en Afrique où les sectes prolifèrent à un rythme dévoilant la crainte dans laquelle vit la personne humaine au sein d'une nature souvent hostile et contre laquelle il est impérieux de se prémunir par des croyances et des pratiques d'énigme et de mystère ;
- La liberté d'opinion et d'expression (art. 9 al. 2) est d'une importance capitale en Afrique dans la mesure où, jusqu'à une époque récente, la grande majorité des gouvernements africains n'admettaient politiquement que l'opinion du parti au pouvoir et de son leader[203]. Notons que la consécration de ce droit constitue la base du multipartisme ;

---

[202] Voir UMOZURIKE, U.O., *The African Charter on Human and Peoples Rights*, dans *American Journal of International Law*, octobre 1983, Vol. 77.4, pp.909-911.

[203] Voir KAMTO, M., *Pouvoir et droit en Afrique noire, op.cit.*, pp.449-490, OUGUERGOUZ, F., *op.cit.*, pp.83-129.

- Les libertés collectives telles que la liberté de réunion de réunion (art. 11) et la liberté d'association (art. 10) constituent un appui considérable à l'instauration du multipartisme (élément de la démocratisation), étant entendu que dans bon nombre des États africains, il y a obligation pour les citoyens d'être, et d'office, membre du parti politique unique[204].

Tous les droits et libertés reconnus aux articles 8 à 14, à savoir : la liberté de conscience et de religion, la liberté d'opinion et d'expression, la liberté de réunion, la liberté d'association, le droit de propriété, y compris le droit à l'égalité devant les services et biens publics (droits démocratiques), s'exercent sous réserve des restrictions nécessaires. Ces restrictions, édictées par la loi, se justifient pour des motifs de sécurité nationale, de sûreté d'autrui, de santé, de morale, ou des droits et libertés des personnes[205].

Aux peuples

La Charte africaine est le premier instrument juridique international qui consacre plusieurs de ses dispositions aux droits des peuples. C'est dans ses articles 19 à 24 qu'elle énumère les différents droits des peuples, notamment :

- le droit à l'égalité (art. 19) et les droits de liberté qui comprennent le droit à l'existence et le droit à l'autodétermination (art. 20), autrement dit, les droits-libertés, lesquels exigent de l'État une abstention dans leur exercice ;

---

[204] Par exemple, l'article 33 de la constitution de la République du Zaïre, en date du 13 juillet 1974 et mise à jour au 1er janvier 1983 prévoyait que : « Le Mouvement Populaire de la Révolution est la nation zaïroise organisée politiquement, sa doctrine est le Mobutisme. Tout Zaïrois est membre du Mouvement Populaire de la Révolution », Voir également KAMTO, M., *loc.cit.*

[205] Voir GLELE, A.M., *op.cit.*, p. 87; KOUEVI, *op.cit.*, p. 20.

- les droits de solidarité qui englobent le droit à la liberté disposi-tion des peuples vis-à-vis de leurs richesses et de leurs ressources naturelles (art. 21), le droit au développement (art. 22), le droit à la paix (art. 23) et le droit à l'environnement (art. 24), autrement dénommés, les droits-intérêts, lesquels nécessitent une prestation de l'État dans leur réalisation[206].

Ces droits de liberté et les droits de solidarité, en plus d'exprimer le rejet de cette oppression dont les peuples négro-africains furent l'objet[207], mettent l'accent sur des points familiers à la conception né-gro-africaine du droit[208]. Ils réintroduisent le caractère sacré du lien

---

[206] Pour qualifier les droits des peuples, nous avons emprunté la terminologie utilisée par M. VIRALLY. Voir VIRALLY, M., *La pensée juridique*, Paris, L.G.D.UJ., 1960, p. 151.

[207] L'élan du lancement de la négritude est parti du journal comparatif et de combat « *L'étudiant Noir* » en 1934 au quartier Latin à Paris. Ce journal était animé par le Sénégalais L.S. SENGHOR, le Martiniquais A. CESAIRE et le Guyanais L. DAMAS et autour desquels se rassemblaient des Africains Birago DIOP et Ousmane SOCE, et des Antillais L. SAINVILLE et A. MAUGEE. La négritude implique la protestation contre l'attitude de l'Occident dans toutes ses dimensions qui veut ignorer la réalité négro-africaine. Elle prône la réhabilita-tion du négro-africain, la restitution de son droit d'initiative et celui de sa per-sonnalité. Elle rejette le fait de disposer du négro-africain, de penser pour lui et d'agir à sa place. Cf. KESTELOOT, L., *Négritude et situation coloniale*, Paris, Silex, 1988, pp.8-12 ; BLERALD, A., *Négritude et politique aux Antilles*, Paris, Caribéennes, 1981, pp. 28-29 ; METOGO-MESSI, E., *Théologie africaine et Ethnophilosophie*, Paris, l'Harmattan, 1985, p.35ss.

[208] J. MATRINGE souligne que : « *C'est donc en termes de complémentarité et non d'opposition qu'l faut apprécier la tension animant ces deux catégories de droits (droits de la personne et droits des peuples) (...), la Charte propose ainsi une troisième branche alternative consistant à considérer l'homme à la fois isolément et socialement. L'homme est donc l'origine et la fin des droits des peuples* ». Voir MATRINGE, J., op.cit., p.113 ; Voir également ROULAND, N., *Les fondements anthropologiques des droits de l'homme*, op.cit., pp.21-23 ;

existant entre Dieu (Theos), la personne (Andros) et le monde (Cosmos) (le vivant non humain et la nature inanimée), et ils se trouvent par conséquent à consacrer la *cosmothéandricité* dans la théorie des droits de la personne et des peuples en Afrique. Par exemple, la lecture combinée des dispositions relatives au droit de propriété (art. 14), plus précisément au droit de la propriété foncière, et au droit à l'environnement (art. 24), permet de saisir la signification concrète de la théorie cosmothéandrique. La relation Personne (andros) – Terre (cosmos) fixe les modes d'utilisation de la terre. Et la relation Dieu (Theos) – Personne (andros) sert à légitimer l'acte juridique produit dans la relation Personne – Personne conformément à la relation Personne – Terre, et le protège par des manifestations juridiques, telles que la divinisation de la terre et la ritualisation de son utilisation[209].

Les droits des peuples sont l'objet de vives controverses juridiques au sein de la communauté internationale, controverses portant sur les qualifications des sujets de ces droits et de leur contenu normatif[210]. Un courant doctrinal très réservé et parfois très hostile se manifeste à leur égard[211].

LAMARCHE, L., *op.cit.,* pp.151-155 ; BLANDIER, G., *Anthropologies*, Paris, P.U.F., 1974, pp.30-32.

[209] Cf. ROULAND, N., *Anthropologie juridique, op.cit.,* pp. 192-194 et *Les fondements anthropologiques des droits de l'homme*, dans *Revue générale de droit*, Université d'Ottawa, 1994, Vol. 25, N° 1, p. 13 ; BIMWENYI-KWESHI, O., *loc.cit.*

[210] Voir SUDRE, F., *Droit international et européen des droits de l'homme, op.cit.,* p. 83 ; PELLET, A., *Le droit international de développement*, Paris, PUF, pp.11-34 ; FLEUER, G./CASSAN, H., *Droit international du développement*, Paris, Dalloz, 1991, p. 26 ; MATRINGE, J., *op.cit.,* pp.106-110.

[211] Voir PELLOUX, R., *Vrais et faux droits de l'homme. Problème de définition et de classification*, dans *RDF*, 1981, pp.53-55 ; RIVERO, J., *Le problème des nouveaux droits de l'homme ou vers de nouveaux droits de l'homme*, dans Revue des Sciences morales et politiques, 1982, p.673 ; SUDRE, F., *Les droits fondamentaux et progrès, communication présentée au colloque du CERM,*

Pour F. Pelloux :

« *Les nouveaux droits de l'homme ne sont pas et ne seront sans doute jamais des droits de l'homme* »[212].

J. Rivero enchérit en ces termes :

> « Ils ne correspondent pas à la notion de droits de l'homme telle qu'elle a été dégagée par des siècles de réflexion philosophique et juridique » et il constate que « Les droits de deux premières générations, libertés fondamentales puis créances sur la société, présentent les trois caractères par lesquels se définit tout droit : ils ont un titulaire, un objet et ils sont opposables à des personnes déterminées (…). Les nouveaux droits de l'homme, à ces trois points de vue, s'écartent du schéma précédent[213]. »

Cette lecture étroite des droits de la personne et des peuples est contestée par d'autres auteurs[214]. D. Rousseau observe pour sa part que :

> « Ce qu'augurent les droits de l'homme n'est pas la constitution d'un espace privé dans lequel serait enfermé ou s'enfermerait chaque individu, mais la création d'un espace pu-

---

Montpellier, 14-15 août 1986, dans A. AMOR, Les droits de l'homme et de 3ème génération, dans *le nouveau droit constitutionnel*, Institut du Fédérations Fribourg Suisse, Fribourg 1987, 34p.

[212] Cf. PELLOUX, F., *op.cit.,* p.67.

[213] Cf. RIBERO, J., *op.cit.,* p. 675.

[214] Voir VALLADAO, H., *Démocratisation et Socialisation du Droit international, L'impact Latino-Américain et Afro-Asiatique,* Paris, Sirey, 1962, pp.16-18 ; HAURIOU, A., *Droit constitutionnel et institutions politiques*, Paris, Montchrétien, 1968, pp.30-35 ; WALLINE, M., *L'individualisme et le droit*, Paris, Montchrétien, 1949, p. 375ss ; LEFORT, C., *Essais sur la politique*, Paris, Seuil, 1986, p.24.

blic dans lequel chaque homme, pouvant circuler librement, se confronte nécessairement aux autres[215].

Appuyant l'opinion précédente, A. Amor écrit :

« C'est dire que sans cet espace public les droits de l'homme perdent leur signification, voire même leur raison d'être. Tout progrès réalisé en matière de droits de l'homme est, dès lors, un élargissement de l'espace public, une réaffirmation de la condition individuelle et collective de l'homme. Cette double dimension, présente déjà dans la première génération des droits de l'homme, a été confirmée par la deuxième. La troisième génération des droits de l'homme lui donne un éclat particulier. Le droit à la paix, le droit à l'environnement, le droit au développement sont des droits qui élargissent manifestement le champ de participation de l'homme et qui en font le destinataire et l'acteur de l'action s'inscrivant dans le sens du respect de la condition et de la dignité humaines[216]. »

Au demeurant, à notre avis, les droits des peuples, tels qu'ils sont consacrés par la Charte africaine, trouvent leur source, à la fois, dans la conception négro-africaine des droits de la personne et des peuples et dans les réalités politiques, économiques et sociales quotidiennes des africains où les droits de la personne et des peuples sont sans objet en dehors de la communauté et où ils sont destinés à la satisfaction des besoins essentiels de la communauté et de ses membres. Ils constituent des droits de la collectivité, et non des droits collectifs des individus la composant, mis en œuvre par l'accord de l'ensemble de ces éléments constitutifs et exercés collectivement par ces derniers. Ainsi donc, dans

---

[215] Cf. SUDRE, F., loc.cit.

[216] Cf. ROUSSEAU, D., *Rapport national sur les droits de la troisième génération, 2ème Congrès mondial de droit constitutionnel,* dans A. AMOR, *op.cit.* pp.78-80.

une approche générale, les droits des peuples ont pour base, d'une part, le principe de la liberté quant aux droits-libertés, et d'autre part, le principe de l'égalité quant aux droits-intérêts.

Du point de vue de leur contenu et de l'identification de leur sujet actif (titulaire) ainsi que de leur sujet passif (débiteur), ils se caractérisent en fonction du droit des peuples concerné et des circonstances en présence par une double dimension, à savoir : une dimension interne et une dimension externe.

Dans sa dimension interne, ils pourraient être exercés, soit par le « Peuple étatique », soit par le « Peuple infraétatique ». En vertu de l'article 55 de la Charte, ils seraient dirigés contre un autre « Peuple infraétatique » ou l'État lui-même. Par exemple dans le cas de la pratique discriminatoire visant les membres d'une ethnie sur la base de leur appartenance à celle-ci. C'est dans cette dimension que les droits des peuples présentent plus d'intérêt conceptuel pour les valeurs africaines communautaires et servent à légitimer davantage ce que la Charte serait censée poursuivre comme objectif, à savoir : assurer l'épanouissement en symbiose de la personne et de la communauté.

Relevons, à notre avis, que rien ne s'opposerait à ce qu'une réalité sociale qui présente une stabilité et une permanence suffisante pour être individualisées puisse bénéficier de la qualité de sujet de droit (personnification juridique). D'ailleurs, face aux critiques relatives au caractère non justiciable des droits des peuples, K. Vasak observe que :

> « La sanction, qui est la conséquence de la mise en œuvre juridictionnelle d'une norme, ne conditionne nullement l'existence d'une norme juridique, en l'espèce la norme des droits de l'homme, et de l'obligation corrélative de leur respect ; elle conditionne seulement l'exécution de la norme ».

Par ailleurs, aux fins d'assurer la justiciabilité des droits des peuples, l'un des rédacteurs de la Charte, le juge Keba Mbaye écrit :

> « Les rédacteurs de la Charte ont préféré utiliser l'expression
> « autres communications ». Ils laissent ainsi à la jurisprudence
> de la Commission la possibilité de se développer, compte tenu
> des circonstances, et préciser ce qu'il convient d'entendre par
> autres communications. Toutefois, il faut rappeler que l'article
> 55, paragraphe 2, indique qu'il s'agit des communications
> autres que celles des États parties »[217].

Dans sa dimension externe, ils pourraient être exercés par l'État. En vertu des articles 47, 48, 49, 60 et 61 de la Charte, ils seraient dirigés contre un autre État ou les autres États ou les organisations internationales. Par exemple, dans le cas des différentes missions d'inspections des organisations internationales ou d'États suite à des conventions ou accords internationaux comme dans l'hypothèse des *Stand-by Agreements* du Fonds Monétaire International, lesquels lui permettent de disposer d'un droit de regard, parfois très accru, sur l'organisation et le fonctionnement de l'État impliqué. Cette dimension présente peu d'intérêt conceptuel dans la mesure où elle ne sert qu'à réaffirmer les principes déjà énoncés dans la Charte constitutive de l'OUA et le droit international[218].

Dès lors, il ne nous semble pas utile de reprendre ici les différentes analyses des droits des peuples contenus dans divers instruments juridiques internationaux et dans la CHADHP. D'ailleurs, ces divers droits ont déjà fait l'objet des déclarations, des résolutions et des rapports très

---

[217] Voir OUGUERGOUZ, F., op.cit., p.187, note 299 ; MBAYE, K., *op.cit.*, p. 245. C'est ainsi que nous prévoyons au chapitre III l'existence des mécanismes politiques et juridiques susceptibles d'assurer la justiciabilité des droits des peuples. Pour un avis contraire au nôtre, voir J. MATRINGE, *op.cit.*, pp.78-90.

[218] A l'article 3 de la Charte constitutive de l'OUA ou par exemple à l'article 7 de la Charte des Droits et Devoirs économiques des États, qui dispose que : « *Chaque État est responsable au premier chef de promouvoir le progrès économique, social et culturel de son peuple* ». Voir Nations unies, A.G. Résolution 3281 (XXIX) du 12 décembre 1974.

éparpillés au sein des différentes organisations internationales[219] ainsi que d'amples développements doctrinaux[220]. Cependant, ces droits des peuples devraient être interprétés à la lumière des autres instruments internationaux en qualité d'indices ou d'éléments d'interprétation du droit international conformément aux articles 60 et 61 de la Charte, auxquels sont parties les États africains et des règles coutumières régis-

---

[219] Notamment : Déclaration d'octroi de l'indépendance aux pays et aux peuples coloniaux, Résolution 1514 (XV) de l'AG du 14 décembre 1960 ; Déclaration sur la Souveraineté permanente sur les ressources naturelles. Résolution de l'AG 1803 (XVII) du 14 décembre 1962 ; Charte des droits et devoirs économiques des États, Résolution de l'AG 3281 (XXIX) du 12 décembre 1974 ; Déclaration relative aux principes du droit international touchant les relations amicales et la coopération internationale entre les États conformément à la Charte des Nations unies, Résolution de l'AG 2625 (XXV) du 24 octobre 1970 ; Déclaration sur le droit des peuples à la paix, Résolution de l'AG 39/11 du 12 novembre 1984 ; Déclaration sur le droit au développement, Résolution de l'AG 41/128 du 4 décembre 1986, etc. ; DE WAART, V., « La reconnaissance du droit au développement en droit international ; perspectives d'avenir », dans Document de travail présenté au groupe de travail d'experts gouvernementaux sur le droit au développement, deuxième session, Genève, 23 novembre 4 décembre 1981, Doc. E/CN.4/AC.34/W.P 12 du 25 novembre 1981.

[220] Voir OUGUERGOUZ, F., *op.cit.*, pp.131-231 ; MATRINGE, J., *op.cit.*, pp.75-110 ; JOYNER, Ch. C., « Legal Implications of the Concept of the Common Heritage of Mankind », *International and Comparative Low Quat*erly, Jan. 1986, Vol. 35, pp.190-199; DUPUY, R.-J., *L'avenir du droit international de l'environnement*, Colloque, La Haye, 12-14 novembre 1984, Dondrecht/Boston/Lancaster, Martinus Nijhoff Publishers, 1985, 514p; SIEGHART, P., *The International Law of Humon Rights*, Oxford, Clarendon Press, 1983, 569p. ; KISS, A.C., "La notion de patrimoine commun de l'humanité", *RCADI*, 1982 (II), t. 175, pp.99-256 ; RIVERO, J., KLEIN, C. et autres, *Les droits de l'homme : droits collectifs ou droits individuels*, Actes du colloque de Strasbourg des 13 et 14 mars 1979, Paris, LGDJ, 220p ; BOSSUYT, M., *L'interdiction de la discrimination dans le droit international des droits de l'homme*, Bruxelles, Bruylant, 1976, 240p. ; FALL, K.I., *Contribution à l'étude du droit des peuples à disposer d'eux-mêmes en Afrique*, Paris I, 1972, 460p.

sant les matières concernées. Ceci dit, notre analyse au sujet de ces droits se limitera sur certains aspects que nous avons jugés dégageant une certaine particularité, et ce, de façon concise.

Le droit à la non-discrimination et le droit à l'égalité des peuples, garantis à l'article 19 de la Charte africaine, ont pour conséquence d'interdire toutes les formes d'impérialisme, exercées par n'importe quel peuple sur d'autres peuples. Par exemple, l'article 19 de la Charte africaine prend en considération le fait ethnique. Mais il condamne toute hégémonie de jure ou de facto exercée par une ou plusieurs ethnies sur une ou plusieurs autres comme c'est le cas des Tutsi en Ouganda depuis 1986, au Rwanda depuis 1994, en RDC, ex Zaïre depuis 1997 et Burundi depuis fort longtemps [221].

Les peuples ont le droit à l'existence[222]. Ce droit doit être lié à l'interdiction du génocide érigé en crime contre l'humanité par le droit international[223]. Le droit à l'autodétermination est imprescriptible et

---

[221] Voir MUKONDE, M.P., *Que cache l'invasion dans l'Est du Zaïre* ? dans le Devoir du 7 et 8 décembre 1996, P.A. II, voir également *Africa International*, n° 300, décembre/Janvier 1997, pp.8-19.

[222] Les articles 1, 2, 3 et 4 de la Déclaration d'Alger 1976 sont repris à l'article 20 de la Charte africaine.

[223] La Convention pour la prévention et la répression du crime de génocide (1951) 1978 RTNU 277, Résolution AG. 260A (III) du 9 décembre 1948, entrée en vigueur le 21 janvier 1951, est consacrée dans l'article 20 al 1 de la Charte africaine. Toutefois, l'article 20 al 1 de celle-ci contient une définition plus large du génocide que celle énoncée à l'article II de la Convention de 1948. Il protège les entités politiques, lesquelles ne figurent pas au rang des groupes protégés par l'article II de la Convention de 1948, et ce, alors même que nous savons que dans les États africains non homogènes, les clivages politiques reposent sur les clivages de nature ethnique ou religieuse. Voir BERNARD, S., *Botswana : un multipartisme fragile et menacé ? dans Politique » Africaine,* N° 36, décembre 1989, pp. 125-128. Rappelons que c'est la Convention de 1948 qui fut invoquée lors du procès de l'ex-Président de Guinée Equatoriale, Marcias NGUEMA, lequel fut inculpé et reconnu coupable de génocide. Bien que ce procès fut un véritable exemple d'application de la Convention de 1918, le procureur n'avait à

inaliénable. Il permet à un peuple de déterminer en toute liberté son statut politique et de choisir les moyens par lesquels il doit assurer son développement économique et social en suivant les voies qu'il a jugées les plus appropriées pour atteindre le but qu'il s'est fixé conformément au droit international[224].

En somme, dans sa dimension externe, le droit à l'autodétermination externe s'interprète comme un principe de légitimité de l'indépendance. A ce titre, il s'est exercé de façon significative en Afrique. En 57 ans (du 1er janvier 1956, date de l'indépendance du Soudan, au 23 octobre 2013, date de l'indépendance du Soudan du Sud), l'Afrique est passée de trois États indépendants (Ethiopie, Liberia et Egypte) à 54 États souverains.

Dans sa dimension interne, le droit à l'autodétermination s'est interprété comme un principe de légitimité démocratique. A ce titre, il s'est

---

aucun moment tenté de définir le crime de génocide. De plus, la Guinée Equatoriale n'était pas partie à la Convention de 1948. Voir ARTUCIO, A., *Trial of Marcias in Equatoril Guinea : The Story of a Dictatorship*, Geneva, International Commission of Jurists and International University Exchange Fund, 1979, pp.30-31. L'article II de la Convention dispose que: *"Dans la présente Convention, le génocide s'entend de l'un quelconque des actes ci-après, commis dans l'intention de détruire en tout ou en partie, un groupe national, ethnique, racial ou religieux, comme tel : a) Meurtre des membres du groupe ; b) Atteinte grave à l'intégrité physique ou mentale des membres du groupe ; c) Soumission intentionnelle du groupe à des conditions d'existence devant entraîner sa destruction physique totale ou partielle ; d) Mesures visant à entraver les naissances au sein du groupe ; e) Transfert forcé d'enfants du groupe à un autre groupe ».* Nous osons espérer que le Tribunal pénal international institué pour le génocide commis au Rwanda appliquera le cas échéant les dispositions de la Charte africaine en la matière. Voir Conseil de sécurité des Nations unies, *Résolution 955 (1994) créant le Tribunal ad hoc pour le Rwanda*, Doc.S/1994/1168,S/RES/955, reproduite dans *Revue universelle des droits de l'homme*, juin 1995, vol. 7, N° 4-6, pp.160-161.

[224] Cf. HOEVEN, van der, R./KRAAIJ, van der, F., *L'ajustement structurel et au-delà en Afrique subsaharienne*, Paris, Khartala, 1995, p.378 ; BAKO-ARAFIRI, N., Démocratie et terroir, *Politique africaine*, N° 59, *op.cit.*, pp.7-24.

exercé, jusqu'à ce jour, de façon moins significative. Depuis 1989 jusqu'au 31 octobre 2019, des élections présidentielles et législatives démocratiques impliquant plus d'un parti politique ont été organisées dans 25 États de l'Afrique subsaharienne. Dans treize États, le pouvoir politique a été consacré par le pouvoir en fonction, à savoir : en Angola, au Burkina Faso, au Cameroun, aux Comores, en Côte d'Ivoire, à Djibouti, en Gambie, au Ghana, au Kenya, à l'île Maurice, au Sénégal, aux Seychelles et au Togo. Dans douze États, le pouvoir politique a changé de camp politique : au Bénin, au Burundi, au Cap-Vert, en République Centrafricaine, au Lesotho, à Madagascar, au Mali, au Niger, au Nigeria, à Sao Tomé et Principe. En RDC, ex-Zaïre et en Zambie, le pouvoir a changé en défaveur du vainqueur des élections présidentielles. Cependant, en République Centrafricaine, il a changé en faveur du vainqueur mais après des fortes pressions de la France.

L'article 21 de la Charte interdit de priver les peuples de leurs richesses et de ressources naturelles. Il interdit de même leur spoliation. Par exemple, dans l'affaire OTRAG (Orbital Transport Und Raketen Akten Gesellschaft), c'est la pression exercée par les États d'Europe associés au projet ARIANE, lesquels redoutaient la concurrence qu'allait créer l'OTRAG, qui finira par convaincre à l'époque l'ancien Président Mobutu du Zaïre, actuellement RDC, de résilier son contrat avec OTRAG. À ce sujet, le chancelier allemand de l'époque, M. Smith dira au président Mobutu en 1979, nous citons: *« Monsieur le président, si vous ne résiliez pas ce contrat OTRAG, nous risquons de remettre en question l'aide allemande au Zaïre »*. En effet, le contrat OTRAG portait sur une cession de 150.000 km² du territoire zaïrois au nord du Shaba, actuellement Katanga, à Manono jusqu'à l'an 2000, pour un loyer de 75 millions de Deutschemark par an. Ce contrat comportait deux aspects considérés « immoraux » par les membres de la Communauté européenne. Le premier est *« l'abandon de souveraineté d'une portion de territoire national »*. Le deuxième est que *« la redevance fut jugée insuf-*

fisante au regard du bénéfice que OTRAG tirait de l'exécution du contrat ». Mais, à notre avis, c'est beaucoup plus pour un troisième aspect, non perçu par l'opinion publique zaïroise, actuellement congolaise, et l'opinion publique internationale, plus important et d'intérêt géostratégique lié au leadership technologique dans le secteur pointu de l'espace, qui fut la base de la pression des européens à la résiliation de ce contrat[225].

Ainsi, la solidarité devrait être considérée comme une obligation permettant aux peuples de chaque État de bénéficier pleinement des avantages devant résulter des ressources naturelles nationales[226].

Le droit au développement (art. 22) est un droit à la fois collectif et individuel. Les États africains, séparément et en coopération, ont le devoir d'assurer l'exercice de ce droit[227]. Il convient de relever ici qu'il s'agit du *« droit au développement »* et non du *« droit du développement »*.

La dimension individuelle du droit au développement vise l'épanouissement de la personne dans tous les aspects de son être, une meilleure qualité de vie (alimentation, logement, santé, éducation, travail). Etant donné que le droit au développement de la personne ne peut être réalisé que lorsque sa communauté peut être en mesure d'exercer son droit au développement (l'épanouissement de la personne ne serait

---

[225] Voir NCHAMA Eya C.M., *op.cit.*, pp.135-137.

[226] Le droit à réparation au bénéfice du peuple, prévu au paragraphe 2 de l'article 21 de la Charte constitue la plus grande contribution de cette disposition. Voir l'article 1 commun au deux Pactes internationaux relatifs aux droits de l'homme et l'article 1 de la Déclaration sur la souveraineté permanente sur les richesses naturelles, Doc NU A/5209 (1962), Doc. Of. AG 17ème session, supp n° 9, p.17.

[227] Voir MBAYE, K., *op.cit.*, pp.184-209 ; ISRAEL, J., *Le droit du développement,* dans *RGDI,* Vol. 87, 1983, pp.23-45 ; BEDJAOUL, M., *Le droit en développement,* dans *Droit international, op.cit.,* pp.1247-1273 ; ROJAS-ALBONICO, N. *Le droit ou développement comme droit de l'homme,* Bern-Frankfurt am Main-New York-Nancy, Peter Lang 1984, pp.46-48 et 101-291.

possible que si certaines conditions nécessaires seraient remplies au sein de sa communauté).

La dimension collective du droit au développement vise la souveraineté des peuples dans son double aspect, notamment son aspect offensif (des prestations) et son aspect défensif (de défense). Dans son aspect défensif, le droit au développement a pour objet d'assurer la protection de l'État (art. 23 et 24 de la CHADHP). Il convient de préciser que, dans ce contexte, l'État est considéré comme le sujet majeur du droit au développement dans la mesure où il est investi de la responsabilité du développement, et qu'il l'exerce au nom des peuples dont il a la charge. Néanmoins, les peuples au sein de communauté locales et/ou de communautés nationales demeurent considérés comme les bénéficiaires du droit au développement.

Dans la même veine, le droit au développement affirme également le droit à la souveraineté permanente sur les ressources naturelles, en habillant l'État à réglementer l'activité économique sur son territoire et en consacrant l'abandon de la théorie des droits acquis en matière de nationalisation (art. 21 de la CHADHP). Dans son aspect offensif, le droit au développement a pour objet de réclamer une véritable égalité des chances en matière de développement économique. Il consiste, dans ce cas, en une véritable créance et non une revendication admise moralement. Selon nous, la réticence de l'ONU en général, et en particulier de certains États occidentaux, se fonderait sur deux faits suivants : 1) sur le plan normatif, la reconnaissance du droit au développement impliquerait la poursuite de la remise en cause du droit international classique ; 2) sur le plan institutionnel, la reconnaissance du droit au développement entraînerait une démocratisation de certaines institutions internationales clés, notamment les institutions monétaires et financières.

Relevons que, pendant les années 60 et 70, les débats sur la scène internationale étaient focalisés sur le souci d'élaborer un droit social des États, un droit axé sur l'assistance et la coopération, qui devait être le

« *droit international du développement* ». L'objectif déclaré de ce droit était de favoriser la coopération internationale et de promouvoir le développement économique et social des États démunis. Ce droit était destiné à élaborer des règles au chapitre de l'aide au développement et des investissements, des prix des matières premières, des transferts de technologie, de l'exploitation du patrimoine commun de l'humanité et du partage du pouvoir à l'intérieur des organisations internationales à caractère économique et financier[228]. Alors que, c'est au cours des années 80, toujours sur la scène internationale, que les discussions ont commencé à porter sur le « *droit au développement* », droit perçu à la fois comme un droit des peuples et des individus[229]. En paraphrasant A. Colliard, nous dirons que le droit au développement en tant que droit de la personne s'exprime sous quatre aspects essentiels : il est sous le signe de l'équilibre du droit individuel et collectif et de leur interdépendance, il est à visage humain et représente enfin la synthèse des droits de la personne[230].

---

[228] Ce qui suscita l'adoption à l'Assemblée général des Nations unies de la résolution 1710 (XVI), sur la stratégie de développement pour la première décennie des Nations unies en faveur des pays du Tiers-monde en décembre 1961, la création d'organisme tels que la Conférence des Nations unies pour le commerce et le développement (CNUCED) en 1964 et l'Organisation des Nations unies pour le développement industriel (ONUDI) en 1965. Voir SABOURIN, L., *La gestion de l'interdépendance mondiale : croissance et performance du droit du développement, Chapitre pour un ouvrage collectif de l'ENAP*, 1996, pp.7-11.

[229] L'article 1 (1) de la Déclaration sur le droit au développement, Résolution 41/128 du 4 décembre 1986, précise que : « le droit au développement est un droit inaliénable de l'homme en vertu duquel toute personne humaine et tous les peuples ont le droit de participer et de contribuer à un développement économique, social, culturel et politique dans lequel tous les droits de l'homme et toutes les libertés fondamentales puissent être pleinement réalisés, et de bénéficier de ce développement ».

[230] L'article 6 (2) de la Déclaration du droit au développement consacre le droit au développement à titre de droit civil et politique d'une part, de droit écono-

Le droit à la paix et à la sécurité, tant sur le plan national que sur le plan international (art. 23), rapproche les prescriptions de la CHADHP à celles de la Déclaration des Nations-Unies sur le droit des peuples à la paix qui prévoient que la solidarité et les relations amicales sont un devoir des États pour renforcer la paix et la sécurité. Dans sa dimension externe, cette disposition pourrait s'interpréter de façon à ce qu'elle constituerait une obligation des États à procéder à une réduction de leurs arsenaux militaires et à consacrer une partie des ressources disponibles à un armement strictement défensif. Dans sa dimension interne, l'obligation pour l'État serait de prévenir toute activité terroriste[231].

L'article 24 de la Charte insiste sur les rapports étroits qui existent entre l'environnement et le développement. Les États africains doivent conserver l'environnement et les ressources naturelles au profit des générations présentes et futures, maintenir l'écosystème, élaborer les règles écologiques et établir les priorités relatives à l'environnement. Cette disposition viserait l'obligation de l'État de lutter contre la désertification et la déforestation du continent africain. Selon un rapport d'une Commission indépendante sur les questions humanitaires internationales, environ 6,9 millions de km² de l'Afrique subsaharienne sont directement menacés par la désertification. Le coût du programme de lutte contre la désertification s'élèverait à 4,5 milliards de dollars US par an pendant vingt ans. Or la moitié de la population du monde menacée vit

---

mique, social et culturel, d'autre part. Voir COLLIARD, C.-A., « L'adoption par l'Assemblée générale de la déclaration sur le droit au développement (4 décembre 1986) », *Annuaire français de droit international,* Paris, Éditions du CNRS, XXXIIII, 1987, pp.622-623 ; SABOURIN, L., *op.cit.,* pp.12-14.

[231] Cf. OUGUERGOUZ, F., *op.cit.,* pp.209-219 ; MATRINGE, J., *op.cit,* pp.102-104 ; NASTASE, A., *Le droit à la paix,* dans M. BEDJAOUI, *Droit international, op.cit.,* pp.1291-1303.

dans le Sahel. Par conséquent, une action internationale peut seule aider à mener à terme la lutte contre la désertification[232].

Les devoirs imposés par la Charte africaine

Conformément à la conception africaine des droits de la personne énoncée aux paragraphes 5 et 6 du préambule de la CHADHP en ces termes :

> « La réalité et le respect des droits du peuple doivent nécessairement garantir les droits de l'homme. La jouissance des droits et libertés implique l'accomplissement des devoirs de chacun »,

La CHADHP impose des devoirs à la personne et à l'État[233].

À la personne

C'est à ses articles 27, 28 et 29, articles formant le chapitre II de sa première partie que la CHADHP consacre les devoirs imposés à la personne envers les communautés (art. 27), envers les personnes (art. 28) et les devoirs individuels particuliers de la personne (art. 29). Ces devoirs sont érigés en véritables obligations civiques africaines.

---

[232] Voir convention d'Alger du 15 décembre 1968, Doc. OUA CAB/ LEG/241/37 ; MBAYE. K., *op.cit.*, p.211 ; DUPUY, P.M., *Contribution du principe de non-discrimination à l'élaboration du Droit international de l'environnement,* dans *Actes du colloque commun SFDI/SQUI,* du 6-11 octobre 1992, pp.10-15 ; PRIEUR, M., *La protection de l'environnement,* dans M. BEDJAOUI, *Droit international, op.cit.,* pp. 1085-1106 ; *La désertification,* Rapport à la Commission indépendante sur les questions humanitaires internationales, Paris, Berger-Levrault, 1986, pp.8-125.

[233] C'est à peine que les devoirs ont une trace dans la CEDH (art. 10, S2), le système interaméricain leur réserve un seul article (art. 32) dans la CADH et une dizaine d'articles (art. XXIX à XXXVIII) dans la DADH de 1948 (sans force juridique obligatoire).

À l'égard des communautés (art. 27 al. 1), notons que l'article 27 (I) reprend plus explicitement les prescriptions de la Charte Internationale des Droits de l'homme, notamment l'article 29 (I) de l DUDH : *« (...) l'individu a des devoirs envers autrui et envers la collectivité à laquelle il appartient »* et le paragraphe 5 du préambule des deux pactes internationaux relatifs aux droits de l'homme : *« (...) l'individu a des devoirs envers autrui et envers la collectivité à laquelle il appartient »*. La CHADHP prescrit aussi que la personne a des devoirs envers la famille (épouse, enfant, parents), la communauté (voisinage, village ou ville), l'État et la communauté internationale. Elle précise que l'exercice des droits et libertés de la personne est limité non seulement par la loi et les règlements (art. 8 et ss) mais également par le droit d'autrui, la sécurité collective, la morale et l'intérêt commun (art. 27 al. 2). Cette disposition viserait les actes pouvant empêcher l'exercice par autrui de ses droits et libertés, par exemple, la séquestration d'autrui aux fins de l'empêcher d'exercer effectivement son droit de vote.

À son article 28, concernant les relations entre les personnes, la CHADHP érige la tolérance en devoir personnel. Ce principe trouve sa justification dans un contexte de relations interpersonnelles au sein des États africains marqués par l'hétérogénéité ethnique et les problèmes pouvant en résulter. Nous pensons, par exemple, aux affrontements liés aux terres fertiles et cultivables dans le nord Kivu en RDC, ex- Zaïre entre les tribus Nande, Nyanga et les immigrants Tutsi. [234].

Dans son article 29, qui constitue le prolongement des articles 27 et 28, la CHADHP accorde à la personne une sorte de libertés-participation de travailler pour la sauvegarde des intérêts fondamentaux de la communauté (art. 29 al. 6), de contribuer à la défense de son pays (art. 29 al. 5), de veiller à la préservation et au renforcement des valeurs culturelles

---

[234] Voir KABUYA-LUMANA/MAHAMO, *La situation de l'Est du Zaïre : Repères et enjeux,* Publication du Ministère de l'information et de la Presse, Kinshasa, octobre 1996, pp.15-33.

africaines positives et de contribuer à la promotion de la santé morale de la communauté (art. 29 al. 7), de respecter, de soutenir et d'assister la famille, y compris la lignée ascendante et la lignée descendante (art. 29 al. 1) etc. Par famille africaine, il faut entendre une communauté des ascendants et des descendants d'un ancêtre commun soit par les hommes (patrilignage), soit par les femmes (matrilignage), soit par les deux voies (filiation bilatérale)[235].

Aux États

La CHADHP met à la charge des États africains deux devoirs en rapport avec l'exercice effectif des droits de la personne et des peuples (art. 25 et 26).

Il ressort de la première obligation, celle d'information (art. 25) par l'enseignement, l'éducation et la diffusion, que les États africains doivent la promouvoir en vue d'assurer le respect des droits et libertés contenus dans la CHADHP, de sorte que les personnes et les peuples comprennent exactement bien la teneur de leurs droits et libertés et le contenu de leurs devoirs. Concrètement, la promotion des droits et libertés et la diffusion des informations y afférentes pourraient se faire par l'organisation de rassemblements populaires, par l'affichage de présentations schématiques devant tous les tribunaux civils, pénaux et administratifs, les bureaux administratifs, les cercles culturels et sportifs, etc.

La seconde obligation, énoncée à l'article 26, est celle qui porte sur la garantie de l'indépendance de la justice. Elle constitue le gage des droits et libertés de la personne et des peuples. A ce titre, les États africains doivent créer des institutions judiciaires nationales et encourager les organisations non-gouvernementales dans leur action pour le respect

---

[235] Voir ASSO, B., *De la sacralisation du pouvoir*, essai sur l'Afrique noire animiste, *revue méditerranéenne d'histoire*, 1976, pp.97-100 ; MBAYE, K., *Le droit de la famille en Afrique Noire et à Madagascar*, Éditions G.P. Maisonneuve et Larose, Paris, 1968, pp.28-35 ; OUGUERGOUZ, F., *op.cit.*, pp.248-250.

des droits de la personne et des peuples. Mais là, entrent en ligne de compte les considérations d'ordre pratique. Outre les limites que peuvent occasionner la connaissance des langues, les ressources matérielles nécessaires pour s'acquitter effectivement de la fonction de dire les droits de la personne et des peuples font défaut. Les juges et les avocats ne possèdent pas la formation de base requise. Les bibliothèques des palais de justice ne sont pas enrichies en conséquence ou sinon elles ne sont que vides. Dans une pareille situation le concours des ONG pourrait s'avérer d'une grande utilité, vu qu'en vertu des articles 55 et 56 de la Charte, après l'épuisement des recours internes ou lorsque la procédure de recours interne se prolonge d'une façon anormale, les particuliers et les groupes de personnes peuvent saisir la Commission africaine des droits de l'homme et des peuples[236].

Les garanties des droits et devoirs dans la Charte africaine

Précisons dès le départ que le développement qui suit sera relativement bref et descriptif, compte tenu du fait que la question des garanties de mise en œuvre sera analysée de façon approfondie au chapitre suivant. Toutefois, il est utile de présenter ici, ne serait-ce que sommairement, les mesures de sauvegarde des droits de la personne et des peuples prévues dans la CHADHP, telles qu'elles sont actuellement appliquées sur le plan national et sur le plan international ou continental.

Les garanties internes de la Charte africaine

La CHADHP prévoit que les États africains qui l'ont ratifiée doivent veiller à l'acquisition des droits, libertés et devoirs qu'elle énonce. En conséquence, ils s'engagent à adopter des mesures législatives ou autres pour les appliquer. Ils doivent également garantir l'indépendance des tribunaux.

---

[236] Voir MBAYE, K., *op.cit.*, p.212 ; KOUEVI, *op.cit.*, p. 30 ; MASSENGO-TIASSE, *loc.cit.* ; NGCHAMA EYA, C.M., *op.cit.*, p.112.

Les mesures législatives ou autres

Aux termes de l'article 1 de la CHADHP, en reconnaissant les droits, libertés et devoirs énoncés dans celle-ci, les États africains parties à la Charte s'engagent à adopter des mesures législatives ou autres pour les appliquer. Conformément à cette obligation de réception, les États africains doivent garantir la jouissance et l'exercice des droits libertés et devoirs reconnus dans la CHADHP de manière effective.

C'est ainsi que, conformément à leur mode d'incorporer les traités internationaux dans leur droit national, les États francophones, dits pays monistes, ont incorporé directement la Charte africaine dans leur législation interne. Par ce mécanisme, ils lui ont donné un effet direct.

Tandis que les États anglophones, dits pays dualistes, ont incorporé indirectement la CHADHP dans leur législation interne par le biais d'une loi d'incorporation. Ils lui ont ainsi donné, bien qu'indirectement un effet. C'est précisément pour cette raison que les rédacteurs de la Charte africaine ont institué les rapports périodiques (art. 62 de la Charte). Ils l'ont fait dans le but d'amener les États parties à prendre des dispositions internes pour introduire les articles 1 à 29 de la Charte africaine dans leurs Constitutions, leurs lois, règlement et autres actes législatifs relatifs aux droits de la personne et des peuples[237].

Les mesures législatives ou autres constituent des gages de la jouissance et de l'exercice effectif des droits et libertés reconnus et garantis dans la Charte africaine. Mais en réalité, tel n'est pas encore le cas[238].

---

[237] Voir Rapport de la cinquième session ordinaire de la Commission africaine des droits de l'homme et des peuples, Doc. AFR/COM/HPH/Rpt. (V), Rev. P.1.

[238] En Afrique subsaharienne, le rôle de la justice et le rôle dévolu au règlement juridictionnel des différends demeurent au stade élémentaire. Cf. MAVUNGU, M.-di-N., *Le règlement judiciaire des différends interétatiques en Afrique,* Fribourg, Éditions Universitaires Fribourg Suisse, 1992, pp.112-127 ; MBAYE, K., *op.cit.*, p.251 ; KOUEVI, *op.cit.*, p.30 ; BUERGENTHAL, T/KISS, A., *op.cit.*, p.134.

L'indépendance des tribunaux

La Charte africaine oblige spécifiquement les États africains parties (art. 26) à garantir l'indépendance des tribunaux dans l'exercice de leurs fonctions. Certains États africains ont institué des ministères des droits et libertés au sein de leurs gouvernements ou des commissions nationales, en l'occurrence le Bénin, le Sénégal, le Togo et la République démocratique du Congo. Ces derniers permettent l'institutionnalisation d'organisations gouvernementales et non-gouvernementales susceptibles de jouer un rôle important de par leur action pour le respect des droits et libertés de la personne et des peuples. Néanmoins, celles-ci ne peuvent exercer leurs missions que sous la surveillance des autorités publiques.

Le fait de les laisser exercer leurs fonctions en toute liberté et en toute indépendance n'est pas le propre des États africains pour deux raisons. Car, en premier lieu, les responsables politiques craignent d'être soumis au droit qu'eux-mêmes ont participé à élaborer (les dirigeants africains sont anti-État de droit). En second lieu, les responsables politiques sont très hostiles à l'égard des juges dans la mesure où ils s'opposent au postulat qui place, en la personne du juge, la confiance d'assurer le respect du droit. Ainsi donc, ils se considèrent comme « *le législateur qui fixe le droit* » et en même temps « *le juge qui en assure le respect* ».

Cependant, sept États ont constitué l'institution d'Ombudsmans sous la forme individuelle au Ghana, au Sénégal et en île Maurice ; et sous forme collégiale au Nigéria, au Soudan, en Tanzanie et en Zambie. Mais, seul le Conseil constitutionnel d'Algérie s'était référé à la Charte africaine pour rappeler l'interdiction des discriminations de tous ordres dans une décision relative au code électoral[239].

---

[239] Voir *RUDH*, 1989, pp.276-278 ; MBAYE, K., *op.cit.*, pp.280-271.

Les garanties internationales de la Charte africaine

Celles-ci sont assurées en deux instances. En première instance par la Commission africaine des droits de l'homme et des peuples, à la suite de l'introduction d'une plainte, ou de la production de rapports sur les mesures d'ordre législatif ou autres à prendre par les États africains, et ce, conformément à l'article premier de la Charte africaine. Elles sont assurées en deuxième et dernière instance par la Conférence des chefs d'État et de gouvernement de l'OUA, l'organe suprême de l'OUA, sur la base du rapport que lui transmet la Commission africaine.

La surveillance de la Commission africaine et les rapports des États africains

La Commission africaine se présente comme un organe de promotion et de protection des droits et libertés au service des États et des citoyens africains[240]. Avant d'examiner ces deux missions, quelques considérations d'ordre institutionnel s'imposent.

Dans son organisation et pour son fonctionnement, la Commission africaine (art. 30) compte onze membres (art. 31). Ils sont élus au scrutin secret, pour un mandat de six ans renouvelables (art. 36), par la Conférence des chefs d'État et de gouvernement de l'OUA à partir d'une liste des candidats présentés par les États parties à la Charte africaine. Ils sont choisis parmi les personnalités africaines jouissant de la plus grande considération, connues pour leur haute moralité, leur intégrité et leur impartialité, et possédant une compétence en matière de droits de la personne et des peuples (art. 33). Les membres élisent à leur tour le

---

[240] Voir NGUEMA, I., *La Commission Africaine des droits de l'homme et des peuples,* contribution à l'occasion des journées organisées à Paris les 7 et 8 décembre 1992 par l'UNESCO et l'Institut des droits de l'homme du Barreau de Paris, p. 1ss ; KODJO, E., *op.cit.,* p.33 ; MBYE, K., *op.cit.*, p.229.

Président et le vice-président (art. 42) et le secrétaire général de l'OUA désigne le secrétaire général de la Commission (art. 41)[241]

Les membres de la Commission africaine siègent à titre individuel et ne représentent nullement un État ; ils siègent aussi à titre personnel et ne peuvent se faire représenter. Ils sont indépendants, dans l'exercice de leurs fonctions de membres, vis-à-vis de leur pays d'origine et vis-à-vis de l'OUA. Mais ils continuent, tout en étant commissaires, d'exercer les fonctions qui sont les leurs dans leur pays d'origine (art. 31). Ils jouissent des privilèges et immunités diplomatiques (art. 43). Les indemnités qui leur sont allouées ainsi que les crédits alloués à la Commission africaine sont à la charge du budget de l'OUA[242].

Le siège de la Commission africaine fut fixé à Banjul (Gambie) par sa décision AHG/DHG/Déc, (XXIV) de l'OUA lors de sa 24ème session, le 12 juin 1989. La Commission africaine tient deux sessions ordinaires par an, chacune de 15 jours au maximum (art. 2 du règlement intérieur). Les langues de travail sont celles de l'OUA, notamment : l'anglais, l'arabe, l'espagnol, le français et le portugais.

---

[241] En 1993, la Commission africaine était composée d'un président, Oji.UMOZURIKE (Nigéria) ; d'un vice-président, Alexis GABOU (Congo), de neuf commissaires, Alioune Blondin BEYE (Mali), Ali Mahmoud BUHEDMA (Libye), Ibrahim Ali Badawi Et SHEKH (Egypte), Sourahata Baboucar Semega JANNEH (Gambie), Justice Robert Habesh KISANGA (Tanzanie), D. Moleleki MOKAMA (Botswana), H. Mohamed Ben SALEM (Tunisie), Youssoupha NDIAYE (Sénégal), Isaac NGUEMA (Gabon) ; et d'un secrétaire Ngabishema MUTSINZI. Voir *African Commission on Human and People 'Righis,* Documentation n° 1, Activity reports, 1988-1990, p. 78; OUGUERGOUZ, F., *op.cit.*, p.294.

[242] Les crédits alloués à la Commission africaine par le Secrétaire général de l'OUA s'élevaient à 150.000 dollars US, en 1988-1989 ; 742.163 dollars US en 1989-1990 ; 52.737 dollars US en 1990-1991 ; 467.980 dollars en 1991-1992 ; 501.881 dollars US en 1992-1993 ; Informations tirées de I. NGUEMA, *op.cit.*, p.2.

Avant d'examiner les rôles de promotion et de protection de la Commission, mentionnons qu'elle a aussi pour fonction d'interpréter la Charte. Dans le cadre de cette mission d'interprétation, la Commission africaine interprète toute disposition de la Charte africaine, soit à la demande d'un État partie à la Charte africaine, soit à la demande d'une institution ou d'une organisation africaine ou autre reconnue par l'OUA.

Quant à la mission de promotion des droits de la personne et des peuples elle comporte trois groupes principaux de fonction, à savoir :

- Les fonctions d'étude, de recherche, d'information, de perfectionnement et d'animation (art. 45, al. 1, a). Elles sont conduites selon les quatre axes principaux suivants : les colloques, les séminaires, les ateliers et les conférences.

C'est ainsi que, par exemple, la Commission africaine organisa à Banjul (Gambie) du 18 au 21 juin 1991 un atelier en collaboration avec l'UNESCO, sur le thème : *« Les droits de l'homme dans une Afrique du Sud post-apartheid »*. La Commission africaine organisa également, avec le concours financier de l'Institut Raoul WALLENBERG (Suède) du 26 au 30 octobre 1992, un séminaire sur l'introduction et l'application de la Charte africaine des droits de l'homme et des peuples dans les États africains. La Commission africaine donne des informations relatives à ses activités. Elle a publié un seul numéro de la Revue de la Commission africaine des droits de l'homme et des peuples (Rév. CommAfDHP) en octobre 1991. Celui-ci contient d'une part des éléments de documentation, notamment le quatrième rapport annuel de ses activités et des textes de la Charte africaine des droits de l'homme et des peuples, et d'autre part, des articles de doctrine. En août 1992, la Commission africaine a publié le premier numéro de la série *« Documentation »*. Il contient d'une part le premier, le deuxième et le troisième rapport annuel de ses activités, et d'autre part le texte de la Charte africaine des droits de l'homme et des peuples et du règlement intérieur de la Commission africaine »[243].

- Les fonctions quasi législatives qui consistent à élaborer des projets de textes législatifs ou réglementaires à proposer aux États en matière de droits de la personne et des peuples, ou à définir les principes devant régir ce domaine (art. 45 al. 1, b ; art. 45, al. 3).

Depuis sa mise sur pied le 2 novembre 1987, la Commission africaine a adopté plusieurs résolutions et a soumis plusieurs recommandations à la Conférence des chefs d'États et de Gouvernement de l'OUA. Elle recommanda aux États d'introduire la Charte africaine dans leur ordonnancement juridique interne ou d'introduire dans leur législation des dispositions de celle-ci ; d'intégrer la matière des droits de la personne et des peuples aussi bien dans les programmes d'enseignement primaire, secondaire et supérieur que dans les programmes d'enseignement technique et professionnel ; d'instituer des émissions périodiques radiotélévisées en matière de droits de la personne et des peuples ; de favoriser la création d'instituts nationaux ou sous régionaux de recherche dans le domaine des droits de la personne et des peuples ; de célébrer chaque année la date du 21 octobre comme étant la journée africaine des droits de la personne et des peuples.

- Les fonctions de coopération avec les organisations nationales ou internationales, gouvernementales ou non-gouvernementales qui poursuivent les mêmes buts que la Commission africaine (art. 45, al. 3).

Dès sa création, la Commission s'est attelée à s'intégrer et à jouer son rôle dans le vaste réseau d'institutions et d'organisations dont le champ d'activités couvre le domaine des droits de la personne et des

---

[243] Voir *Revue de la Commission africaine des droits de l'homme et des peuples*, Vol. 1, pp.1-84, Banjul Octobre 1991 ; *African Commission on Human and Peoples'Righis*, Documentation, n° 1, pp.1-92, Banjul, August 1992.

peuples. Elle a établi des rapports de coopération auprès de l'Organisation des Nations-Unies avec la Commission des droits de l'homme et le Centre pour les droits de l'homme de l'Office des Nations-Unies de Genève. Elle a également établi des rapports de coopération avec la Division des droits de l'homme et de la paix de l'UNESCO, le Département des normes internationales du travail de l'OIT ainsi que le Haut Commissariat pour les Réfugiés (HCR).

La Commission africaine a établi, au niveau régional, des rapports de coopération avec l'Union européenne par l'intermédiaire de la Fondation pour la Coopération Culturelle ACP/CEE ; avec le Conseil de l'Europe par l'intermédiaire la Commission et la Cour européennes des droits de l'homme et l'Institut international des droits de l'homme de Strasbourg ; avec la Commission et la Cour interaméricaines ainsi que l'Institut interaméricain des droits de l'homme.

La Commission africaine a établi des rapports de coopération avec les ONG africaines ou autres en vertu de la Résolution sur la Révision des critères d'Octroi et de Jouissance du Statut d'Observateur aux Organisations Non-Gouvernementales s'occupant des Droits de l'homme auprès de la Commission Africaine des Droits de l'homme et des peuples- CADHP/Res. 33(XXV)99, par exemple, Voici la situation au 30 mai 1992 :

1) Amnesty International (Londres), 2) la Commission Internationale de Juristes (Genève), 3) l'Association Africaine de Droit International (Nairobi), 4) le Centre International de Formation à l'Enseignement des Droits de l'homme et de la Paix (Genève), 5) l'Union des Avocats Arabes (Le Caire), 5) l'Association Egyptienne des Nations unies (Le Caire), 7) l'Union des Journalistes Africains (Le Caire), 8) The African Society, 9) l'Association Sénégalaise d'Etudes et de Recherches Juridiques (Dakar), 10) l'Association des Consultants Internationaux en Droits de l'homme (Genève), 11) Human Rights Internet (Ottawa), 12) Le Mouvement burkinabé des droits de l'homme et des peuples (Ouaga-

dougou), 13) The Lawyers Committee for Human Rights (New York), 14) The African Centre for Democracy and Human Rights Studies (Banjul), 15) Arab Organization for Human Rights (Guizeh), 16) l'Observatoire de l'information (Montpellier), 17) Human Rights Watch/Africa Watch (London), 18) The Catholic Commission for Justice and Peace in Zimbabwe (Harare), 19) The International Organization for the Elimination of all Forms of Racial Discrimination (Washington), 20) l'Association Internationale des Jeunes Avocats (Paris), 21) la Société Africaine de Droit International et de Droit Comparé (Londres), 22) la Fédération Internationale des Droits de l'homme (Paris), 23) Commonwealth Secretariat, 24) The Fund for Peace (New York), 25) Civil Liberties Organisation (Lagos), 26) Interights (Londres), 27) l'Institut International des Droits de l'homme (Strasbourg), 28) l'Union Interafricaine des Avocats (Casablanca), 29) l'Institut Arabe des Droits de l'homme (Tunis), 30) la Ligue Burkinabé des Droits de l'homme et de Peuples (Genève), 31) la Commission Africaine des Professions de la Santé et des Droits de l'homme (Genève), 32) Human Rights Africa (Lagos), 33) Lawyers Committee for Civil Rights Under Law (Washington), 34) International Human Association of American Minorities (Régina, Saskatchawan, Canada), 35) Constitutional Rights Project (Lagos), 36) la Ligue Tunisienne poiur la Défense des Droits de l'homme (Tunis), 37) Committe for the Defence of Human Rights (Lagos), 38) International Human Rights Law Group (Washington), 39) Minnesota Lawyers International Human Rights Committee (Minneapolis), 40) la Fédération International de l'Action des Chrétiens pouir l'Abolition de la Torture (Paris), 41) Africain Bar Association (Harare), 42) l'Union Inter-Africaine des Avocats (Le Ciare), 43) le Groupe d'Etude sur la Démocratie et de Recherche sur la Démocratie et le Développement Economique et Social en Afrique (Cotonou), 44) Anti-Slavery International for the Protection of Human Rights (London), 45) Congressional Human Rights Foundation, 46) Ligue Ivoirienne des Droits de l'homme,

47) le Service International pour les Droits de l'homme, 48) l'Association pour la Promotion de l'État de Droit, 49) l'Association des Juristes Africains, 50) Rencontre Africaine pour la Défense des Droits de l'homme, 51) l'Organisation Egyptienne des Droits de l'homme, 52) Maragopoulis Fund for Human Rights, 53) Decade for Human Rights Education, 54) Legal Research and Ressource Development Centre, 55) Organisation Mondiale contre la Torture, 56) Association Nationale des Droits de l'homme (Libreville), 57) International League for Human Rigths, 58) Africain Bar Association, 59p Ligue Centreafricaine des Droits de l'homme, 60) Institut des Droits de l'homme de l'Université Catholique de Lyon, 61) Ligue Bissao-Guinéenne des Droits de l'homme, 62) International Society for Human Rights – The Gambia Group, 63) Syndicat National de la Presse Marocaine, 64 Lawyers for Human Rights, 65) Observatoire Panafricain de la Démocratie, 66) Comité International de la Croix-Rouge (Genève, 67)International Centre Against Censership, 68) Comité National des Droits de l'homme, 69) Commission Arabe Libyenne des Droits de l'homme, 70) Commission Béninoise des Droits de l'homme, 71) Fédération des Juristes Africains, 72) International Centre for Human Rights and Development, African Commission on Human and People'Rights.

À l'ouverture de sa douzième session, tenue à Banjul du 12 au 21 octobre 1992, le nombre d'organisations bénéficiant du statut d'observateur s'élevait à 72[244].

De par ses rapports de coopération, la Commission africaine se voit accorder une aide financière non-négligeable. Elle bénéficie du programme des services consultatifs et d'assistance technique de ses parte-

---

[244] *Voir Draft Rapport og the Eleventh Ordinary Session of the Africain Commission on Human and Peoples'Rights* (Tunis), Tunisia, 2-9 March, 1992, Doc. O.A.U ACHPR/RPT (XI), p.4 ; et *la liste des organisations jouissant du Statut d'observateur auprès de la Commission africaine des droits de l'homme et des peuples*, Doc. O.U.A AFR/COM/HPR/GEN/II.

naires. Elle bénéficie également de l'aide financière de certains gouvernements tels que les gouvernements suédois par le biais de l'Institut Raoul Wallenberg et danois par la voie du Danish International Dévelopment Agency, Danida.

Examinons maintenant la mission de protection des droits de la personne et des peuples de la Commission africaine. Elle consiste en l'examen des communications-plaintes déposées, soit par les États parties (art. 47), soit par des personnes privées, physiques ou morales (art. 55), pour cause des violations des droits et libertés de la personne ou des peuples.

À l'ouverture de la seizième session de la Commission africaine, tenue à Banjul du 25 octobre au 3 novembre 1994, le nombre total des plaintes ayant été enregistrées, soit par le Secrétariat général de l'OUA avant l'installation de la Commission africaine, soit par la Commission africaine s'élevait à 136[245]. Ce sont des plaintes avec des indications précises portant soit sur la qualité du requérant, ou ayant fait l'objet d'une décision sur la saisine de la Commission africaine, ou ayant fait l'objet d'une décision de recevabilité ou d'irrecevabilité, ou encore ayant fait l'objet d'un rapport transmis après clôture de l'instruction à la Conférence des chefs de l'État et de Gouvernement de l'OUA.

D'autres plaintes parmi les 136 précitées précisent, soit la nature de la procédure engagée (procédure ordinaire et cas d'urgence) ; soit la nature des affaires soumises à la Commission (civiles ou pénales) ; soit des décisions à prendre par la Conférence des chefs d'État et de gouvernement de l'OUA (condamnation ou non).

Mais, de ces 136 plaintes enregistrées, aucune n'émane d'un État partie à la Charte africaine, aucun rapport transmis par la Commission

---

[245] Voir lettre de M.G. BARICAKO, Secrétaire de la Commission Africaine des droits de l'homme et des peuples adressée à M.D. TURP, professeur à la Faculté de droit de l'Université de Montréal, 29 septembre 1994, Doc. ACHPR/INFO/A048(21) en annexe.

africaine pour décision à la Conférence des chefs d'État et de gouvernement de l'OUA n'a fait l'objet d'une publication ; aucune décision n'a été prise par la Conférence des chefs d'État et de gouvernement de l'OUA à la suite des plaintes soumises à la Commission africaine pour violation des droits et libertés de la personne et des peuples ; aucune procédure d'urgence engagée au titre des violations graves ou massives n'a reçu de suite de la part des présidents en exercice de l'OUA.

De même, parmi ces 136 plaintes qui demeurent encore pendantes à la douzième session de la Commission africaine, aucune n'a reçu de réponse de la part des États mis en cause[246].

La procédure d'examen des communications-plaintes se trouve décrite aux articles 48 à 52 et 55 à 57 de la Charte africaine. Cette procédure débouche sur un rapport contenant les faits et les conclusions assortis d'un avis de la Commission africaine qui est transmis à la conférence de Chefs d'État et de gouvernement de l'OUA (art. 53 et 58). La procédure suivie devant la Commission africaine revêt un caractère confidentiel. Elle est gratuite et l'intervention d'un avocat n'est pas nécessaire.

La procédure diffère selon que les atteintes portées aux droits de la personne et des peuples ont ou non le caractère de violations graves ou massives. Dans le cas où les atteintes ont un caractère de violations graves et massives, la situation commande le recours à des règles d'exception ; dans le cas contraire, c'est la procédure ordinaire, de droit commun, qui s'applique.

Les règles de la procédure ordinaire varient selon la qualité du requérant. Lorsque le requérant est un État partie à la Charte africaine et qu'il a de bonnes raisons de croire qu'un autre État partie à la Charte africaine a violé les dispositions de celle-ci, il peut, soit saisir directement la Commission africaine, soit se contenter d'un règlement négocié en obtenant de l'autre État des explications ou des déclarations qui lui donnent satisfaction. Sinon, dans un délai de 3 mois à compter de la date de ré-

---

[246] Voir NGUEMA, I., *op.cit.*, p.14 ; OUGUERGOUZ, F., *op.cit.*, pp.324-329.

ception de la plainte par l'État destinataire, l'un comme l'autre aura le droit de saisir la Commission africaine par une plainte notifiée à son Président, au secrétaire général de l'OUA et à l'autre État intéressé.

Lorsque le requérant est une personne autre qu'un État partie à la Charte africaine (personne physique ou morale, privée ou publique, africaine ou internationale), la Commission africaine sera saisie sur acceptation de la majorité de ses membres.

Toutefois, la procédure ordinaire obéit à des règles d'application générale à savoir : la Commission africaine ne peut connaître une affaire au fond qu'après s'être assuré que tous les recours internes ont été épuisés (s'ils existent) ou lorsque la procédure de ces recours se prolonge de façon anormale. Après instruction approfondie de la plainte et épuisement des voies d'un règlement amiable, la Commission adresse à la Conférence des chefs de l'État et de Gouvernement de l'OUA un rapport relatant les faits et les conclusions auxquels elle a abouti, assorti de recommandations appropriées pour la décision finale.

Lorsqu'il apparaît, à la suite d'une délibération de la Commission africaine, qu'une ou plusieurs plaintes relatent des situations particulières qui semblent révéler l'existence d'un ensemble de violations graves ou massives des droits de l'homme et des peuples[247], la Commission africaine déclenche la procédure d'urgence en attirant l'attention de la Conférence des chefs d'État et de gouvernement de l'OUA en session sur ces situations. La Conférence des chefs d'État et de gouvernement de l'OUA peut alors demander à la Commission africaine de procéder à une étude approfondie sur ces situations et de lui rendre compte dans un

---

[247] Comme ce fut le cas en Ouganda sous le régime de Idi Amin DADA où le nombre de victimes de ce régime était estimé à 250.000 personnes, et en Guinée Equatoriale sous le régime de Marcias NGUEMA où 50.000 personnes furent massacrées. *Cf. Uganda and Human Rights, Report of The International Commission of Jurists to The United Nations*, Geneva, I.C.J., 1977, 167 ; ARTUCIO, A., *op.cit.,* pp.32-34.

rapport circonstancié, accompagné de ses conclusions et ses recommandations.

Lorsque la Conférence d'État et de Gouvernement de l'OUA est hors session, la Commission africaine saisit le Président en exercice de l'OUA. Celui-ci peut demander à la Commission africaine une étude approfondie et un compte rendu dans un rapport circonstancié contenant ses conclusions et recommandations[248].

La garantie internationale est également assurée par l'obligation pour les États parties à la Charte africaine de présenter tous les deux ans un rapport sur les mesures législatives ou autres prises en vue de donner effet à la jouissance et à l'exercice effectifs des droits et libertés garantis dans la Charte africaine.

Après avoir élaboré et fourni aux États parties à la Charte africaine des lignes directrices concernant la forme et le contenu des rapports périodiques, la Commission africaine leur a demandé de lui présenter des rapports initiaux contenant des informations générales portant sur les aspects fondamentaux de leur législation relatifs à l'organisation des pouvoirs publics d'après la constitution ou le texte de loi en tenant lieu, de l'organisation judiciaire, du statut de la magistrature, de la Cour suprême et du Barreau.

Selon les informations disponibles, la Commission africaine a reçu à ce jour une dizaine de rapports soumis par le Cap-Vert, l'Egypte, la Gambie, la Jamahiriya arabe libyenne, le Nigéria, le Rwanda, la Sénégal, la Tanzanie, le Togo, la Tunisie, et le Zimbabwe. De même, la Commission africaine veille à ce que chaque organisation bénéficiant du statut d'observateur présente un rapport, au moins tous les deux ans, sur les activités qu'elle déploie en relation avec les missions de la Commis-

---

[248] Cette procédure d'examen des communications est semblable à celle instituée dans le cadre des Nations unies par la résolution 1503 (XL.VIII) du conseil économique et social. Cf. NGUEMA. I., *op.cit.,* p.8 ; MBAYE, K., *op.cit.,* pp.245-250 ; OUGUERGOUZ, F., *op.cit.,* pp.246-349.

sion africaine. A notre connaissance, aucune indication n'a été fournie par la Commission africaine à ce jour sur le nombre de rapports produits[249].

L'intervention de la Conférence de l'OUA

Le deuxième organe de promotion et de protection des droits, libertés et devoirs garantis dans la CHADHP est la Conférence des chefs d'État et de gouvernement de l'OUA. Elle dispose seule du pouvoir de décider en dernier ressort du sort à réserver aux rapports de la Commission africaine relatifs aux violations commises (art. 59 al. 2). Elle décide également de l'opportunité de publier (art. 59 al. 3) les rapports de la Commission africaine (art. 53, 58 al. 2 et 58 al. 3), véritables sanctions dont celle-ci dispose. La confidentialité qui entoure l'ensemble des mesures de sauvegarde des droits et libertés de la personne et des peuples prévues dans la CHADHP (art. 59 al. 1) reflète évidemment l'importance que les États africains parties à la CHADHP accordent à leur souveraineté. Cette confidentialité constitue l'expression d'une couverture mutuelle et d'un silence unanime par lesquels les dirigeants africains arrivent à se protéger des crimes relatifs à la violation des droits de la personne et des peuples et partant des règles de la démocratie. Par conséquent, elle fait obstacle à la pression que peut exercer l'opinion publique tant nationale qu'internationale sur la Conférence des chefs d'État et de gouvernement de l'OUA et sur l'État impliqué. Il convient de rappeler que la pression qu'exerce l'opinion nationale et internationale demeure l'ultime sanction en la matière, selon le professeur canadien John D. Humphrey[250].

Dans l'état actuel de choses, le droit international africain peut être considéré comme un pas dans la voie de la prise en compte des droits de

---

[249] Voir NGUEMA, I., *op.cit.*, p.13.

[250] Ce fut sous sa direction que fut rédigée la DUDH. Il fut aussi un observateur attentif au Congrès de Lagos en 1961 ; Voir également dans le même sens SUDRE, F., *op.cit.,* p.85 ; BUERGENTHAL, T./KISS, A., op.cit., p.140.

la personne et des peuples par les États africains. Il donne l'espoir à ceux qui croient que l'Afrique doit s'engager vers l'établissement de l'État de droit, centré sur la promotion et la protection des droits de la personne et des peuples. À ce titre, l'apport des conférences internationales précitées, du moins des mécanismes de mise en œuvre prévus et appliqués par celles-ci et ceux des deux autres organisations régionales, contribueront à tenter de combler la lacune ou le déficit que recèle le système africain de promotion et protection les droits de la personne et des peuples que nous analysons au chapitre suivant.

4

CHARTE AFRICAINE,
NOUVELLES TECHNIQUES
DE MISE EN ŒUVRE DES DROITS
ET PRATIQUE INTERNATIONALE

Rappelons que lors de la création du mécanisme de sauvegarde des droits de la personne et des peuples, les États africains privilégièrent la création d'un organe aux pouvoirs très limités, à savoir : la Commission africaine des droits de l'homme et des peuples. En effet, la Commission africaine a une vocation plutôt de promotion que de protection des droits et libertés. Ainsi, les États se réservèrent, par la Conférence des chefs d'État et de gouvernement interposée, un rôle essentiel dans le processus de contrôle des droits, libertés et devoirs garantis par la Charte africaine. Ils optèrent donc pour le mode de règlement politique des différends, lequel rappelle non seulement l'institution de la palabre, chère à la tradition africaine comme ils ne cessent de l'affirmer, mais le contexte de la guerre froide dans lequel coexistaient les États africains et le règne des régimes dictatoriaux sur le continent africain, constant des plaintes parvenues à la Commission africaine au sujet de ces violations. Pour ces raisons, nous sommes persuadés que deux idées méritent d'être sérieusement considérées. Il s'agit, d'une part, de l'idée d'un nouveau mécanisme politique et diplomatique de la dimension humaine en Afrique (section I), et d'autre part, de l'idée de renforcer la Commission africaine et de créer une Cour Africaine des droits de l'homme et des peuples (section II).

Les techniques politiques et diplomatiques de la dimension humaine en Afrique

Nous tenterons de voir dans quelle mesure, en nous inspirant du mécanisme politique et diplomatique de sauvegarde des droits de la personne tel qu'il est prévu et appliqué par les conférences internationales précitées, nous pourrions proposer un mécanisme de mise en œuvre des droits, libertés et devoirs garantis par la Charte africaine et par la Convention de l'OUA, cette dernière régissant les aspects propres aux problèmes des réfugiés en Afrique. Ce mécanisme pourrait combler les lacunes du système africain tel qu'il fonctionne actuellement en la matière. Pour ce faire, nous envisageons un nouveau mécanisme politique et diplomatique de la dimension humaine et un nouveau rôle politique pour la Conférence des chefs d'État et de gouvernement de l'OUA.

Un nouveau mécanisme politique et diplomatique de la dimension humaine pour l'Afrique

À notre époque, la philosophie des droits de la personne est devenue dominante. Le concept de droits de la personne est devenu prestigieux et attractif. Il tend à englober toutes les autres préoccupations comme la sécurité, la coopération, la coexistence pacifique, etc. Il apparaît comme l'antidote du totalitarisme[251].

---

[251] J. RIVERO souligne que : « *Si le débat idéologique touchant leur fondement et leur nature (des droits de l'homme) s'est assoupi, ils jouent un rôle croissant en tant que facteurs d'actions concrètes. Jamais sans doute les droits de l'homme n'ont été, autant qu'aujourd'hui, au centre des engagements et des conflits dont dépend l'avenir* ». Voir Rivero, J., *Les libertés publiques. Les droits de l'homme*, Paris, PUF, 1984, p.136.

En effet, c'est dans le cadre de l'OSCE que l'ex URSS avait consenti au recul du droit à la non-ingérence (principe consacré à l'article 2§7 de la Charte de l'ONU) en matière des droits de la personne[252]. Le droit à la non-ingérence constituait pour elle, tout comme pour la Chine jusqu'à ce jour, l'un des piliers du droit de la coexistence pacifique en matière de relations internationales. L'ex-URSS avait accepté de débattre les questions relatives aux droits de la personne, y compris celles ayant trait à des cas concrets, notamment la détention des dissidents au régime totalitaire en URSS et dans les pays de l'ancienne Europe de l'Est et le flux des dissidents vers l'Occident[253].

Au sein de l'OSCE, la question de la dimension humaine est traitée en vue de permettre une coexistence pacifique et une coopération sans précédent dans une Europe libérée du totalitarisme où les personnes jouissent et exercent librement leurs droits et libertés. Tandis que, concernant l'Afrique, c'est l'ampleur des mouvements de populations et des violations permanentes des droits et libertés ainsi que leurs conséquences désastreuses, fruits du totalitarisme et des tensions politiques occasionnées par la guerre froide également, qui nous incitent à nous pencher sur la question de la promotion et de la protection des droits de la personne et des peuples dans sa dimension humaine pour l'instant.

---

[252] Précisons que l'OSCE est née en pleine guerre froide et a connue son développement depuis la fin de celle-ci. Son action est orientée vers la transformation concrète de système totalitaire en systèmes démocratiques. Toutefois, les documents adoptés par l'OSCE sont des déclarations politiques que les États participants s'engagent à respecter. Ils ne sont pas des traités au sens de l'article 102 la Charte des Nations unies. Voir CSCE, *Acte final d'Helsinki, Suites de la Conférence,* reproduit dans E. DECAUX, *Sécurité et coopération en Europe, op.cit.,* p.84.

[253] C'est l'approche de la philosophie des droits de la personne sur le totalitarisme telle qu'elle a été envisagée au sein de l'OSCE qui justifie notre préférence de mettre plus l'accent sur l'OSCE. Voir THERRY, H., *op.cit.,* p.172 et DECAUX, E., *La Conférence sur la sécurité et la coopération en Europe (CSCE),* Paris, PUF, 1992, pp.4-6.

En effet, les problèmes que posent les mouvements de populations et les violations des droits et libertés peuvent être résolus sous deux aspects ; d'une part sous l'aspect des souffrances du réfugié au sens de la Charte africaine des droits de l'homme et des peuples et de la convention de l'OUA, et d'autre part, sous un aspect lié aux situations politiques, économiques et sociales, qui va au-delà du réfugié, englobant les problèmes des minorités ethniques et les problèmes humanitaires. Sous ces deux angles, l'action à mener nécessiterait des moyens de différentes sortes, notamment : les moyens institutionnels et les moyens sociaux et humanitaires[254].

Le cadre institutionnel de la nouvelle dimension humaine pour Afrique

Plusieurs solutions internationales et régionales ont été envisagées pour faire face au problème des mouvements des populations en Afrique, plus particulièrement pour le cas des réfugiés. Mais elles sont demeurées inefficaces à la lumière de ses résultats concrets enregistrés en Afrique[255]. Malgré l'intervention de la Commission africaine des droits de l'homme et des peuples, dont la contribution s'avère fort insi-

---

[254] Les moyens institutionnels consisteraient à apporter des solutions à la fois préventives et curatives aux problèmes des mouvements des populations africaines et des violations des droits et libertés tels qu'une Commission africaine pour les minorités, les réfugiés et les problèmes humanitaires et une Commission africaine pour la démocratisation. Nous proposons également les moyens sociaux et humanitaires, à savoir : la formation et l'aide en matière de droits de la personne et des peuples, y compris les sources possibles de financement de cette action de la Conférence des chefs d'État et de Gouvernement de l'OUA en la matière, lequel constituera le nouveau rôle politique qu'elle devrait jouer.

[255] Cf. Scandinavian Institue of African Studies, op.cit., p.6ss; MBAYE, K., *Les droits de l'homme en Afrique, op.cit.,* pp.258-271 ; surtout LUBIN, W., Pour une responsabilité internationale de l'ONU, en cas de violations des droits de l'homme au cours des opérations de Maintien de la paix : le cas de la Somalie, *Revue de la Commission Internationale de Juristes, n° 52, juin 1994,* pp.52-61.

gnifiante dans le cadre de sa mission de coopération[256], les résultats sont demeurés sensiblement les mêmes.

À cet effet, N. Bwakika[257] n'a pas hésité à clamer que :

« Dans la pratique, la stratégie de prévention signifie une meilleure coordination entre les différentes agences régionales comme l'OUA et celles des Nations unies, ainsi qu'une action au moment adéquat pour désamorcer une crise potentielle. Il faudrait que soient mis en place des coordinateurs permanents qui pourront superviser les initiatives humanitaires et politiques dans les zones les plus troublées du continent »[258].

Constatant les limites de la Commission africaine dans l'accomplissement de sa mission relative aux problèmes des réfugiés, son Président, le commissaire I. A. BADAWA, avait lancé, au cours de la 12ème session de la Commission africaine, un appel aux ONG, leur demandant leur assistance dans la préparation des séminaires et études portant sur les problèmes des réfugiés et apatrides en Afrique. Il a fait remarquer que : *« la Commission n'a ni les moyens nécessaires ni*

---

[256] Voir la Charte africaine des droits de l'homme et des peuples, article 45 al 3.

[257] Monsieur N. BWAKIKA est le directeur du bureau pour l'Afrique du HCR, voir HCR, *Réfugiés, op.cit.,* p.4.

[258] L'opération *« aidé humanitaire »* en Somalie constitue un précédent quant à la gestion de l'aide humanitaire. Plusieurs ONG, le HCR et l'État italien avaient manifesté leur désaccord avec les pratiques onusiennes en ce sens que l'aide humanitaire se chiffrait à 166 millions de dollars, tandis que les seules opérations militaro-humanitaires représentaient 1,5 milliard de dollars pour une période de 7 mois, voir R. CHARVIN, *la société internationale et l'humanitaire, régression, perversion et perspective,* dans Nord-Sud XXI, *Droits de l'homme, liberté,* N° 4, Genève 1993, p.7 ; HCR, *Réfugiés,* loc.cit.

l'expérience dont jouissent certaines ONG en matière des problèmes des réfugiés et apatride »[259].

Dès lors, en nous référant aux expériences du haut-fonctionnaire N. Bwakika et du commissaire I. A. Badawa, une institution permanente et efficace constituerait une solution appropriée en la circonstance pour combler les lacunes manifestement soulignées par ces derniers. Pour ce faire, nous proposons la création d'une Commission africaine pour la minorité, les réfugiés et les problèmes humanitaires.

La Commission africaine pour les minorités, les réfugiés et les problèmes humanitaires hériterait de la fonction actuellement dévolue à la Commission africaine des droits de l'homme et des peuples dans le cadre de sa mission de protection relative à la procédure d'urgence. Lorsqu'il apparaîtrait, pour reprendre les termes de l'article 58 al. 1 de la Charte africaine, qu'une ou plusieurs communications relatent des situations particulières qui révèlent l'existence d'un ensemble de violations graves ou massives des droits de la personne et des peuples, elle déclencherait immédiatement une procédure politique et diplomatique prévue à cet effet[260].

En outre, la Commission africaine pour les minorités, les réfugiés et les problèmes humanitaires devrait s'occuper des tâches qui sont dévolues à la Commission africaine des droits de l'homme et des peuples dans le cadre de sa mission de promotion, notamment les fonctions de

---

[259] La Société Africaine de Droit International et comparé, compte-rendu sur la 12ème session de la Commission africaine des droits de l'homme et de peuples tenue à Banjul (Gambie) du 12 au 21 octobre 1992, p.14.

[260] Cf. BUERGENTHAL, T./KISS, A., *op.cit.*, p. 140; DECAUX, E., *op.cit.*, p.5; THIERRY, H., *op.cit.,* p.69. Notons que le drame qui se produit dans la région des grands lacs africains, impliquent l'Ouganda, le Rwanda, le Burundi et le Zaïre dans un conflit politiques et militaire, démontre l'inefficacité pour ne pas dire l'absence des dispositifs mis sur pied par l'OUA. Cf. La déclaration de Madame Emma BONINO, Commissaire européenne à l'action humanitaire dans le Communiqué de l'Agence France Presse (AFP) du 22 décembre 1996.

recherche, de documentation, d'information, de consultation et de sensibilisation. Ainsi donc, elle rassemblerait de la documentation. Elle entreprendrait des études et des recherches sur les problèmes des droits de la personne et des peuples touchant les minorités, les réfugiés et les problèmes d'assistance humanitaire. Elle organiserait aussi des séminaires, des colloques et des conférences y afférent. Elle diffuserait ces informations en langues vernaculaires africaines avec le soutien des organismes internationaux, nationaux et locaux s'occupant des minorités, des réfugiés et d'assistance humanitaire.

La Commission africaine pour les minorités, les réfugiés et les problèmes humanitaires se verrait également investie de la fonction de coopération et de collaboration avec les institutions africaines ou internationales qui s'intéressent aux problèmes touchant les minorités, les réfugiés et l'assistance humanitaire[261]. Le Bureau de placement et d'éducation des réfugiés africains (BPERA) serait placé sous la supervision de la Commission africaine pour les minorités, les réfugiés et les problèmes humanitaires.

La Commission africaine pour les minorités, les réfugiés et les problèmes humanitaires agirait, dans l'accomplissement de ses fonctions, soit de sa propre initiative lorsque l'ensemble de la situation dans un État africain exigerait son action, soit à la notification d'une ou plusieurs plaintes provenant des personnes physiques ou des ONG relatant un ensemble de violations graves ou massives des droits de la personne ou

---

[261] Voir ONU : *Assemblée général, Additif au rapport du Haut Commissaire des Nations unies pour les réfugiés*, Doc. Off. Quarante-septième session, sup. N° 12A (A/4712/Add) New York 1993, p.13ss ; HCR : *Conclusions sur la protection international des réfugiés adoptée par le comité exécutif du Programme du HCR,* Genève, 1991, p.7 ; NGUEMA, I., La Commission africaine des droits de l'homme et des peuples, *op.cit.,* p.3 ; La société africaine de droit international et comparé, *op.cit.,* p.2 et 13 ; MAINVERNI, G., Le projet de la Convention pour la protection des minorités élaboré par la Commission européenne pour la démocratie par le droit, RUDH 1991, vol. 3, n° 5, p.157ss.

des peuples en temps de paix tout comme en temps de guerre, soit à la demande d'un État africain en cas des révoltes internes ou d'agression étrangère. Elle déclencherait immédiatement une procédure politique et diplomatique prévue à cet effet comme nous l'avons indiqué précédemment.

Rappelons que le phénomène des mouvements des populations en Afrique est le résultat, dans la majorité des cas, des actes commis par des régimes totalitaires en place. Or, la récente démocratisation en cours dans un nombre croissant des États africains se nourrit de la revendication du respect des droits, libertés, et devoirs de la personne et des peuples, c'est-à-dire de l'établissement de l'État de droit, dans lequel l'autorité n'aura que les pouvoirs et compétences qui lui seront expressément attribués, et le citoyen n'aura que des droits, libertés et devoirs qui lui seront explicitement reconnus et imposés. C'est dans cette nouvelle perspective que la Commission africaine surveille le déroulement du processus démocratique en Afrique de 1991 à ce jour.

Cependant, il s'avère que, depuis que la Commission africaine des droits de l'homme et des peuples entreprend des missions d'observation des élections à travers le continent africain, elle a, maintes fois, manifester ses limites quant à assumer cette nouvelle tâche. Déjà, au cours de sa 12ème session, le commissaire Ndiaye avait présenté un rapport sur la mission d'observation des élections au Mali, dans lequel, il souligna les difficultés rencontrées par sa délégation pour assurer cette charge[262]. Suite à ces faits, la majorité des commissaires s'opposent à la surcharge des fonctions sans moyens adéquats que leur impose l'OUA comme en témoigne cet extrait du compte-rendu d'une des sessions de la Commission africaine.

---

[262] La mission d'observation des élections au Mali était composée de quatre membres dont les commissaires Robert Habesh Kisanga, Youssoupha Ndiaye, Isaac Nguema et le Secrétaire de la commission Mutsingi Ngabishema.

« Plusieurs membres ont émis des réserves sur cette initiative et se sont demandés s'il n'est pas trop tôt pour la Commission d'entreprendre de telles missions. Ils ont souligné qu'à ce stade de développement de la Commission, elle ne peut pas réaliser des missions d'observation là où il y aura des élections en Afrique. À l'issue de ce débat, le Président de la Commission a demandé qu'une lettre soit adressée au Secrétaire général de l'OUA lui demandant d'avertir la Commission quand l'organisation entreprend des missions d'observation »[263].

Dès lors, il nous paraît pertinent de proposer aussi la création d'une Commission africaine pour la démocratisation.

En effet, la Commission africaine pour la démocratisation serait une institution chargée d'analyser toute la problématique de la démocratisation et d'y apporter des solutions en tenant compte de la réalité politique, économique, sociale et culturelle de chaque État. Elle organiserait le processus de la démocratisation en Afrique en apportant son soutien au processus électoral. Ce rôle est joué jusqu'à maintenant par la Commission africaine des droits de l'homme et des peuples et l'Institut National Démocratique pour les affaires internationales, mais de façon non satisfaisante[264].

Comme l'existence d'un État démocratique suppose un processus électoral périodique, les missions de soutien au processus électoral de la Commission africaine pour la démocratisation pourraient être groupées en trois types, en fonction de la nécessité en présence.

Premièrement, la Commission africaine pour la démocratisation aurait à effectuer des missions exploratoires d'analyse et d'évaluation. Ce

---

[263] La société africaine de Droit International et comparé, *op.cit.*, p.15 ; le souligné est de nous.

[264] Voir Institut National Démocratique pour les affaires internationales : *Une évaluation des élections de 11 octobre 1992 au Cameroun,* Yaoundé, 1993, pp.5-20.

type de mission aura pour objectif de définir l'aide à privilégier selon les ressources disponibles. Les commissaires entreprendraient une vaste consultation auprès des institutions légitimes en place : les membres du gouvernement national, les autorités civiles locales, les autorités religieuses, les membres de la presse, des partis politiques et des ONG représentant divers groupes de nationaux. Les commissaires procéderaient ensuite à l'analyse et à l'évaluation de l'infrastructure électorale dans ses aspects législatifs, organisationnels et logistiques, de l'implication de la population (leur volonté et leur confiance). Enfin, la Commission africaine pour la démocratisation établirait un rapport d'évaluation contenant des recommandations sur le soutien au processus électoral, les chances de succès et les ressources requises, rapport qu'elle adresserait à toutes les parties nationales consultées, au président en exercice de l'UA et aux pays et organisations bailleurs de fonds.

Deuxièmement, toujours selon la nécessité, la Commission africaine pour la démocratisation aurait à effectuer des missions d'assistance technique. Ce type de mission comporterait deux grands volets, soit la fourniture des ressources matérielles et l'envoi des conseillers techniques.

La fourniture des ressources matérielles comprendrait le matériel électoral tel que les bulletins de vote, urnes, isoloirs, encre, et des équipements tels que les systèmes de communication, les photocopieurs, les ordinateurs, les véhicules, etc.

L'envoi des conseillers techniques pourrait se présenter comme une aide précieuse à l'élaboration des lois électorales, à la rédaction de procédures électorales, à la réalisation d'un programme d'éducation civique.

Troisièmement, toujours en fonction de la nécessité, la Commission africaine pour la démocratisation aurait à effectuer des missions d'observation électorale. Par ce type de mission, la Commission africaine pour la démocratisation viserait à accroître la confiance des électeurs. Elle favoriserait leur participation au scrutin et elle jugerait à la face des électeurs et de la communauté internationale si un processus électoral s'est déroulé dans le calme, l'ordre et le respect de la loi électorale et des règles démocratiques généralement reconnues[265].

Pour des raisons d'efficacité, nous proposons que toute aide internationale, provenant des États donateurs ou des bailleurs de fonds, soit fournie directement à la Commission africaine pour la démocratisation qui la gérerait pour accomplir adéquatement ses missions.

La Commission africaine pour la démocratisation agirait, soit de sa propre initiative lorsque l'ensemble de la situation dans un État africain exigerait son action, soit à la demande d'un État africain, soit à la demande des autres parties prenantes nationales au processus de démocratisation autres que l'État. Dans ce dernier cas, elle déclencherait immédiatement une procédure diplomatique prévue à cet effet.

Dans le souci de souplesse de l'action de la Commission africaine pour les minorités, les réfugiés et les problèmes humanitaires et de la Commission africaine pour la démocratisation, il serait souhaitable que ces deux institutions soient permanentes et indépendantes, et que leurs sièges soient situés dans un endroit plus accessible aux différents moyens de communication[266], que la composition de chacune d'elles soit de deux membres par sous-régions reconnues par l'UA à laquelle il faudrait ajouter un secrétaire pour chaque commission, enfin que le

---

[265] Voir La Commission constitutionnelle de la république du Burundi : *Rapport sur la démocratisation des institutions et de la vie politique au Burundi,* Bujumbura, Août 1991, pp.5-45.

[266] Il faudrait qu'ils soient établis dans un État qui a ratifié la Charte africaine des droits de l'homme et des peuples et la Convention de l'OUA, qui offrirait les facilités importantes et substantielles d'installation, de travail et de recherche tant au point de vue humain que matériel. Cf. La recommandation de la Commission africaine des droits de l'homme et des peuples, AFR/COM/HPR/REC.3(III), du 28 avril 1988, citée dans MBAYE, K., *Les droits de l'homme en Afrique, op.cit.,* p.220.

statut et les compétences prévues pour les membres de la Commission de médiation, de conciliation et d'arbitrage leur soient appliquées mutatis mutandis.

Nous tenons à souligner au passage que l'Afrique subsaharienne doit sa reconnaissance au Conseil de l'Europe (surtout à certains pays en son sein tels que la France, la Belgique, la Suède et la Norvège), à la Francophonie et le Commonwealth (au sein desquels le Canada s'est distingué) pour leur appui combien considérable au processus de la démocratisation et pour leur participation effective au processus électoral en Afrique. Les mérites des ONG, tant européennes qu'américaines, particulièrement la Fondation Carter, n'ont plus, à notre avis, besoin d'être démontrés.

Une procédure politique et diplomatique relative à la dimension humaine

Dans le cadre de la dimension humaine en Afrique, l'OUA avait prévu un seul mécanisme politique et diplomatique. Celui-ci est énoncé dans la Convention de l'OUA régissant les aspects propres aux problèmes des réfugiés en Afrique. L'article 9 de la Convention de l'OUA fixe la compétence de la Commission de médiation, de conciliation et d'arbitrage de l'OUA en matière de règlement des différends relatifs aux problèmes des réfugiés en Afrique en ces termes :

> « Tout différend entre États signataires de la présente convention qui porte sur l'interprétation ou l'application de cette convention et qui ne peut être réglé par d'autres moyens doit être soumis à la Commission de médiation, de conciliation et d'arbitrage de l'Organisation à la demande de l'une quelconque des parties au différend ».

En effet, cette Commission n'avait jamais réellement fonctionné. La principale raison en est qu'elle était restée totalement soumise au contrôle direct des États africains. Comme l'a noté M. A. Glele[267], F. Borella affirme que cette Commission était apparue, aux yeux de certains Chefs d'État et de gouvernement, comme l'officialisation par l'OUA d'un organe dont la philosophie juridique est nettement occidentale et étrangère à la tradition africaine[268].

M. Bedjaoui décrit cette tradition dans les termes suivants :

« L'Afrique n'a pas eu exactement à effectuer un choix manichéen entre le 'Sage ' conciliateur, mais faible (la procédure conciliatoire) et le 'Prince' médiateur, mais puissant (la procédure judiciaire). Elle a eu sa manière réaliste de préparer les temps sereins, mais encore lointains où la primauté du droit ne serait pas qu'une illusion généreuse et s'est attachée pour l'heure à institutionnaliser le règlement politique par souverains, la justice des pairs, l'arbitrage relationnel du Conseil des Ministres et le règlement diplomatique du forum constitué par la famille africaine[269]. »

Prenant en considération scrupuleusement cette réalité, nous proposons un nouveau mécanisme politique et diplomatique de la dimension humaine en Afrique. La procédure de ce nouveau mécanisme serait identique à la fois pour la Commission africaine pour les minorités, les réfugiés et les problèmes humanitaires et pour la Commission africaine pour la démocratisation, lorsqu'il adviendrait que celles-ci interviennent selon les nécessités qui se manifesteraient compte tenu des besoins de « *nouveauté* » qu'exigent les récentes mutations en Afrique.

La procédure politique et diplomatique souhaitable s'inspirerait du modèle procédural prévu et appliqué par l'Organisation sur la sécurité et

---

[267] Voir supra, chapitre I, section II, sous-section II, p.55, note 129.

[268] BORELLA, F., *Le système juridique de l'OUA*, dans *Annuaire François de Droit international*, 1971, pp.233-254.

[269] Voir BEDJAQUI, M., *Le Règlement pacifique des différends africains*, dans *Annuaire Français de Droit international*, 1972, pp.85-99.

la coopération en Europe (OSCE), qui nous paraît, jusqu'à présent, comme un modèle de référence en la circonstance[270], mais adapté aux besoins africains[271].

Ainsi, nous examinerons d'abord la procédure de la dimension humaine de l'OSCE. Ensuite, nous passerons en revue la procédure politique et diplomatique qui était celle de la Commission de médiation, de conciliation et d'arbitrage. Et enfin, nous envisagerons une nouvelle procédure politique et diplomatique relative à la dimension humaine pour l'Afrique. Il est à noter que la mise en œuvre des dispositions de l'acte final d'Helsinki et autres documents de l'OSCE relève des pouvoirs publics, des initiatives privées et des organes de l'OSCE[272].

La procédure de la dimension humaine de l'OSCE se déroule en quatre phases selon que la situation évolue sans compromis satisfaisant ou non, et de la façon suivante :

Première phase : les États concernés conviennent d'échanger des informations et de répondre aux demandes d'informations et aux représentations qui leur sont faites par d'autres États participants, sur des questions relatives à la dimension humaine, sans alléguer une ingérence dans les affaires internes, dans un délai de dix jours.

Deuxième phase : les États concernés doivent se réunir afin d'examiner des questions relatives à la dimension humaine de l'OSCE, y

---

[270] DECAUX, E., La Conférence sur la société et la coopération en Europe (CSCE), op.cit., p.100ss ; GHEBALI, V-Y., *La diplomatie de la détente : la CSCE, 1973*. Bruxelles, Bruylant, 1989, p.94ss ; BUERGENTHAL., T./KISS, A., op.cit., p.87 ; THIERRY, H., loc.cit.

[271] NGUEMA, I., *Entretien obtenu à Montréal le 12 octobre 1992, non publié.*

[272] Cf. VIGNY, J.-D., Le document de la réunion de Copenhague de la conférence sur la dimension humaine de la CSCE, RUDH 1990, Vol. 23 n° 9, pp.305-306 ; TRETTER,H., La réunion de Paris sur la dimension humaine de la CSCE et les droits de l'homme dans le Document de clôture de la réunion de Vienne adopté le 15 janvier 1989, RUDH 1989, pp.288-290 ; DECAUX, E., op.cit., p.90ss.

compris des situations et des cas spécifiques, en vue de les résoudre dans un délai d'une semaine (par exemple le cas des dissidents dans l'ancienne Europe de l'Est, dont le Président Vaclav Havel, et les limites à la liberté d'aller et venir en ex-URSS).

Troisième phase : en cas d'échec de la phase bilatérale, il est prévu de porter les situations ou les cas spécifiques à l'attention des autres États participants de l'OSCE. Un État peut demander à l'État mis en cause d'accepter d'inviter une mission d'experts chargée d'étudier sur son territoire une question particulière ayant trait à la dimension humaine de l'OSCE. En cas de refus, l'État peut, avec le soutien d'au moins cinq autres États participants, demander la constitution d'une mission de rapporteurs de l'OSCE avec l'aide du Bureau des institutions démocratiques et des droits de l'homme (BIDDH)[273].

Quatrième et dernière phase : un État peut saisir l'OSCE de la question à l'occasion d'une réunion consacrée à la dimension humaine ou d'une réunion principale des Suites. En cas d'urgence, une procédure de crise, pleinement autonome, permet aux États de passer directement à l'action sur le terrain, sans utiliser les étapes intermédiaires du mécanisme de la dimension humaine de l'OSCE[274].

---

[273] L'illustration demeure la démarche et les négociations ayant abouti à la constatation et à la confirmation de la victoire électorale de l'opposition en Serbie lors des élections municipales tenues en novembre 1996. Voir Le rapport du 17 novembre 1996 du Président de la CSCE, Mr F. GONZALEZ, ancien Chef du gouvernement espagnol, lequel concluait que l'opposition avait remporté les élections municipales du 17 novembre 1966 dans 14 des 18 plus grandes villes serbes. La CSCE avait demandé au gouvernement serbe de Belgrade de rétablir les résultats initiaux. Agence France Presse avec Gobe Online, du 28 décembre 1996.

[274] Voir CSCE, *Document de Prague sur le développement ultérieur des institutions et structure de la CSCE, le document de Moscou et le Document d'Helsinki 1992, les défis du changement,* dans *RUDH 1992*, p.137 et p.251ss ; DECAUX, E., op.cit., p.104ss.

Ce rappel de la procédure de la dimension humaine de l'OSCE étant fait, revenons à l'Afrique. Comme les autres organes de l'OUA, la Commission de médiation, de conciliation et d'arbitrage est subordonnée à la Conférence de l'OUA[275]. Les vingt et un membres de la Commission devaient justifier de compétence reconnue (art. 2 al. 1 et 3 du Protocole)[276]. E. Kwam Kouassi rapporte que la nature de cette compétence n'était pas précisée, mais compte tenu des tâches que la Commission avait à entreprendre, on peut déduire que cette compétence devrait être juridique, politique ou diplomatique. La preuve en est que la première Commission fut composée de six magistrats, quatre avocats, trois professeurs de droit, trois jurisconsultes, trois ambassadeurs et deux parlementaires[277].

Seuls les États africains, les Conseil des ministres et la Conférence des chefs d'État et de gouvernement de l'OUA constituaient les institutions compétentes pour saisir la Commission aux termes des articles 12 à 14 du Protocole. La procédure prévue devant la juridiction de la Commission pour le règlement d'un différend était la suivante :

- D'abord l'État pouvait donner son consentement à se soumettre à la juridiction de la Commission par un engagement préalable écrit ou par la soumission du litige à la Commission ou par l'acceptation de la part de cet État de la juridiction relative à un litige déféré à la Commission par un État, par le Conseil des mi-

---

[275] La Commission de médiation, de conciliation et d'arbitrage est instituée en vertu de l'article 12 de la Charte de l'OUA de 1963 ; voir également QUENEUDEC, J.-P., « La Commission de médiation, de conciliation et d'arbitrage de l'OUA », *Annales Africaines* 1966, pp.6-44 ; ELIAS,T., O., « The Commission of Mediation, Conciliation and Arbitration of the Organization of Africain Unity », BYLL, Vol.40, 1964, pp.336-354.

[276] Cf. BOUTROS GHALI, B., *L'Organisation de l'Unité Africaine*, Paris, Armond-Colin, 1969, p.121.

[277] Voir KWAM KOUASSI, E., *op.cit.*, pp.119-120.

nistres et la Conférence des chefs d'État et de gouvernement (art. 14 du Protocole)[278].

- Ensuite, une fois que le litige était porté devant la Commission, celle-ci était maître des méthodes de travail qu'elle estimait nécessaires et efficaces pour régler le différend et établissait son propre règlement intérieur (art. 9 du Protocole).

- Enfin, la Commission (son bureau) devait consulter les parties pour déterminer la manière appropriée de régler le litige (art. 7 du Protocole). Les parties au litige pouvaient décider de recourir soit à la médiation[279], soit à la conciliation[280], soit à l'arbitrage[281].

La compétence de la Commission (art. 12 du Protocole) se limitait uniquement aux litiges entre États. La question qui se pose est celle de savoir ce qui en serait des différends qui surgiraient entre un État et une personne physique ou une personne morale, ou entre un État et le Conseil des ministres ou la Conférence des chefs d'État et de gouvernement.

---

[278] L'article 14 du Protocole s'inspire de l'art. 36 du Statut de la Cour internationale de justice, CNUCIO, Vol. 15, p.365 ; voir également MAVUNGU M-di-N., *Le Règlement judiciaire des différents interétatiques en Afrique, op.cit.*, pp.120-123.

[279] Nous pouvons dire, concernant la médiation, que son caractère institutionnel envisagé par le Protocole (art.20 et 21) le rendait inopérant dans le contexte africain en ce sens que ne pouvait être considéré comme médiateur en l'espèce qu'un Chef d'État. Un autre médiateur n'était pas concevable dans la mesure où la personnalisation présidentielle ou monarchique des conflits interafricains entraîne la personnalisation présidentielle ou monarchique de la procédure de règlement.

[280] Comme pour la médiation, la conciliation n'a pas fonctionné dans le cadre du Protocole (art. 22 à 26) si ce n'est qu'en marge de celui-ci. Elle a été aimantée par les souverainetés, échappant aux mains des experts, pour devenir une procédure étatique dans le cadre des commissions et autres comités ad hoc.

[281] L'arbitrage prévu par le Protocole (art. 27 à 31) est une procédure juridictionnelle et les États africains se sont détournés très tôt des modes juridictionnels de règlement des différends.

Du silence du Protocole et de la limitation de la compétence de la Commission aux seuls différends inter-étatiques, nous pouvons conclure que les autres différends étaient exclus[282].

En définitive, c'est le consentement des États, gage de la prévalence des souverainetés étatiques et présidentielles, qui demeurait déterminant pour rendre effective la compétence de la Commission, car même si le Conseil des ministres ou la Conférence des chefs d'État et de gouvernement de l'OUA pouvaient saisir la Commission d'un litige, ils ne pouvaient obliger un État à comparaître devant la Commission ni à s'exécuter[283].

Plusieurs initiatives de réactivation de la Commission furent tentées, mais elles sont demeurées infructueuses. L'absence de toute résolution sur cette question jusqu'à la vingt-neuvième session de l'OUA nous amène à constater la réification de la question[284].

Ayant constaté cet échec, tentons de voir comment le tout pourrait être remplacé. Dans ce contexte, la procédure politique et diplomatique souhaitable pour la dimension humaine en Afrique pourrait se dérouler, selon que la situation évolue avec ou sans compromis satisfaisant, comme suit :

- D'abord une requête serait adressée auprès de la Commission africaine pour les minorités, les réfugiés et les problèmes humanitaires ou auprès de la Commission africaine pour la démocratisation, suivie d'une réponse des informations de l'État concerné ou mis en cause dans un délai d'une semaine (7 jours) ;

---

[282] Cf. KWAM KOUASI, E., *op.cit.*, p.120 ; JOUVE, E., l'OUA, *op.cit.*, p.76.

[283] Cf. KAMTO, M/PONDI, J.-E./ZANG, L., *op.cit.*, p.35 ; KWAM KOUASSI, E., *op.cit.*, p.118 ; JOUVE, E., l'OUA, *op.cit.*, p.77 ; MAVUNGU, M.,-di-N., *op.cit.*, p.122.

[284] Voir OUA, *Résolutions et Recommandations adoptées par le Conseil des ministres de l'OUA*, Résolution CM/Rés 628 (XXXI), Addis-Abeba, Tome I, février 1987, p.101, Tome II, p.424 ; *Jeune Afrique*, n° 194 du 24 au 30 juin 1993, pp.24-25.

- Ensuite, une réunion bilatérale aurait lieu entre l'une ou l'autre des Commissions africaines, selon le cas, et l'État concerné ou mis en cause dans un délai de 3 jours pour évaluer la situation de fait et trouver une solution de compromis relative à cette situation. La réunion bilatérale serait suivie, selon la nécessité, d'une mission des experts mandatée par l'une ou l'autre des Commissions africaines, même sans le consentement de l'État concerné ou mis en cause, sur le lieu ou dans l'État en question. La Commission africaine pour les minorités, les réfugiés et les problèmes humanitaires et/ou la Commission africaine pour la démocratisation saisira le Président en exercice de l'UA à chaque phase de la procédure qu'elles auront accomplie pour que celui-ci puisse user de son influence et qu'il puisse exercer, le cas échéant, plus de pressions morales et politiques sur l'État concerné ou mis en cause, afin que les Commissions puissent passer directement à l'action sur le terrain[285].

---

[285] Les délais proposés, nous les justifions à la lumière des situations déjà survenues en Afrique, à titre d'exemple, lors de l'assassinat du Premier Président de l'histoire du Burundi élu au suffrage universel, Melchior NDADAYE, Hutu, de quelques membres de son Parlement et de son gouvernement et un nombre considérable de citoyens par l'armée Tutsi le 20 octobre 1993. En l'espace d'une semaine, aucune action effective n'avait été ni initiée, ni prise au niveau de l'OUA, ce malgré l'appel à l'ordre de la Belgique à l'égard de l'OUA, rappelant le rôle actif qu'elle devait jouer, conformément au mécanisme de prévention et de gestion des conflits qu'elle devait créer pour y faire face. Cf. HOUART, F./COULSAET, R., *L'Afrique subsaharienne en transition*, Bruxelles, Les documents du GRIP, n° 198, 2/95, pp.47-50 ; *Journal la Presse*, Montréal, du mercredi 27 octobre 1993, p.9 ; Journal télévisé France 2 Soir du mardi 26 octobre 1993. Le conflit somalien de 1992 aurait pu être évité grâce à une intervention préventive rapide et efficace, et sans attendre, comme on l'a fait, la résolution 794 du Conseil de sécurité des Nations unies du 3 décembre 1992 sur la Somalie. Voir également R. CHARVIN, *op.cit.*, pp.7-8.

- Enfin, le Président en exercice de l'UA porterait la question à la connaissance de la Conférence des chefs d'État et de gouvernement de l'UA pour que cette dernière puisse user de toute son influence politique et de son poids diplomatique pour qu'une solution urgente, de compromis et satisfaisante, soit trouvée à la question qui lui serait déférée[286].

Par souci du pragmatisme, d'efficacité et d'autonomie, les deux Commissions précitées seraient placées en liaison permanente avec le Président en exercice de l'UA, représentant de la Conférence des chefs d'État et de gouvernement durant l'intersession, qui pourrait convoquer une session extraordinaire de l'UA lorsque les circonstances l'exigeraient[287]. Le Président en exercice de l'UA joue un rôle essentiel dans le processus de contrôle des droits et libertés garantis par la Charte africaine[288]. Ainsi, les deux Commissions précitées éviteraient de tomber

---

[286] Tout récemment en République Centrafricaine, plus exactement en décembre 1996, c'est une Commission africaine ad hoc de la Francophonie qui se porta au secours de la démocratie centrafricaine menacée par une mutinerie militaire en vue d'un coup d'État. La Commission ad hoc était composée des Présidents Omar BONGO du Gabon, Idriss DEBIE du Tchad et Blaise COMPAORE du Burkina Fasso. L'OUA, aurait pu mener une action appréciable si elle disposait d'une institution appropriée pour ce genre de mission. D'où, la nécessité d'une institution permanente comme la Commission africaine pour la démocratisation.

[287] L'article 9 de la Charte de l'OUA et l'article 5 du Règlement intérieur précisent que le Président en exercice de l'OUA a la possibilité d'exercer une magistrature d'influence d'un sommet à l'autre. Il personnifie l'OUA, dont il apparaît comme la cheville ouvrière. Voir E. JOUVE, l'OUA, *op.cit.*, p.57 ; M. KAMTO/J.E. PONDI et L. ZANG, *op.cit.,* p.45.

[288] Le Président en exercice de l'OUA peut confier à la Commission africaine l'exécution de toutes tâches désirées (art. 45 al 4 de la Charte africaine). Il peut proposer l'inscription d'une question à l'ordre du jour provisoire de la Commission africaine sur la base duquel est adopté l'ordre du jour de chaque session (art. 6 al 3 et 8 du Règlement intérieur). Il peut demander la convocation d'une session extraordinaire de la Commission africaine au Président de celle-ci (art. 3

en désuétude comme ce fut le cas de la Commission de médiation, de conciliation et d'arbitrage, dont la fossilisation quasi instantanée tint autant à la personnalisation des différends interafricains qu'à la nature des mécanismes prévus par le Protocole du Caire du 21 juillet 1964[289].

Conformément à l'article 20 de la Charte de l'OUA, c'est par le moyen législatif, comme un protocole additionnel, que pourraient être instituées les deux Commissions africaines préconisées.

Nous tenons à rappeler, de façon incidente, que l'Assemblée générale des Nations unies avait adopté le 8 décembre 1988 la résolution 43/131 (d'origine française) intitulée : « *Assistance humanitaire aux victimes des catastrophes naturelles et situations d'urgence du même ordre* ». Cette résolution comporte le principe de subsidiarité à finalité

---

al u Règlement intérieur). Cf. OUGUERGOUZ, F., *op.cit.*, pp.355-357 ; DJENA WEMBOU, M.C., *l'OUA à l'aube du XXIè siècle : Bilan, diagnostic et perspectives,* Paris, L.G.D.J., 1995, pp.292-298.

[289] Le caractère personnel des différends interafricains découle d'une conception du pouvoir selon laquelle l'État est coulé dans la personne du Chef de l'État. La personnification de l'État transforme alors les différends entre États en conflits inter-individus, en rivalités entre régimes et entre Chefs d'États. Il en était ainsi par exemple du conflit entre le Ghana de NKRUMAH et ses voisins francophones (le Sénégal de SENGHOR et la Côte d'Ivoire de HOUPHOUET-BOIGNY) qui étaient en fait une opposition des chefs d'État de ces pays au militantisme de NKRUMAH (panafricaniste) du coup d'État qui renversa NKRUMAH alla raviver la querelle qui opposait déjà Sékou TOURE (panafricaniste) à SENGHOR et HOUPHOUET-BOIGNY (régionalistes) du conflit qui opposa le Gabon de BONGO à la Guinée Equatoriale de Macias NGUEMA en 1972, du conflit opposant la Tanzanie de Julius NYERERE à l'Ouganda d'Idi AMIN du conflit qui opposa l'Ouganda d'Idi AMIN au Kenya de Jomo KENYATTA en 1975, du conflit frontalier entre le Burkina Faso et le Mali qui se transforma en un antagonisme entre Thomas SANKARA et Moussa TRAORE en 1985. Il en est ainsi aujourd'hui du conflit entre le Ghana de RAWLINGS (démocratique) et le Togo d'EYADEMA (dictatorial). Cf. M. KAMTO/J.E. PONDI/L.ZANG, *op.cit.,* pp.35-37 ; MAVUNGU, M.-di-N., *Le Règlement judiciaire des différends interétatiques en Afrique, op.cit.*, pp.190-428.

humanitaire (il offre à l'État sur le territoire duquel la catastrophe surgit la priorité de l'action) assorti du droit des victimes à être secourues et de l'exigence d'un libre accès aux victimes qui suppose des couloirs d'urgence humanitaire[290].

Pour sa part, la Cour internationale de justice admet que l'assistance humanitaire doit se limiter aux fins consacrées par la pratique de la Croix-Rouge, à savoir : la Croix-Rouge s'efforce de prévenir et d'alléger en toutes circonstances les souffrances des Hommes dans son aspect international et national. Elle tend à protéger la vie et la santé ainsi qu'à faire respecter la personne humaine. Elle favorise la compréhension mutuelle, l'amitié, la coopération et une paix durable entre tous les peuples. Elle ne fait aucune distinction de nationalité, de race, de religion, de condition sociale ou d'appartenance politique. Elle s'applique seulement à secourir les individus à la mesure de leur souffrance et à subvenir par priorité aux détresses les plus urgentes[291].

En général, l'ingérence (l'intervention) peut être matérielle ou immatérielle. Elle est matérielle lorsqu'elle comporte une incursion physique sur le territoire étranger. Tels furent les cas des interventions de la Belgique au Congo (Zaïre) en 1964 ; d'Israël à l'aéroport d'Entebbe (Ouganda) en 1976 ; de la France au Shaba (Zaïre) en 1978 ; de la RFA en Somalie en 1978 ; de la Tanzanie en Ouganda en 1979, de la France à Kinshasa (Zaïre) en 1991, des États-Unis en Somalie en 1992. L'ingérence est immatérielle lorsqu'elle consiste à s'immiscer dans les affaires intérieures de l'État étranger en prenant position sur son régime

---

[290] Voir BETTATI, M., *Un, droit d'ingérence*, (1991), 95 RGDI, pp.654-664.

[291] Cf. *Affaires des activités militaires et paramilitaires au Nicaragua*, Arrêt du 26 juin 1986 § 242 et 243, reproduite dans J.-Y MORIN, F.RIGALDIES et D.TURP, Droit international public : notes et documents, Montréal, Thémis, 1987, p.983 ; TORRELLI, *Le Droit international humanitaire*, Paris, PUF, 1985, p.103ss. Rappelons qu'en 1968, lors de la guerre du Biafra, le Cameroun avait refusé de laisser passer les convois de la Croix-Rouge au nom d'un principe de neutralité ; BETTATI, M., *op.cit.*, p.658.

politique, économique et social en vue de le faire changer par la mobilisation des médias et l'usage de pressions diverses (par exemple, les sanctions de l'Occident contre la Libye[292].

En somme, nous prenons à notre compte les conclusions de M. Bettati que :

> « L'essor des droits de la personne et du droit humanitaire depuis une décennie a tempéré l'exclusivisme dans les affaires qui relèvent de la compétence nationale d'un État. Les droits de la personne et le droit humanitaire ont permis l'éclosion récente d'une nouvelle norme du droit international selon laquelle la protection de la personne, une sorte de patrimoine commun de l'humanité, au même titre que l'environnement, ne dépend plus de la seule autorité de l'État dont il est ressortissant mais mobilise la communauté internationale toute entière. Les circonstances ont fourni à plusieurs reprises qu'une pratique confirme la commune responsabilité des États à l'égard de l'humanité. »

Notons que *l'humanitude* est une expression éthique qui désigne à la fois l'appartenance au genre humain en sa qualité de patrimoine commun planétaire et les droits et devoirs moraux qui s'y rattachent pour chaque personne en sa qualité de dépositaire de cette qualité et de débiteur de sa protection[293].

---

[292] Voir ZAMUNA, A., *De la protection humanitaire au droit d'ingérence, dans Nord-Sud op.cit*, pp.109-112 ; CHARVIN, R., *op.cit.*, p.11 ; MITTERAND, F., Il ne peut y avoir de repos, dans M. BETTAT/B. KOUCHNER, *Le devoir d'ingérence*, Paris, Denoël, 1987, pp.29-34.

[293] Cf. BETTATI, M., *op.cit.*, p.641 ; voir également CORDORELLI, I/BOISSON de CHEZOURNES, L., *« Quelques remarques à propos de l'obligation des États de respecter et faire respecter le droit international humanitaire en toutes circonstances »*, *dans Etudes et essais sur le droit international humanitaire et sur les principes de la Croix-Rouge*, Leyden, Martinus Nijhoff, 1986, p.38ss.

Un nouveau rôle politique pour la Conférence de chefs d'État et de gouvernement de l'UA

Après les moyens institutionnels, c'est-à-dire la Commission africaine pour les minorités, les réfugiés et les problèmes humanitaires et la Commission africaine pour la démocratisation, nous proposons certains moyens sociaux et humanitaires. Ces moyens sociaux et humanitaires consisteraient en la formation et en l'aide en matière des droits de la personne et des peuples (a). Nous aborderons également les sources possibles de financement qui pourraient permettre la réalisation effective de ces moyens sociaux et humanitaires dont la charge incomberait dorénavant à la Conférence des chefs d'État et de gouvernement de l'OUA (b).

La formation et l'aide en matière des droits de la personne et des peuples

En Afrique, comme partout ailleurs, la promotion et la protection des droits de la personne et des peuples sont un projet et un processus fondamentaux et permanents. La question qui mériterait d'être posée serait celle de savoir s'il existait et s'il existe un système éducatif destiné à promouvoir les droits de la personne et des peuples en Afrique.

En premier lieu, il convient de relever qu'il n'existait pas un système d'enseignement relatif à la promotion et à la protection des droits de la personne et des peuples avant 1961. C'est devant une situation chaotique, pour ne pas dire lamentable, qui prévalait dans ce continent, où persistaient les violations des droits de la personne et des peuples, qu'il était du devoir des jurisconsultes africains de monter au créneau pour élaborer un projet et amorcer le processus de la promotion et de la protection des droits et libertés. Encore, faut-il rappeler que ces violations des droits de la personne et des peuples étaient plutôt liées à la nature des pouvoirs politiques qu'à une véritable politique d'asservissement. Au début des années soixante, elles résultaient des conséquences d'une décolonisation brute et des tensions politiques et économiques qui s'étaient manifestées dans certains États depuis leur indépendance à la suite de l'avènement des gouvernements militaires qui renversaient des gouvernements civils dûment élus (Ghana, Mali, Nigeria, RDC, ex-Zaïre, etc. Et à partir des années soixante-dix, elles furent des chefs-d'œuvre ou prodiges des pouvoirs à parti unique qui s'étaient installés, des présidences à vie constitutionnellement invulnérables comme celles de Bokassa, Idi Amin, Macia Nguema, etc.[294].

Cependant, c'est en dépit de moyens humains, matériels et politiques limités que les ONG et les universités africaines entamèrent les premières la lutte pour l'établissement et le respect des droits et libertés en Afrique par des séminaires, des colloques et des ateliers[295].

C'est dans cette mouvance des séminaires et colloques que fut créé l'Institut de formation en droits de l'homme du Barreau du Sénégal en janvier 1979[296]. Dans l'enthousiasme soulevé par la possible extension

---

[294] Cf. MBAYE, K., *Les droits de l'homme en Afrique, op.cit.*, pp.147-148 ; NGUEMA, I., *La Charte africaine des droits de l'homme et des peuples*, HR/PUB/90/1 ONU, New York, 1990, pp.1-2 ; BENCHENANE, M., *Les coups d'État en Afrique*, Paris PubliSud, 1983, pp.13-16 ; FIRST R., *Power in Africa*, New York, Pantheon Books, 1990, pp.3-9 ; OUGOUERGOUZ, F., *op.cit.*, pp.41-42 ; SECK, M., *op.cit.*, p.35.

[295] C'est au Congrès de Lagos de 1961, organisé par la Commission internationale de Juristes, que les juristes africains ont pris, pour la première fois, en charge les préoccupations du respect de la primauté du droit et des droits de la personne et des peuples (voir loi de Lagos en annexe). Signalons également que, sous l'égide des Nations-Unies, les conférences et colloques se sont multipliés sur les problèmes qui semblaient bloquer l'acclimatisation des droits de la personne et la création d'une Commission africaine de leur sauvegarde en Afrique, par exemple « *Droits de l'homme et Parti unique* » à Dakar en 1966, au Caire en 1969, à Dar-es-Salam en 1973, à Monrovia en 1979.

[296] Le Barreau du Sénégal s'était inspiré des résolutions du Congrès de l'UNESCO de Vienne sur l'enseignement des droits de la personne tenu en septembre 1978. Il avait, en outre bénéficié du soutien de l'UNESCO, surtout de l'apport du Directeur de la division des droits de l'homme et de la paix, le pro-

de l'expérience à tous les Barreaux d'Afrique, le Bâtonnier du Sénégal de l'époque, Mustapha M. Seck, convoqua une conférence internationale des Barreaux francophones sur le thème : « *Droits de l'homme et droits de la défense* ». À l'issue de cette conférence naquit l'Union Inter-Africaine des Avocats, le 24 mai 1980 à Dakar (Sénégal)[297]. Cette dernière créa l'Institut africain des droits de l'homme[298]. Malheureusement, cet Institut créé selon le statut de l'Union Inter-Africaine des Avocats ne fonctionna pas, faute de consensus sur son siège. C'est alors que Me Mustapha SECK, Président fondateur de l'Union et de l'Institut Inter-Africain, créa un autre institut africain des droits de l'homme, sous les auspices de l'UNESCO, institut dont le siège fut fixé au Sénégal[299].

C'est toujours avec le soutien de l'UNESCO que l'Université de Dakar se dota d'un Institut des Droits de l'homme et de la Paix (IDHPH). À vocation continentale, l'IDHP a comme mission principale l'enseignement, la recherche et la diffusion des informations sur les droits de la personne et des peuples et sur la paix[300].

Précisions que l'enseignement dispensé par l'Institut des droits de l'homme et de la paix comprend principalement des cours et des sémi-

---

fesseur Kavel VASAK, et du Bâtonnier du Barreau de Paris, Me Edmond PETTITI. Cf. SECK, M., *op.cit.*, p.36.

[297] Cette union devait défendre la primauté du droit, les intérêts de la profession, les droits de la défense et les droits de la personne en Afrique, tel que le prévoyait l'article 2 du statut de l'Union Inter-Africaine des Avocats. Cf. SECK, M., *loc.cit.*

[298] L'institut africain des droits de l'homme est une organisation non gouvernementale à but lucratif dont l'un des objectifs déclarés est d'aider à la création d'autres instituts partout en Afrique comme le précisait l'article 9 du statut de l'Union.

[299] Voir SECK, M., op.cit., pp.36-37.

[300] Ibid.

naires sanctionnés par des attestations, des certificats ou des diplômes d'études[301].

Nous pouvons également citer trois autres institutions d'enseignement dont leurs actions sont d'une importance capitale. Il s'agit :

- du centre de recherches interdisciplinaires pour la promotion et la protection des droits de l'homme en Afrique centrale de l'Université de Kinshasa, RDC, ex- Zaïre. Il organise chaque année un séminaire de quatre semaines d'enseignement des droits de la personne et des peuples destiné aux ressortissants de l'Afrique centrale ;
- de l'institut des relations internationales du Cameroun de l'Université de Yaoundé ;
- et du centre d'études juridiques et économiques internationales de l'université de Zagazig (Egypte). Il focalise ses séminaires sur la recherche en matière de droits de la personne et plus particulièrement sur la notion « des peuples »[302].

---

[301] Les matières suivantes sont dispensées et sanctionnées par une attestation ou un certificat ou un diplôme d'études : droit international des droits de l'homme ; droit international humanitaire ; droit international privé ; libertés publiques ; procédure pénale et droits de l'homme ; système pénitentiaire et droits de l'homme ; contentieux administratifs, droit privé comparé droit social ; médecine et droits de l'homme, sécurité des États et droits de l'homme droits des réfugiés ; Afrique précoloniale et droits de l'homme ; systèmes politiques africains contemporains et droits de l'homme ; situation économique et droits de l'homme ; droit au développement ; l'action des organisations internationales en matière des droits de l'homme ; sociologies de l'action de sauvegarde des droits de l'homme ; idéologies et droits de l'homme ; religions et droits de l'homme ; armement et désarmement ; géopolitique de l'Afrique ; paix et développement. Cf. SECK, M., *loc.cit.*

[302] Cf. SEC, M., *op.cit.*, p.38.

Depuis octobre 1991, la Commission internationale de Juristes organise des ateliers sur la participation des ONG aux travaux de la Commission africaine des droits de l'homme et des peuples. Le but premier de ces ateliers consiste à initier les ONG aux activités de la Commission africaine en vue d'accroître leur participation effective dans le système africain de sauvegarde des droits, libertés et devoirs[303].

En second lieu, la question de savoir s'il existe actuellement un enseignement des droits de la personne et des peuples en Afrique n'a plus de fondement, et par conséquent, elle ne mérite plus d'être posée. Car il existe un système éducatif des droits de la personne et des peuples en Afrique. Mais, il importe dès lors que tous les Africains, sans distinction, puissent accéder à une connaissance suffisante des droits et libertés qui leur sont reconnus et garantis tant sur le plan national, régional qu'international.

---

[303] Le 1er atelier de la CIJ a été organisé avec la collaboration du Centre africain pour la démocratisation et les études des droits de l'homme (CADEDH) et la CHADHP. Il s'est tenu à Banjul, du 5 au 7 octobre 1991. Il était consacré à la participation des ONG aux travaux de la Commission africaine (CHADHP). Le 2ème atelier a été organisé avec la collaboration de la Ligue tunisienne des droits de l'homme (LTDH), l'Institut arabe des droits de l'homme (IDAH) et de la CADHP. Tenu à Tunis du 29 février au 1er mars 1992, il était consacré au fonctionnement de la CADH. Le 3ème atelier, tenu à Banjul du 9 au 11 octobre 1992 et organisé avec la collaboration du CADEDH et la CADH, portait sur la coopération devant exister entre les ONG et la CHADHP et sur l'étude du droit au développement et des droits de la femme. Le 4ème atelier, tenu à Banjul du 26 au 28 mars 1993, était organisé avec le concours du CADEH et de la CHADHP sur le thème : « *Comment intégrer la Commission africaine et les organes politiques de l'OUA dans la stratégie de promotion et de protection effectives des droits de l'homme et des peuples en Afrique* ». Le 5ème atelier, tenu à Addis-Abeba du 28 au 30 novembre 1993 et organisé avec le concours de la CADHP, était consacré à l'élaboration de l'Avant-projet final du Protocole relatif à une Cour Africaine des Droits de l'homme et des peuples. Cf. *Rapport de la Commission internationale des juristes,* de 1991-2994, Genève, 1994.

À cet effet, il serait souhaitable que l'UA fournisse l'aide nécessaire aux États africains et aux ONG[304] afin qu'ils puissent être en mesure d'accomplir une mission éducative adéquate des droits, libertés et devoirs en Afrique répondant aux besoins et aux réalités de celle-ci.

En vertu de l'article 25 de la Charte africaine, les États africains ont l'obligation de promouvoir les droits de la personne et des peuples[305]. Il s'avère qu'aucun État africain n'a manifesté une réelle volonté politique de promouvoir un système éducatif relatif aux droits de la personne et des peuples conforme aux réalités politiques, économiques et sociales locales et nationales[306].

Cependant, l'UA a dévolu à la Commission africaine des droits de l'homme et des peuples la charge de promouvoir les droits de l'homme et des peuples (article 45 al. 1 de la Charte africaine). Cette dernière, faute des moyens financiers et surtout de temps, se trouve dans l'incapacité d'accomplir toute seule une tâche aussi colossale[307].

Dans ce cas, elle pourrait conserver la mission de promotion des mécanismes de protection des droits et libertés qu'elle gère, mais la mission générale de promotion devrait, à l'avenir, être confiée à la Commission africaine pour les minorités, les réfugiés et les problèmes humanitaires et à la Commission africaine pour la démocratisation, qui s'occuperaient

---

[304] Certaines ONG importantes ont obtenu un statut consultatif ou un statut d'observateur auprès de l'OUA et de la Commission africaine des droits de l'homme et des peuples en vertu de l'art. 45 el 3 de la Charte africaine et art. 6 al 3f, 76 et 77 du Règlement intérieur. Cf. Doc. OAU ACHPR/RPT (XI), p.4.

[305] Voici la teneur de l'article 25 : *« Les États parties à la présente Charte ont le devoir de promouvoir et d'assurer par l'enseignement, l'éducation et la diffusion, le respect des droits et des libertés contenus dans la présente Charte et de prendre des mesures en vue de veiller à ce que ces libertés et droits soient compris de même que les obligations et devoirs correspondants ».*

[306] Voir SECK, M., *op.cit.*, p. 39.

[307] La Commission africaine des droits de l'homme et des peuples tient normalement deux sessions ordinaires par an, chacune de deux semaines (art. 2 al.1, Règlement intérieur) ; NGUEMA, L., *entretien obtenu à Montréal, loc.cit.*

de la promotion et de la protection des droits de la personne et des peuples en Afrique de façon générale. Avec l'appui et l'expérience de l'UNESCO ainsi qu'avec la compétence de certaines ONG en matière d'enseignement des droits de la personne et des peuples[308], les deux Commissions africaines précitées pourraient élaborer un système d'enseignement des droits de la personne et des peuples reflétant les réalités africaines et destiné aussi bien aux jeunes qu'aux adultes. Ce système éducatif devrait procéder selon une approche pluridisciplinaire qui permettrait de mettre à profit la diversité des connaissances et des méthodes déjà développées dans les différentes branches du savoir. Il devra se refléter concrètement dans le climat des institutions existantes en Afrique sur le plan national et régional.

Les deux Commissions africaines précitées aideraient chaque État en particulier à introduire un système éducatif orienté vers un enseignement de masse dans le cadre des programmes officiels. L'action éducative devrait prendre appui sur une bonne connaissance des valeurs du milieu environnant. Ainsi la familiarisation dès le jeune âge avec les droits de la personne et des peuples serait le fondement du respect de soi et de l'autre. Cet enseignement devrait se poursuivre au cycle secondaire et professionnel et devrait déboucher sur un enseignement universitaire.

Les deux Commissions africaines précitées devraient également aider chaque État à mettre à contribution les moyens de communication de masse, tels que les quotidiens nationaux, les radios rurales, les livres, les brochures écrites dans un langage simple mettant en scène des êtres et objets familiers qui favoriseraient la prise de conscience de l'importance des droits de la personne et des peuples dans les communautés africaines. Nous recommandons très vivement l'usage des langues vernaculaires à ce propos. En effet, trois Africains sur quatre n'ont pas de

---

[308] En l'occurrence le Comité international pour le respect et l'application de la Charte africaine (CIRAC). Son siège social est à Genève et son secrétariat exécutif international est à Paris.

chance de se situer dans le cycle classique d'enseignement[309]. C'est pourquoi, nous plaidons pour que l'enseignement des droits de la personne et des peuples prenne appui sur une bonne connaissance des valeurs du milieu dans lequel les masses africaines évoluent. Il devrait prendre une forme pédagogique appropriée et porter non seulement sur le contenu normatif des droits et libertés, mais aussi sur l'aspect procédural.

Il appartiendrait à la Commission africaine pour les minorités, les réfugiés et les problèmes humanitaires et à la Commission africaine pour la démocratisation de mettre à la disposition des ONG plus de moyens matériels. Ces moyens matériels pourraient consister à fournir des formations ou des informations aussi complètes et larges que possible qui leur permettraient à leur tour de former des enseignements, des praticiens et des militants des droits de la personne et des peuples. Ainsi les ONG seraient en mesure de bien armer ceux qui lutteraient pour l'établissement et le respect de la primauté du droit, du pluralisme institutionnel, des idées et des comportements ainsi que de la tolérance[310].

C'est par le biais de la Commission africaine pour les minorités, les réfugiés et les problèmes humanitaires et de la Commission africaine pour la démocratisation, que la Conférence des chefs d'État et de gouvernement de l'OUA devrait fournir tous les moyens nécessaires aux États africains pour que ces derniers puissent remplir leurs obligations en matière d'enseignement des droits de la personne et des peuples. IL en serait de même pour les ONG pour que celles-ci puissent également remplir leurs missions.

Nous tenons à souligner que le respect des droits de la personne et des peuples constitue une composante et un facteur important de la dé-

---

[309] Voir L'indice du développement établi par le PNUD basé sur des chiffres de 1991 et 1992, reproduit dans, p.5. *Lettre de la francophonie*, n° 73, juin 1994.

[310] Voir SEC, M., *op.cit.,* p.35 ; SUDRE, F., *La convention européenne des droits de l'homme, op.cit.,* pp.93-94.

mocratisation de tout système politique, économique et socioculturel. La démocratisation, prise sous l'angle de la mentalité ou de l'état d'esprit, ne pourrait se faire que grâce à un enseignement des droits de la personne et des peuples aussi complet et large que possible. Cet enseignement devrait être envisagé, dans ce cas, comme un processus d'apprentissage fondé sur la participation de l'enseigné à l'élaboration des connaissances qu'il devrait acquérir. Ce serait par un enseignement de ce genre que la personne, les peuples, les ONG, et les États pourraient jouer un rôle dans les changements nécessaires qui pourraient rendre les communautés africaines plus justes et plus solidaires[311].

L'expérience des nombreux pays africains où ces droits, libertés et devoirs proclamés et reconnus sont l'objet de violations quotidiennes devrait nous conduire à veiller à la liaison de la théorie à la pratique. Par conséquent, l'enseignement des droits de la personne et des peuples ne devrait plus être seulement élitiste, se limitant aux seuls magistrats, avocats, professeurs, jurisconsultes, diplomates, décideurs politiques et économiques, formateurs d'opinions publiques, religieux, syndicalistes, journalistes, médecins, forces paramilitaires et militaires, etc.[312]. Il devrait s'étendre aux masses de toutes les catégories socioprofessionnelles qui sont les plus touchées par la violation permanente des droits et libertés et les plus démunies pour se défendre ou défendre les dits droits et libertés dans un continent où la grande masse des Africains souffre de l'ignorance.

En somme, en vertu de l'article 25 de la Charte africaine, le nouveau rôle que devrait jouer la Conférence des chefs d'État et de gouvernement de l'OUA consisterait de mettre à la disposition des États africains et des

---

[311] MASSENGO-TIASSE, M., *loc. cit.* ; SECK, M., *op.cit.*, p.40 ; Commission internationale des juristes, *loc.cit.*

[312] Comme c'est le cas avec l'Institut des droits de l'homme et de la paix, l'institut africain des droits de l'homme et le Centre de recherches interdisciplinaires pour la promotion et la protection de droits de l'homme en Afrique Centrale. Cf. SECK, M., *op.cit.*, p.36.

ONG plus de moyens matériels. Ces moyens matériels pourraient consister à fournir des formations ou des informations aussi complètes et larges que possible qui leur permettraient à leur tour de former des enseignants, des praticiens et des militants des droits de la personne et des peuples.

Les sources possibles de financement de l'action de la Conférence des chefs d'État et de gouvernement de l'UA

Dès leur constitution ou leur installation par la Conférence des chefs d'État et de gouvernement de l'UA, la Commission africaine pour les minorités, les réfugiés et les problèmes humanitaires et la Commission africaine pour la démocratisation s'attacheraient à s'intégrer et à jouer leur rôle dans le vaste réseau d'institutions et d'organisations dont le champ d'action couvre le domaine des droits de la personne et des peuples. Elles s'efforceraient d'obtenir et de consacrer leur reconnaissance, d'affirmer leur vocation aussi bien auprès des institutions et des organisations publiques ou privées à compétence régionale (africaine) qu'auprès d'institutions et d'organisations publiques ou privées à compétence internationale (mondiale et régionale).

À l'intérieur de l'Afrique, c'est naturellement auprès des institutions et des organisations publiques ou privées régionales et sous régionales africaines que s'établiraient les premiers rapports de coopération. La Commission africaine pour les minorités, les réfugiés et les problèmes humanitaires et la Commission africaine pour la démocratisation pourraient bénéficier des ressources financières provenant au niveau régional du groupe de la Banque africaine de développement[313] et des grandes sociétés transnationales d'exploitation de bois, de pétrole, de café, de cacao, de pêche, de chasse, de divers minerais, d'hôtellerie et de tourisme. Le groupe de la Banque Africaine de Développement (BAD) comprend la Banque Africaine de Développement et le Fonds Africain

---

[313] Cf. MAVUNGU, M.-di-N., *Les relations interafricaines, op.cit.,* pp.52-62.

de Développement (FAD). La BAD fut créée à Karthoum le 4 août 1963 par une Conférence des Ministres des finances des États africains. Son siège est à Abidjan. Elle a pour but de mobiliser les capitaux à des conditions privilégiées, en Afrique et hors de l'Afrique, pour contribuer au développement économique et au progrès social des États membres régionaux, individuellement et collectivement. Le FAD a été institué le 29 novembre 1972 par la BAD afin d'appuyer et compléter son action. Le FAD a pour objectif de financer dans les pays africains les plus pauvres des infrastructures et des projets à vocation sociale. [1] Les entreprises d'exploitation telles que : Aluminium Co of America (ALCOA), Compagnie française de l'Afrique occidentale (CFAA), South-West Africa Co Ltd, l'empire de Harry Frederick Oppenheimer (Anglo-American Trust Ltd, African and European Investment Co Ltd, Central Mining Finance, Consolidated Mines SelctionCo Ltd, etc.)[314].

Au niveau sous régional, les deux Commissions africains précitées pourraient bénéficier de l'aide financière de plusieurs organisations à vocation économique et financière[315].

À l'extérieur de l'Afrique, la Commission africaine pour les minorités, les réfugiés et les problèmes humanitaires pourrait bénéficier de l'assistance technique et du programme des services consultatifs des organisations intergouvernementales[316] et des organisations non gouvernementales[317]. Par exemple, le comité exécutif du HCR avait approuvé

Cf. NCHAMA Eya C.M., *op.cit.*, pp. 170-173.

[315] Les organisations à vocation économique et financière telles que celles énoncées. Voir supra, p.41, note 98 ; SECK M., *op.cit.*, p.37.

[316] Telles que : le HCR, le Bureau du coordonnateur des Nations-Unies pour le secteur en cas de catastrophes, le Fonds international de secours à l'enfance (FISE/UNICEF), le Programme alimentaire mondial (PAM), le PNUD, l'Organisation internationale des migrations (OIM), l'OMS, etc. voir également Mario BETTATI, *op.cit.*, p.651.

[317] Notamment l'Action internationale contre la faim (AICF), l'Aide médicale internationale (AMI), le Comité international de la Croix-Rouge (CICR), le

au cours de sa session spéciale du 28 juin 1991, le relèvement de l'objectif des programmes généraux qui était passé de 335,5 millions US à 379 millions US pour faire face à de nouveaux besoins en Afrique[318].

Le Centre pour les droits de l'homme de' l'Office des Nations-Unies de Genève pourrait faire bénéficier la Commission africaine pour les minorités, les réfugiés et les problèmes humanitaires et la Commission africaine pour la démocratisation de son programme de services consultatifs et d'assistance technique[319].

La Commission africaine pour la démocratisation pourrait compter sur la coopération du Conseil de l'Europe grâce aux programmes de coopération avec la Commission européenne pour la Démocratie par le droit (Commission de Venise), de la Conférence sur la sécurité et la coopération en Europe par le biais du BIDDH, de la Francophonie et du Commonwealth[320].

Comité catholique contre la faim et pour le développement (CCFD), Médecins sans frontières (MSF), Médecins du monde (MDM), Hôpital sans frontières (HSF).

[318] Le HCR avait fourni une assistance de secours d'urgence considérable en faveur des réfugiés éthiopiens au Soudan (4 millions de dollars), des réfugiés éthiopiens à Djibouti (1,8 millions de dollars), des réfugiés soudanais en Ethiopie (1 million de dollars US), des réfugiés soudanais, burundais et rwandais au Zaïre (1,1 million de dollars US), des réfugiés éthiopiens et somaliens au Kenya (1,2 million de dollars), des réfugiés éthiopiens et somaliens au Yemen (0,7 millions de dollars US). Pour les programmes de soins et d'entretien 59,1 millions de dollars US en Ethiopie, 48,6 millions au Malawi, 16,1 millions au Soudan, 15,7 en Guinée et 10,6 millions au Kenya. Cf. ONU *Year book of the United Nations 1992*, vol. 46, Noew York oct. 1993, p.896ss.

[319] NGUEMA, I.*, loc.cit.* ; GOMEZ-REINO, S.*, La demande d'assistance et d'aide humanitaire continuera de grandir,* dans *le Courrier Afrique-Caraibes-Pacifique-Communauté Européenne*, N° 136, Noc-Déc. 1992, Bruxelles, p.3ss.

[320] S. GODIN observe que le Québec contribue au renforcement du processus démocratique par des programmes d'appui à la démocratisation en Afrique. Voir le communiqué de presse du Gouvernement du Québec au sommet de la Francophonie à Chaillot/Paris, du 19 novembre 1991. L. ASSELIN affirme pour sa

La Commission africaine pour la démocratisation pourrait également bénéficier de l'aide financière et logistique de certaines organisations non gouvernementales, Notamment African American Institute Observers, l'Agence canadienne de développement international (ACDD=, US Agency for International Development, etc.

Les deux Commissions africaines précitées pourraient éventuellement compter sur l'aide de certains gouvernements, notamment du Centre international des droits de la personne et du développement démocratique établi à Montréal (CANADA)[321].

---

part que le Québec offre des formations au personnel électoral dans les États d'Afrique francophone dans le cadre de son programme de formation des formateurs électoraux. Voir le communiqué de presse du Gouvernement du Québec au sommet de la électoraux. Voir le communiqué de presse du Gouvernement du Québec au sommet de la Francophonie à Grande Bale/Maurice, du 16 octobre 1993. Voir également MALINVERNI, G., *L'expérience de la commission européenne pouir la démocratie par le droit,* vol. 7, n° 11-12, *RUDH, 1995,* pp.386-394 ; NGUEMA, I. *La commission africaine des droits de l'homme et des peuples, op.cit.,* p.12 ; STEVENS. CH., *De la nécessité de repenser les politiques de développement,* dans le *Courrier Afrique-Caraïbes-Pacifiques-Communauté européenne* n° 141 sept.-oct.1993, Bruxelles, p.2ss.

[321] Le centre international des droits de la personne et du développement démocratique est un organisme public créé en vertu d'une loi du parlement du Canada. Avec des organismes africains des droits de la personne locaux, nationaux et panafricains, il met sur pieds des programmes en éducation populaire, de formation sur le suivi systématique des violations des droits de la personne, de défense des victimes, de réseaux et lutte pour des changements de politique gouvernementale, et des ressources documentaires et d'information. Les sommes affectées par le Centre pour financer plusieurs projets de défense des droits de la personne et du développement démocratique s'élèvent à : 1.368.000 dollars CAN, en 1992-1993 ; 84.000 dollars CAN, en 1993-1994 ; 730.000 dollars CAN, en 1994-1995 ; 700.000 dollars CAN, en 1995-199-. Voir *Centre international des droits de la personne et du développement démocratique, Rapport annuels 1992-1993, 1993-1994, 1994-1995, 1995-1996.*

Tels pourraient être, à la fois, l'application du nouveau mécanisme politique et diplomatique de la dimension humaine pour l'Afrique et le nouveau rôle que devrait jouer la conférence des chefs d'État et Gouvernement de l'OUA.

Les techniques quasi juridictionnelles et juridictionnelles

Nous abordons dans la présente section, la question du renforcement de la Commission africaine des droits de l'homme et des peuples et de la nécessité de réformer une Cour africaine des droits de l'homme et des peuples en Afrique.

Une nouvelle mission pour la Commission

Outre la mission d'exécuter toutes les autres tâches qui pourraient lui être confiées par la Conférence des chefs d'État et de gouvernement de l'UA en vertu de l'article 45 al 4 de la Charte africaine, la Commission africaine est investie des trois missions principales. La Commission africaine exerce la fonction de promotion des droits de la personne et des peuples (art. 30 et 45 al 1), la fonction de protection des droits de la personne et des peuples (art. 30 et 45 al 2) et la fonction d'interpréter toute disposition de la Charte africaine (art. 45 al 3). Examinons d'abord ces fonctions pour nous interroger ensuite sur celles qu'il serait souhaitable de lui attribuer.

Les fonctions actuelles de la Commission

Au chapitre de la promotion des droits de la personne et des peuples, le programme d'action de la Commission africaine des droits de l'homme et des peuples, adopté à sa deuxième session tenue du 8 au 13 février 1988 à Dakar (Sénégal), prévoit trois attributions principales[322].

---

[322] Cf. OUA, *Programme d'action de la Commission africaine des droits de l'homme et des peuples*, Doc. Off. AHG/155 (XXIV) Annexe VIII.

Premièrement, il préconise que la tâche de la Commission consiste à collecter de la documentation et à mener des études et des recherches sur les problèmes africains en matière des droits de la personne et des peuples ; à organiser des séminaires, des colloques et des conférences ; à assurer la diffusion des informations ; à encourager les organismes nationaux et locaux actifs dans le domaine des droits de la personne et des peuples ; et à sensibiliser l'opinion publique africaine à la question des droits de la personne et des peuples[323].

Deuxièmement, la Commission africaine assume le rôle consultatif auprès des États africains, un véritable rôle d'expertise en matière d'harmonisation des législations nationales avec les dispositions de la Charte africaine. La Commission africaine a pour mission de donner des avis juridiques à ce dernier ou de leur faire des recommandations ; et de formuler des principes et règles qui permettront de résoudre les problèmes juridiques relatifs à la jouissance des droits de la personne et des peuples en vue de leur servir de base à l'adoption de leur législation nationale.

Troisièmement, la Commission africaine est investie de la mission de coopérer avec les autres institutions africaines ou internationales dont elle pourra tirer le maximum d'enseignements de leur expérience.

Aux termes de l'article 45 al 2 de la Charte africaine, la Commission africaine a aussi pour mission : *« (d) » assurer la protection des droits de l'homme et des peuples dans les conditions fixées par la présente Charte »*.

---

[323] F. OUGUERGOUZ souligne que l'avant-projet du programme d'action de la Commission africaine intégrait expressément dans le champ d'activité de la Commission africaine le droit humanitaire et le droit des réfugiés. Voir OUGUERGOUZ, F., *op.cit.*, p.108, note 57. Voir également dans le même sens BENDEK. W., *The judiciary and human rights in Africa*, The Banjul seminar and the trining workshop for a core of human rights advocates of November 1989, *Human rights Law Journal*, Vol. II, n° 1-2, 1990, pp.247-250.

Il ressort de cette disposition que la compétence de la Commission africaine peut être appréciée en fonction de la nature des droits de la personne et des peuples violés, du lieu de leur violation, de la date de leur violation et de la qualité de leurs sujets actifs et passifs. Examinons ces quatre points.

Outre le fait d'être saisie pour toute violation des dispositions de la Charge africaine, la Commission africaine peut être saisie pour toute violation des principes communément admis par le droit international des droits de la personne et des peuples en vertu des articles 60 et 61 de la Charte africaine. Ces articles énoncent les principes applicables dans le cadre de la compétence matérielle ou *ratione moteriae* par la Commission africaine[324].

Notons qu'il n'existe pas dans la Charte africaine, ni dans le Règlement intérieur de la Commission africaine, une disposition équivalente à l'article 1er de la CEDH selon lequel :

---

[324] L'article 60 dispose que : « *La Commission s'inspire du droit international relatif aux droits de l'homme et des peuples notamment des dispositions des divers instruments africains relatifs aux droits de l'homme et des peuples, des dispositions de la Charte des Nations unies, de la Charte de l'Organisation de l'Unité Africaine, de la Déclaration Universelle des Droits de l'homme, des dispositions des autres instruments adoptés par les Nations unies et par les pays africains dans le domaine des droits de l'homme et des peuples, ainsi que des dispositions de divers instruments adoptés au sein d'institutions spécialisées des Nations unies dont sont membres les parties à la présente Charte* ». L'article 61 énonce que : « *La Commission prend aussi en considération, comme moyens auxiliaires de détermination des règles de droit, les autres conventions internationales, soit générales, soit spéciales, établissant des règles expressément reconnues par les États membres de l'Organisation de l'Unité Africaine, les pratiques africaines conformes aux normes internationales relatives aux droits de l'homme et des peuples, les coutumes généralement acceptées comme étant le droit, les principes généraux de droit reconnus par les nations africaines ainsi que la jurisprudence et la doctrine* ».

> « Les Hautes Parties contractantes reconnaissent à toute per-
> sonne relevant de leur juridiction les droits et libertés définis au
> Titre I de la présente convention[325]. »

Quant au lieu des violations, il est implicitement admis dans le cadre de la compétence territoriale ou *ratione loci* que la Commission africaine puisse connaître des violations des droits de la personne et des peuples commises sur le territoire de tout État partie à la Charte africaine et également de celles imputables à un État partie même si celles-ci ont eu lieu en dehors du territoire soumis à la juridiction de cet État partie[326]. Ici, pensons-nous, les allusions peuvent être faites aux actes commis lors d'une invasion d'un État par un autre État, aux crimes contre l'humanité, etc.

En ce qui concerne la compétence temporelle ou *ratione temporis* de la Commission africaine, la Charte africaine et le Règlement intérieur de la Commission africaine demeurent silencieux sur la question de savoir si les actes commis avant l'installation de la Commission africaine sont susceptibles d'être appréhendés par celle-ci. Cependant, conformément aux principes généraux du droit international des droits de la personne et des peuples, la Commission africaine devrait être saisie des violations des droits de la personne et des peuples considérées comme des actes imprescriptibles[327]. Néanmoins, en vertu du principe de la non-rétroactivité des traités, établi en droit international[328], la Commission

---

[325] Le titre I de la CEDH comprend le catalogue des droits et libertés civils et politiques garantis par la CEDH.

[326] VOIR OUGUERGOUZ, F., *op.cit.*, p.316 ; MBAYE, K., *op.cit.*, p.233.

[327] Cf. *La Convention sur l'impressibilité des crimes de guerre et des crimes contre l'humanité du 26 novembre 1968*, 754 R.T.U.U.N.U. 73 (1970)

[328] L'article 4 de la Convention de Vienne sur le droit des traités consacre le principe de la non-rétroactivité en ces termes : *« Sans préjudice de l'application de toutes règles énoncées dans la présente Convention auxquelles les traités seraient soumis en vertu du droit international indépendamment de ladite convention, celle-ci s'applique uniquement aux traités conclus par des États après*

africaine ne peut connaître à l'égard d'un État que des faits constitutifs de violations des droits de la personne et des peuples qui sont intervenus depuis que l'État mis en cause est devenu partie à la Charte africaine[329].

Dans le cadre de sa compétence personnelle ou *ratioe personnae,* la Commission africaine peut être saisie, quant au demandeur, par tout État partie à la Charte africaine, par toute personne physique ou morale ou tout peuple victime d'une violation des droits et libertés, et par la majorité absolue des membres de la Commission africaine. M.A. GLELE, se fondant sur la distinction entre « communications émanant des États parties à la présente Charte » (art. 47) et les *« autres communications »* *(art. 55), affirme que les États non parties peuvent saisir la Commission africaine par le biais de « autres communications »*[330].

La Commission africaine ne peut connaître, quant au défendeur, que des seules violations des droits et libertés de la personne ou des peuples commises par un État partie à la Charte africaine. Les violations des droits et libertés de la personne et des peuples imputables aux personnes

---

son entrée en vigueur à l'égard de ces États ». Cf. *La Convention de Vienne sur le droit des traités* (1980), 1155 RTNU 353 reproduite dans J.-Y MORIN, F. FIGALDIES, D. TURP, *op.cit.,* p.219.

[329] *L'article 56 al 6* dispose que : *« Les communications doivent être introduites dans un délai raisonnable courant depuis l'épuisement des recours internes ou depuis la date tenue par la Commission comme faisant commencer à courir le délai de sa propre saisine »* ; et l'article 65 souligne que *« Pour chacun des États qui ratifieraient la présente Charte ou y adhéreront après son entrée en vigueur, ladite Charte prendra effet trois mois après la date du dépôt par cet État de son instrument de ratification ou de son adhésion ».*

[330] Cf. GLELE, M., A., la Charte africaine des droits de l'homme et des peuples, ses virtualités et ses limites, dans *revue de droit africain n° 1 janvier/février/mars 1985.* Centre de recherches et d'études juridiques africaines, Paris, p.33. Pour une opinion contraire, voir F. OUGUERGOUZ, *op.cit.,* pp.317-318.

physiques ou morales et aux États non parties ne sont pas du ressort de la Commission africaine[331].

La Commission africaine a enfin pour fonction d'interpréter toute disposition de la Charte africaine à la demande d'un État partie, d'une institution de l'OUA ou d'une organisation africaine reconnue par l'OUA. Elle ne pourra procéder à cette tâche que lors de l'examen d'une communication ou au cours de la rédaction d'un avis juridique. À cet effet, elle s'inspirera des principes applicables mentionnés aux articles 60 et 61 de la Charte africaine. La valeur juridique de cette interprétation ne dépasse pas celle d'une recommandation. Elle est uniquement investie d'une autorité morale que les États parties, les institutions de l'OUA ou organisations africaines reconnues par l'OUA ne pourront toutefois pas facilement ignorer[332].

Les fonctions à souhaiter pour la Commission africaine

Nous souhaitons d'abord que le rôle d'intermédiaires présentement assuré par le Président du Conseil Exécutif de l'UA dans le fonctionnement du mécanisme de sauvegarde des droits et libertés en Afrique soit dévolu à la Commission africaine. Deuxièmement, il nous paraît impérieux que celle-ci procède avec beaucoup plus de soin que ce n'est le cas présentement à l'examen des rapports périodiques étatiques. Examinons successivement ces deux questions.

Nous proposons tout d'abord que le rôle indispensable d'intermédiaire que joue le Président du Conseil Exécutif de l'UA dans

---

[331] C'est ainsi que les actes relatifs à l'apartheid ne pouvaient pas être dénoncés à la Commission africaine puisqu'ils étaient imputables à l'Afrique du Sud qui n'était pas partie à la Charte africaine. Voir les articles 47, 49, 51 et 56 al 3 de la Charte africaine, et l'article 14 al 1b du Règlement intérieur, et également MBAYE, K., *op.cit.*, p.234.

[332] Voir OUGUERGOUZ, F., *op.cit.*, pp.320-321 ; MBAYE, K., *op.cit.*, pp.238-239 ; BUERGENTHAL, T./KISS, A., *op.cit.*, p.136.

le fonctionnement du mécanisme de sauvegarde des droits de la personne et des peuples en Afrique soit dévolu à la Commission africaine en vue de lui assurer son autonomie fonctionnelle. Nous optons pour la voie empruntée par les rédacteurs de la CADH comme l'illustre son article 44 :

« Toute personne ou tout groupe de personnes, toute entité non gouvernementale et légalement reconnue dans un ou plusieurs États membres de l'Organisation peuvent soumettre à la Commission des pétitions contenant des dénonciations ou plaintes relatives à une violation de la présente Convention par un État partie ».

Notre option est contraire à celle consacrée par la CEDH à ses articles 24 et 25, dont voici les libellés :

Article 24

« Toute partie contractante peut saisir la Commission, par l'intermédiaire du Secrétaire général du Conseil de l'Europe, de tout manquement aux dispositions de la présente Convention qu'elle croira pouvoir être imputé à une autre Partie contractante ».

Article 25 al. 1

« La Commission peut être saisie d'une requête adressée au Secrétaire général du Conseil de l'Europe par toute personne physique, toute organisation non gouvernementale ou tout groupe de particuliers, qui se prétend victime d'une violation par l'une des Hautes parties contractantes des droits reconnus dans la présente Convention, dans le cas où la Haute partie contractante mise en cause a déclaré reconnaître la compétence de la Commission dans cette matière. Les Hautes parties contractantes ayant souscrit une telle déclaration s'engagent à n'entraver par aucune mesure l'exercice efficace de ce droit ».

En effet, outre ses attributions *ès qualité* en matière de dépôt et de notification des instruments de ratification d'un traité international, le Président du Conseil Exécutif de l'UA exerce les nombreuses attributions que lui confèrent la Charte africaine et le Règlement intérieur de la Commission africaine. IL s'occupe de l'installation de la Commission africaine et de son fonctionnement proprement dit, à savoir : son Secrétariat et ses activités de promotion et de protection des droits de la personne et des peuples en Afrique[333].

Le Président du Conseil Exécutif de l'UA dresse la liste alphabétique des candidats au poste de commissaire présentés par les États parties qu'il communique à la Conférence des chefs d'État et de gouvernement un mois avant les élections[334].

Le Président de la Commission africaine doit consulter le Président du Conseil Exécutif de l'UA pour la fixation de la date et du lieu de convocation des sessions ordinaires et extraordinaires de la Commission africaine. Le Président du Conseil Exécutif de l'UA est chargé d'établir l'ordre du jour provisoire de chaque session de la Commission africaine en consultation avec son Président. Il doit présenter à chaque session de la Commission africaine un ordre du jour provisoire de la session suivante en indiquant les documents qui seront soumis à propos de chaque question.

---

[333] Voir les articles 63 al 2 et 67 de la Charte africaine. Par exemple, l'article 2 III du Règlement intérieur prévoit que le Secrétaire général reçoit communication des instruments de ratification des accords passés entre les États membres relatifs aux droits de l'homme et des peuples.

[334] En vertu de l'article 64 al. 2, le Secrétaire général de l'OUA est chargé de convoquer la première réunion de la Commission africaine au siège de l'OUA à Addis-Abeba. Celle-ci a eu lieu le 2 novembre » 1987.

C'est au Président du Conseil Exécutif de l'UA qu'il appartient de déclarer la vacance du siège en cas de cessation des fonctions d'un commissaire pour cause de décès, de démission ou pour toute autre raison. Il peut assister aux séances de la Commission et y prendre la parole sur invitation de son Président, mais sans participer aux délibérations ni aux votes. Il sert d'intermédiaire à la Commission africaine pour la publication des communiqués de ses séances privées. Il désigne le Secrétaire de la Commission africaine en consultation avec le Président de celle-ci. Il intervient dans toute proposition entraînant des dépenses de la Commission dont il établit et distribue au préalable un état estimatif aux commissaires.

C'est par l'intermédiaire du Président du Conseil Exécutif de l'UA que la Commission africaine peut faire connaître aux États parties ses souhaits concernant la forme et le fond des rapports périodiques, la date et le lieu de a session au cours de laquelle ces rapports seront examinés. C'est également par son intermédiaire que la Commission africaine communiquera aux États parties pour commentaire ses observations générales relatives aux rapports périodiques et celles des États parties à la Commission africaine.

Le Président du Conseil Exécutif de l'UA reçoit notification de toute communication étatique, peu importe la procédure utilisée, et de toute autre communication. Il tient un registre permanent uniquement pour toutes les communications étatiques reçues[335].

Le Président du Conseil Exécutif de l'UA sert également d'intermédiaire à la Commission africaine lorsqu'elle demande des renseignements complémentaires aux États parties intéressés ou des éclaircissements à l'auteur d'une communication non-étatique. Il fixe un délai pour leur transmission ou leur notifie la date et le lieu de la session

---

[335] Néanmoins, l'article 102 al 1 du Règlement intérieur confie au Secrétaire général de la Commission africaine le rôle de tenir un registre permanent des autres communications.

à laquelle cette question sera examinée. Il transmet à l'État partie intéressé et à l'auteur de la communication de décision de recevabilité ou d'irrecevabilité prise par la Commission africaine.

Le Président du Conseil Exécutif de l'UA intervient au stade ultime de la procédure relative aux communications étatiques et non étatiques. Il communique les constatations ou les rapports de la Commission africaine à l'auteur de la communication, à l'État partie intéressé et à la Conférence des chefs d'État et de gouvernement de l'UA.

Nous remarquons que la Charte africaine et le Règlement intérieur de la Commission africaine confèrent au Président du Conseil Exécutif de l'UA, à la différence du Secrétaire général du Conseil de l'Europe ou de celui du Conseil de l'Organisation des États américains, un rôle de coordination relativement lourd à assumer[336]. Nous prenons pour exemple la Commission européenne des Droits de l'homme et la Commission Interaméricaine des Droits de l'homme. Nous avons constaté que leur fonctionnement repose sur leur propre Secrétariat permanent[337]. A propos de la Commission européenne des droits de l'homme, M. Meclhior souligne que :

> « La Commission est assistée par un Secrétariat propre d'une quarantaine de personnes, parmi lesquelles figurent au nombre d'une bonne vingtaine, des juristes en provenance des différents États membres et qui possèdent une bonne connaissance de leur droit national ainsi que de la jurisprudence relative à la

---

[336] Le Comité des droits de l'homme des Nations unies sur lequel la Commission africaine est plus ou moins calquée ne dispose pas de secrétariat propre. L'article 23 du Règlement intérieur du Comité prévoit qu'il appartient au Secrétaire général de l'ONU d'assurer le secrétariat du Comité. Cette disposition accorde à celle-ci de très nombreuses attributions.

[337] Cf. Conseil de l'Europe, *Que fait le Conseil de l'Europe pour la défense des droits de l'homme ?* Strasbourg 1977, p.14 ; BUERGENTHAL, T/KISS, A., *op.cit.,* pp.60-69 et pp.96-105 ; SUDRE,F., *Droit international et européen des droits de l'homme op.cit.,* pp.200-210.

convention. Ils assistent d'une manière forte efficace les membres de la Commission dans l'accomplissement des tâches qui incombent à ces derniers[338].

Ainsi donc, nous arrivons à la conclusion que le rôle d'intermédiaire dévolu jusqu'à ce jour au Président du Conseil Exécutif de l'UA lui soit retiré et qu'il revienne de droit à la Commission africaine de l'assumer.

Nous recommandons ensuite que la fonction d'examen des rapports périodiques étatiques soit davantage exercée et considérée par la Commission africaine[339]. En effet, la Commission africaine avait élaboré, à sa quatrième session tenue au Caire du 17 au 26 octobre 1988, des directives très détaillées relatives à la forme et au contenu des rapports éta-

---

[338] Cf. MELCHIOR, M., *Introduire un recours à Strasbourg ? Droit et justice,* collection dirigée par P. LAMBERT, Nemesisi, Bruxelles, 1986, p.13.

[339] Le Règlement intérieur de la Commission africaine (Chapitre XV fonctions de promotion, art. 81-86) et F. OUGUERGOUZ (op.cit., pp.309-314) qualifient l'examen des rapports périodiques fournis par les États en vertu de l'article 62 de la Charte africaine d'activités de promotion des droits de la personne et des peuples. Nous doutons de cette qualification. Il nous paraît plutôt s'agir d'une fonction qui participe de la protection des droits de la personne et des peuples. Nous appuyons notre opinion sur celle du juge K. MBAYE. En effet, l'article 62 de la Charte africaine s'inspire de l'article 22 de la Constitution de l'OIT, lesquels instituent de véritables systèmes de contrôle comme en témoigne leur libellé que voici. L'article 22 de la Constitution de l'OIT : *« Chacun des membres s'engage à présenter au Bureau international du Travail un rapport annuel sur les mesures prises par lui pour mettre à exécution les conventions auxquelles il a adhéré. Ces rapports seront rédigés sous la forme indiquée par le Conseil d'administration et devront contenir les précisions demandées par ce dernier ».* L'article 62 de la Charte africaine : *« Chaque État partie s'engage à présenter tous les deux ans, à compter de la date d'entrée en vigueur de la présente Charte, un rapport sur les mesures d'ordre législatif ou autres prises en vue de donner effet aux droits et libertés reconnus et garantis dans la présente Charte ».* Voir également MBAYE, K., op.cit., pp.250-252.

tiques[340]. Ces dispositions sont rédigées de façon à permettre aux États parties de faire des rapports qui contiennent tous les aspects du contenu normatif de la Charte africaine[341]. Les rapports étatiques devraient également mentionner les facteurs et les difficultés qui affectent la mise en œuvre de la Charte.

Par exemple, jusqu'au 1er mars 1991, la Commission africaine n'avait reçu que sept rapports périodiques sur vingt-six qui auraient dû lui parvenir le 21 octobre 1988[342]

A sa neuvième session tenue à Lagos, du 18 au 25 mars 1991, la Commission africaine devait examiner quatre des sept rapports reçus, mais seuls trois États (Libye, Tunisie et Rwanda) envoyèrent des représentants pour répondre aux questions de la Commission relativement à leurs rapports. Les résultats de l'examen de ces trois rapports initiaux sont très décevants. La Commission africaine avait consacré quatre-vingt-dix minutes à l'examen de chacun de ces rapports, ce qui est de loin insuffisant, à comparer à la pratique du Comité des Droits de l'homme des Nations unies qui consacre un jour et demi au même exercice[343]. Et par conséquent, la qualité du contenu des rapports (observa-

---

[340] Cf. Commission africaine des droits de l'homme et des peuples, 2ème rapport d'activités, Documentation n° 1 Banjul, 1991, pp.37-39.

[341] L'article 81 du Règlement intérieur envisage sept aspects, notamment : les droits civils et politiques, les droits économiques, sociaux et culturels, les droits des peuples, les devoirs spécifiques, l'élimination de toutes les formes de discrimination raciale, la suppression et la punition du crime d'apartheid et l'élimination de toutes les formes de discrimination à l'égard des femmes. Voir également Commission africaine, *loc.cit.*

[342] Il s'agit des rapports de l'Egypte, de la Lybie, du Nigéria, du Rwanda, de la Tanzanie, du Togo et de la Tunisie. Voir *Reports of the Secretary to the Commission.* Doc. OUA ACHPR (VIII), p.3 et 4.

[343] Cf. BENDEK, W., *Report and Comment of the 9th Session of the Africain Commission on Human and People's Right, op.cit.*, p.217; Centre Africain pour la Démocratie et les Etudes des droits de l'homme *la Commission africaine se réunit, Bulletin africain des droits de l'homme*, Vol. I, n° 2, juin 1991, p.2.

tions et recommandations) de la Commission africaine en souffre sérieusement.

Les quatre autres rapports (Egypte, Nigéria, Tanzanie et Togo) qui auraient dû être examinés à sa dixième session, tenue du 8 au 15 octobre 1991 à Banjul, ne le furent pas du fait, semble-t-il, d'une inadvertance du Secrétariat de la Commission africaine qui aurait oublié d'informer les États intéressés d'envoyer leurs représentants à ladite session[344].

Toutefois, durant l'année 1992, la Commission africaine a reçu quatre autres rapports[345]. Ce n'est qu'à sa onzième session, tenue du 2 au 9 mars 1992 à Tunis, qu'elle examina deux des quatre anciens rapports, ceux de l'Egypte et de la Tanzanie. Dans son rapport destiné au Président en exercice de l'OUA en vertu de l'article 41 du Règlement intérieur, elle ne formula aucune observation ni recommandation. Elle se contenta de constater de manière stéréotypée que cet examen avait bien eu lieu et remercia les deux États intéressés pour leur coopération[346].

À sa douzième session tenue du 12 au 21 octobre 1992 à Banjul, la Commission africaine devait procéder à l'examen des rapports initiaux du Nigéria, du Togo, du Cap-Vert, du Sénégal, de la Gambie et du Zimbabwe. Mais elle n'examina pas les rapports initiaux du Nigéria, du Togo et du Capt-Vert. Les trois pays concernés n'avaient pas dépêché de représentants. Quant aux trois autres rapports initiaux du Sénégal, de la Gambie et du Zimbabwe, la Commission africaine examina leur contenu. UN tel rythme de travail est nettement insatisfaisant et nous ne pouvons que recommander un véritable démarrage de cette fonction de la

---

[344] Review of the International Commission of Jurists, *African Commission on Human and Peoples' Rights*, n° 47, Geneva, December 1991, p.53; OUGUER-GOUZ, F., *op.cit.*, pp.309-314.

[345] Ceux du Cap-Vert de la Gambie, du Sénégal et du Zimbabwe.

[346] Cf. Review of the International Commission of Jurists, *Draft Report of the Eleventh Ordinary session of the African Commission on Human and Peoples' Rights,* Tunisia 2-9 March 1992, Tunis, pp.5-6.

Commission africaine qui constitue une des composantes essentielles de sa mission de protection des droits et libertés en Afrique[347].

Étant donné que la Commission africaine bénéficie de l'assistance nécessaire comme nous l'avons souligné précédemment, elle devrait publier ses observations relatives aux rapports périodiques étatiques pour apporter sa contribution sur la scène juridique internationale. La publication de ses observations et leur diffusion permettraient aux praticiens et aux militants en matière de droits et libertés en Afrique de connaître le fonctionnement des droits nationaux africains. De plus, la Commission africaine aurait effectivement l'occasion de participer à l'harmonisation du droit africaine des droits de la personne et des peuples.

Une nouvelle procédure des communications devant la Commission africaine

La fonction de protection des droits de la personne et des peuples de la Commission africaine consiste principalement dans l'examen des communications relatives à la violation des droits et libertés garantis par la Charte africaine. Les aspects procéduraux de cette fonction sont régis par le chapitre III de la Charte africaine (art. 46 à 59) et les chapitres XVI et XVII du Règlement intérieur de la Commission africaine (art. 87 à 118).

Devant la Commission africaine, le déclenchement, le déroulement, les conditions de recevabilité et d'examen des communications varient en fonction de la qualité de leur auteur (État ou personne physique ou morale) bien que l'issue de la procédure (l'établissement du rapport) soit identique.

---

[347] Cf. African Commission on Human and Peoples'Rights: *Final Communique of the 12th session 21 october 1992*, ACHPR/XII/COMFIN.

La procédure actuelle

La Charte africaine et le Règlement intérieur de la Commission africaine ont aménagé deux types de procédure orientés vers la conciliation dans le cas des communications émanant des États parties. Il s'agit de la procédure relative à la communication-négociation et de la procédure relative à la communication-plainte, les articles 47 à 49 de la Charte africaine et 87 à 92 du Règlement intérieur de la Commission africaine [348].

En premier lieu, la saisine de la Communication africaine par la procédure de la communication-négociation intervient lorsqu'un État partie prétend avoir de bonnes raisons de croire qu'un autre État partie a violé les dispositions de la Charte africaine. Dans ce cas, la communication est adressée directement à l'État intéressé, au Président de la Commission africaine et au Président du Conseil Exécutif de l'UA. Nous tenons à rappeler que le système africain privilégie la négociation bilatérale directe préalablement à toute saisine de la Commission africaine proprement dite, à la différence des systèmes européen et interaméricain qui font de la conciliation une partie intégrante de la procédure devant leur commission respective[349].

En second lieu, lorsque la communication-négociation n'est suivie d'aucun effet dans un délai de trois mois, elle se transforme en une communication-plainte[350]. Dans ce cas, le droit de saisir la Commission africaine appartient aux deux États. Toutefois, aux termes de l'article 49 de la Charte africaine, la procédure par la communication-plainte peut être engagée par un État partie en dehors de toute tentative de conciliation. Elle permet ainsi à l'État demandeur d'éviter d'entrer en contact

---

[348] Voir également MBAYE, K., *op.cit.,* pp.243-245 ; OUGUERGOUZ, F., *op.cit.*, pp.321-329.

[349] Voir les articles 28 et 30 de la CEDEH et les articles 48 et 49 de la CADH.

[350] Le délai imparti par l'article 32 de la CEDH et l'article 51 de la CADH est également de 3 mois. Par contre, l'article 41 du PIDCP prévoit un délai de six mois.

direct avec l'État mis en cause dans le cas où un tel contact n'est pas diplomatiquement désiré[351].

Dans tous les cas, la saisine de la Commission s'ouvrira par la notification adressée à la fois au Président de la Commission, au Président du Conseil Exécutif de l'UA et à l'État intéressé. La Commission africaine examine les communications reçues au cours d'une séance à huis-clos[352].

Les conditions de recevabilité de toute communication sont au nombre de trois : l'épuisement des voies de recours interne, l'échec de la procédure de conciliation et l'expiration du délai de trois mois prévus à l'article 48 de la Charte africaine[353].

Une fois la communication déclarée recevable, la Commission procède à l'instruction de l'affaire. Elle peut recourir à toute méthode d'investigation appropriée en la circonstance. Elle peut demander aux États parties de lui fournir toutes les informations susceptibles de l'éclairer. Les parties intéressées peuvent se faire représenter. Elles peuvent présenter des observations écrites, si elles le désirent.

---

[351] Tel serait le cas des États en conflit politique et militaire comme le Zaïre qui invoquait être envahi par le Rwanda, le Burundi et l'Ouganda. Voir l'interview de Mr G. KAMANDA wa Kamanda, Premier vice-premier ministre chargé des affaires étrangères du Zaïre, recueilli par Rachid N'DIAYA, Dans *Africa international, n° 300, décembre/janvier 1996,* pp.16-18 ; et celui de l'Ambassadeur du Rwanda au Zaïre, Son Excellence Antoine NYILINKINDI, idem, pp.19 et 95

[352] Le principe d'huis-clos est également consacré par l'article 17 du règlement intérieur de la Commission européenne et par l'article 14 du règlement intérieur de la Commission interaméricaine.

[353] Les articles 50 de la Charte africaine et 96 du Règlement précisent que les recours internes disponibles doivent être utilisés et épuisés conformément aux principes de droit international généralement reconnus. Il s'avère que d'une façon générale en Afrique, les recours internes sont inefficaces dans la mesure où les tribunaux internes appliquent des lois nationales souvent contraires aux obligations internationales des États. Cf. OUGUERGOUZ, F., *op.cit.,* ppK324-327 ; NGUEMA, I., *loc. cit.*

Mais six années après son installation, aucune communication émanant d'un État partie contre un autre État partie n'a été encore enregistrée par la Commission africaine, hormis celle présentée par la Libye contre les États-Unis d'Amérique. Elle fut déclarée irrecevable *ratione personae*[354].

Quant aux « *autres communications* »[355], soit celles émanant des personnes physiques ou morales, leur procédure est réglée par les articles 55 à 58 de la Charte africaine et les articles 101 à 118 du Règlement intérieur de la Commission africaine. Toute communication est adressée au Président du Conseil Exécutif de l'UA qui la transmet, à son tour, à la Commission africaine par l'intermédiaire de son Secrétaire général. Le Secrétaire général de la Commission africaine tient un registre permanant à cet effet. Il établit un bref résumé de la teneur de toute communication, qu'il distribue ensuite aux commissions (membres de la Commission).

Il ressort de l'article 55 al 2 de la Charte africaine que c'est à la Commission africaine, siégeant en séance plénière, qu'il appartient de prendre la décision quant à la recevabilité de la communication, et ce, à la majorité des commissaires.

Aux termes de l'article 56 de la Charte africaine, les conditions de recevabilité sont au nombre de sept. L'auteur de la communication doit

---

[354] Cf. UMOZURIKI, U.O., The History and Mandate of the African Commission, in *The Fond for Peace, Conference on The African Commission on Human and Peoples's Rigths*, June 24-26, 1991, p.11; OUGUERGOUZ, F., *op.cit.*, pp.327-328.

[355] Le juge K. MBAYE précise que les rédacteurs de la Charte ont utilisé l'expression « autres communications » dans le but de laisser à la jurisprudence de la Commission africaine la possibilité de se développer, compte tenu des circonstances et de préciser ce qu'il conviendrait d'entendre par autres communications. Avec le juge K. MBAYE, nous sommes autorisés à penser que les rédacteurs de la Charte ont entendu élargir le droit de saisine. Cf. MBAYE, K., *op.cit.*, pp.245-250.

préciser : 1) ses noms, adresse, âge, profession et justifier son identité même s'il demande à la Commission africaine de garder l'anonymat, 2) Le nom de l'État partie visé par la communication, 3) l'objet de la commission, 4) la ou les dispositions de la Charte africaine prétendument violées, 5) les moyens de fait, 6) les dispositions prises par l'auteur pour épuiser les recours internes, 7) la mesure dans laquelle la même question est déjà en cours d'examen devant une autre instance internationale d'enquête ou de règlement (*le respect du principe non bis in idem*). L'article 114 du Règlement intérieur reprend deux autres conditions qui sont déjà contenues dans l'article 56 de la Charte africaine, à savoir : la communication doit être présentée par la victime de la violation ou en son nom et son objet ne doit pas être en cours d'examen devant une autre instance internationale de règlement[356].

Comme on peut bien le remarquer, les conditions de recevabilité de ces « autres communications » sont très strictes et ce, dans le souci d'éviter des communications fantaisistes, manifestement abusives, futiles ou mal fondées. C'est donc un système de filtrage, à travers lequel nombreuses autres communications sont écartées.

Le déroulement de la procédure d'examen de la communication varie ensuite selon que l'on se réfère à la Charte africaine ou au Règlement intérieur de la Commission.

Si nous nous référons à l'article 58 al 1 de la Charte africaine, nous constatons que l'accent est mis sur le caractère massif de la violation d'un des droits et libertés consacrés par la Charte africaine. Dans ce cas, lorsqu'une seule communication révèle une situation de violations massives des droits et libertés, elle suffira à elle seule à décider la Commission africaine d'informer la Conférence des chefs d'État et de gouvernement de l'UA. Par contre, lorsqu'une seule communication révèle une violation isolée des droits et libertés, la Commission africaine attendra

---

[356] Les conditions de recevabilité sont sensiblement les mêmes que celles prévues par la CEDH (art. 26 et 27) et par la CADH (art. 46 et 47).

de recevoir suffisamment d'autres communications ayant le même objet et d'être ainsi assurée de l'existence d'un faisceau de violations du même droit ou de la même liberté avant d'en informer la Conférence des chefs d'État et de gouvernement. Dans ce cas, la Conférence des chefs d'État et de gouvernement pourra, à sa discrétion (sa compétence n'étant pas liée), charger la Commission africaine de procéder à une étude approfondie des situations rapportées par les communications en question[357].

Par contre, si nous nous référons au Règlement intérieur de la Commission africaine, plus précisément à son article 117 al 2, nous constatons que l'emphase est mis sur le caractère non massif de violation d'un droit ou d'une liberté garantis par la Charte. L'État mis en cause devra soumettre par écrit à la Commission africaine des déclarations qui éclaircissent la question à l'examen dans les quatre mois qui suivent la décision de recevabilité. Il indiquera, le cas échéant, les mesures qu'il a pu prendre pour remédier à la situation en cause. L'auteur de la communication, dûment informé de ces clarifications, pourra soumettre à son tour à la Commission africaine toutes les observations complémentaires dans un délai fixé par elle. Ensuite, la Commission africaine fera part à la Conférence des chefs d'État et de gouvernement de ses constatations à la lumière de tous ces renseignements[358]. Ce rapport de la Commission, qui constitue l'issue de la procédure devant elle, devra être établi dans un délai maximum de douze mois. Les conclusions de la Commission africaine contiendront les indications relatives aux parties, à leurs représentants et conseils, l'exposé des faits, les motifs sur lesquels se fondent

---

[357] Cf. MBAYE, K., *op.cit.*, pp.247-250; OUGUERGOUZ, F., *op.cit.*, pp.338-343 ; BUERGENTHAL, T./KISS, A., *op.cit.*, pp.138-141 ; SUDRE, F., *op.cit.*, pp.84-85.

[358] Cette procédure, instituée en vertu de l'article 118 du Règlement intérieur de la Commission africaine est similaire à celle devant le Comité des Droits de l'homme des Nations-Unies en matière de communications individuelles, telle que prévue aux articles 93 et 94 de son Règlement intérieur.

ses conclusions, un exposé de la procédure suivie, un résumé de l'argumentation des parties, des indications sur les résultats du scrutin, les opinions individuelles ou dissidentes des commissaires[359].

D'après les estimations de F. Ouguergouz, auquel nous nous fiions en raison de l'indisponibilité d'autres statistiques précises, le nombre total de communications reçues par le Secrétariat de la Commission africaine à la mi-mars 1992 dépasserait légèrement la centaine. Mais seulement trente-six méritaient véritablement le nom de *« communication »*[360]. Aucune de ces communications traitées par la Commission africaine n'a donné lieu à une décision définitive sur le fond jusqu'à ce jour[361].

Nous pensons que ce résultat très décevant est la conséquence logique des deux facteurs. Premièrement, la Commission africaine consacre très peu de son temps à sa fonction de protection des droits de la personne et des peuples. Nous avons à ce propos relevé que lors de sa

---

[359] En cas de conclusions positives sur la violation d'un droit ou d'une liberté, la Commission africaine peut recommander la cessation de celle-ci, ou l'indemnisation ou la publication de son rapport ou la condamnation solennelle de l'État en cause ou sa mise en quarantaine. En cas de conclusions négatives, elle peut recommander la publication de son rapport si celle-ci présente un intérêt pour la promotion et la protection des droits de la personne et des peuples. Cf. OUGUERGOUZ, F., *op.cit.*, pp.343-346.

[360] Il s'agit de 2 communications des ONG (l'Union des scolaires Nigériens à Cotonou (Benin) contre le Niger et de Peoples'Democratic Organization for independance and socialism de Gambie contre la Gambie) et de 34 communications individuelles contre le Bénin, le Burkina Faso, le Cameroun, l'Egypte, le Malawi, le Nigéria, le Rwanda, la Tanzanie, la Tunisie, l'Ouganda, le Soudan, le Zaïre et la Zambie. Cf. *Report of the secretary to the Commission,* Doc. OUA, ACHPR (VII), pp.5-6 ; OUGUERGOUZ, F., *op.cit.,* p.345.

[361] Une grande partie des communications reçues ont été introduites contre des États non parties à la Charte africaine tels que l'Afrique du Sud, les États-Unis d'Amérique, l'URSS, le Nicaragua, le Salvador, les Philippines ou le Mexique. En conséquence, elles ne peuvent pas être considérées par défaut de compétence ratione personae. Cf. OUGUERGOUZ, F., *op.cit.*, pp.344-345.

neuvième session tenue à Lagos du 18 au 25 mars 1991, la Commission africaine avait consacré un jour seulement sur huit à l'examen des communications qui lui étaient parvenues. Deuxièmement, la Commission africaine manque de motivation dans son travail, car l'issue de la procédure est sanctionnée par une décision politique et son rapport est dépourvu d'un caractère obligatoire[362]

La procédure à souhaiter pour le traitement des communications devant la Commission africaine

Certes, le bilan de la Commission africaine quant à l'examen des communications étatiques et non-étatiques est insignifiant. Mais le nombre élevé de communications qui lui sont adressées donne la mesure des espoirs placés en elle. Nous proposons ici des éléments qui devraient être pris en considération en vue d'améliorer l'actuelle procédure devant la Commission africaine.

En rapport avec la condition de recevabilité afférente à l'épuisement des voies de recours interne, la Commission africaine se devrait d'être plus réaliste et pragmatique. En Afrique, les victimes de la violation des droits et libertés sont ceux qui sont les plus démunis financièrement pour s'assurer les services juridiques ou judiciaires nécessaires à la protection des droits et libertés garantis par le droit international africain des droits de la personne et des peuples. En plus, les régimes totalitaires sont encore présents sur le continent africain et par conséquent les défenseurs des droits et libertés sont encore menacées d'exécution sommaire ou de disparition. L'exemple de la Commission interaméricaine est très inspirateur à ce sujet. Dans son avis consultatif du 10 août 1990, la Commis-

---

[362] Le commissaire I. NGUEMA insiste sur le fait qu'il faudrait que le travail de la Commission aboutisse à un résultat concret quelconque pour stimuler davantage les commissaires, *Entretien recueilli à Montréal*, loc.cit., Voir également dans le même sens BENEDEK, W., *op.cit.*, p.218 ; OUGUERGOUZ, F., *op.cit.*, pp.346-349.

sion interaméricaine a décidé de ne plus tenir compte de l'exigence de la condition de l'épuisement des voies de recours interne dans certains cas. Elle l'a fait en ces termes :

> « Si l'individu n'a pas les moyens financiers de payer les services juridiques ou judiciaires nécessaires à la protection du droit garanti par la Convention, l'épuisement des voies de recours internes ne devrait pas être requis pour introduire une requête devant la Commission interaméricaine. De même, si l'individu n'arrive pas à trouver un défenseur du fait que personne n'ose assurer sa défense en raison de la menace qui pèserait sur la vie du défenseur ou de sa famille[363].

De même, la procédure de conciliation au préalable ne devrait plus être exigée seulement dans le cadre de la procédure ordinaire. Elle doit avoir lieu dans le cadre de la procédure extraordinaire en vue de réaliser le rapprochement entre les États africains et de participer ainsi à la consolidation de l'unité africaine conformément aux objectifs de la Charte de l'OUA de 1963.

Il y aurait lieu de prévoir dans la Charte africaine ou le Règlement intérieur de la Commission africaine, la possibilité pour la Commission d'effectuer des enquêtes sur les lieux ou enquêtes *in loco*. Souvent les faits rapportés à la Commission ne sont pas empreints de toute l'objectivité qu'exigent les règles de la déontologie judiciaire aux fins de rendre une sentence juste et équitable[364].

Il y aurait lieu de prévoir également que la Commission prenne des mesures provisoires, non seulement lorsqu'il s'agit d'une communication non étatique, mais également pour toute communication étatique.

---

[363] Voir §30 à 33 de l'avis consultatif, in *Netherlands Quaterly of Human Rights*, 1990, n° 4, p.470.

[364] Voir les articles 18 et 41 du Règlement intérieur de la CADH qui prévoient cette possibilité.

Pour assurer un fonctionnement adéquat et permanent de la procédure devant elle, nous recommandons que la Commission puisse disposer, au sein de son Secrétariat, du personnel nécessaire pour procéder à des pré-examens ou filtrages des communications[365]. Le personnel devait être permanent pour accroître son efficacité[366].

Aux fins d'accélérer l'harmonisation du droit international africain des droits de la personne et des peuples (la Charte africaine et la Convention de l'OUA régissant les aspects propres des problèmes des réfugiés en Afrique) avec les droits internes des États africains, et aussi au nom de la transparence qu'exige la pratique démocratique, il y aurait lieu de mettre de côté le mythe de la confidentialité qui entoure la procédure de protection des droits et libertés garantis par le système africain. Cela se traduirait non seulement par la publication de tous les rapports que la Commission africaine des droits de l'homme et des peuples aurait à transmettre à la Conférence des chefs de l'État et de Gouvernement de l'UA mais également par la publication de ceux qu'elle aurait à transmettre à la Cour africaine des droits de l'homme et des peuples à sa création.

---

[365] Le personnel de la Commission africaine est composé du secrétaire Mutsinzi, du conseiller juridique Al Hadji Amadou NIANG et du documentaliste Momodou BALDEH. Durant la 12ème session de la Commission africaine, les commissaires avaient à plusieurs reprises exprimé leur préoccupation quant aux attitudes négatives du secrétariat dans l'accomplissement de ses fonctions. Le secrétaire de la Commission avait répliqué qu'il ne dépendait pas d'eux mais qu'il faisait plutôt partie du secrétariat de l'OUA. Cf. La société africaine de droit international et comparé, *op.cit.*, pp.15-17.

[366] Signalons que le Conseil de l'Europe venait de décider de remplacer la Commission et la Cour européennes des Droits de l'homme par une nouvelle Cour permanente en raison principalement de l'augmentation des requêtes et du nombre croissant des membres du Conseil de l'Europe. Voir *Projet de Protocole n° 11*, révisé, 13 décembre 1993 sur la réforme du mécanisme de contrôle de la CEDH, RUDH, Vol. 5 n° 9-10 du 20 décembre 1993, p.374ss.

Il en serait de même des rapports que la Commission africaine pour les minorités, les réfugiés et les problèmes humanitaires ainsi que la Commission africaine pour la démocratisation auraient à transmettre tant aux États concernés ou mis en cause, à toutes les organisations gouvernementales ou non gouvernementales concernées qu'au président en exercice de l'UA.

Les décisions prises par la Conférence des chefs de l'État et de Gouvernement de l'UA en matière des droits de la personne et des peuples ne feraient pas exception à cette recommandation.

Le renforcement de la Cour africaine des droits de l'homme et des peuples

Nous insisterons dans un premier temps sur la nécessité de renforcer la Cour africaine des droits de l'homme et des peuples pour nous pencher ensuite sur sa mission et sa procédure.

La nécessité de l'institution d'une Cour africaine

C'est d'abord dans le cadre d'un comité de quatorze États-membres mandaté pour faire des propositions sur la réforme des structures de l'OUA lors de la 28ème session du Conseil des ministres de l'OUA tenu à Lomé (Togo), du 21 au 29 février 1977, que la République populaire du Congo proposa pour la première fois la création d'une Cour africaine de justice[367].

La République populaire du Congo recommandait que cette juridiction remplie un rôle analogue à celui de la Cour internationale de justice et serait en même temps le tribunal administratif de l'OUA[368]. Le projet

---

[367] Voir La proposition congolaise sur la réforme des structures de l'OUA, dans E. KWAM KOUASSI, *op.cit.*, pp.246-248.

[368] La Cour africaine de justice remplirait un rôle analogue à celui de la Cour internationale de justice au sein de L'Onu. Cf ; MAVUNGU, M.-di-N., *Le Règlement judiciaire des différends interétatiques en Afrique, op.cit.,*

congolais prévoyait que cette Haute Cour serait composée d'un corps de magistrats indépendants élus par la Conférence des chefs d'État et de gouvernement de l'OUA. Les candidats seraient des personnes jouissant de la haute considération morale et réunissant les conditions requises pour l'exercice des plus hautes fonctions judiciaires ou des jurisconsultes possédant une compétence notoire en matière de droit international[369]. Le nombre serait de dix membres, deux pour chacune des cinq sous-régions africaines. La Cour africaine de justice serait compétente pour interpréter la Charte de l'OUA et les conventions régissant les relations interafricaines. Elle pallierait aux insuffisances et carences de la Commission de médiation, de conciliation et d'arbitrage en répondant ainsi au besoin de justice en Afrique[370].

Mais précisons que les États africains semblent peu enclins à instituer une Cour africaine de justice dans un continent où l'instabilité politique est quasi permanente. À ce propos, M.-di-N. Mavungu constate que :

> « La création d'une telle institution suppose, a priori, un mini
> mum de cohésion entre États, la même attitude envers le droit
> international régional et général en adoptant et en appliquant
> des règles communes et, enfin, un même idéal de justice inter
> nationale qui est de trancher le différend sur la base du droit

---

pp.129-176 ; COCATRE-ZILGIEN, A., « *Justice internationale facultative et justice internationale obligatoire* », dans RGDIP, Vol. 80, 1976, pp.687-737.

[369] Les critères standards retenus sont à une différence près ceux déjà consacrés par l'article 2 du statut de la CIJ : « *La Cour est un corps de magistrats indépendants, élus, sans égard à leur nationalité, permis les personnes jouissant de la plus haute considération morale, et qui réunissent les conditions requises pour l'exercice, dans leurs pays respectifs, des plus hautes fonctions judiciaires, ou qui sont des jurisconsultes possédant une compétence notaire en matière de droit international* ».

[370] Voir le rapport du professeur BARBIER, dans E. KWAM KOUASSI, *op.cit.*, pp.250-253.

afin de contribuer à la régulation des relations internationales »[371].

Nous observons que cette répugnance au règlement juridictionnel se traduit même dans les traités interafricains[372]. Notre constat est que l'idée de la création de la Cour africaine de justice, tout comme celle de redynamiser la Commission de médiation, de conciliation et d'arbitrage sombrent dans les oubliettes. Sur ce, nous recommandons aux États africains de considérer le règlement judiciaire comme un moyen de mettre fin à un différend qui est de nature à développer et à consolider leurs relations fraternelles et non comme un acte inamical. À cet effet, il conviendrait qu'ils prévoient dans leurs traités ou conventions le règlement judiciaire, lequel règlement constitue une soupape de sécurité au règlement politique et diplomatique. Ainsi, l'UA pourrait arriver un jour à instaure une Cour africaine de justice en son sein.

Nous tenons néanmoins à rappeler que le refus de créer une Cour internationale africaine de justice tout comme une Cour des droits de la personne et des peuples qui se reflète dans la Charte africaine des droits de l'homme et des peuples se fonderait, du moins en partie, sur une

---

[371] Cf. MAVUNGU, M.-di-N., *Le Règlement judiciaire des différends interéta-tiques en Afrique, op.cit.*, p.123.

[372] Voir, à titre d'exemple, l'article 15 de la Convention portant création de l'autorité du bassin du Niger signé à Faranah (Guinée), le 21 novembre 1980, article qui dispose que : « Tout différend pouvant surgir entre les États membres dans l'interprétation ou l'application de la présente Convention est réglé à l'amiable par voie de négociation directe. A défaut, le différend est porté par l'une des parties devant le Sommet qui statue définitivement ». Et l'article 25 de la Convention portant création du Centre International des Civilisations Bantou, CICIBA, signé à Libreville, le 8 janvier 1983 ? 2NONCE QUE/ 3& ; Tout diffé-rend relatif à l'interprétation ou à l'application de la présente Convention qui n'est pas réglé par voie de négociation ou par consensus est déféré à la Confé-rence des Ministres chargés des affaires culturelles pour décision par toute partie audit différend ; 6. La décision de la Conférence des Ministres de la culture est sans appel ». Voir Textes dans GLELE, A.M., op.cit., pp.484 et 503.

certaine explication philosophique en Afrique subsaharienne. Celle-ci voudrait que c'est au cours des palabres que l'on cherche et trouve les solutions aux conflits. Les solutions aux conflits ne devraient pas avoir pour effet de détruire le tissu social en Afrique subsaharienne. Elles ne devraient pas laisser des traces dans une communauté où l'on considère qu'il n'y a ni vaincu ni vainqueur dans un conflit[373].

Mais aujourd'hui, deux arguments nous suggèrent que le moment est venu de procéder au renforcement du mécanisme de protection africain des droits et libertés.

Premièrement, le nombre impressionnant de près de 100 communications qui sont parvenues auprès de la Commission africaine sans qu'aucune d'elles n'ait donné lieu à une décision finale ou un arrêt définitif sur le fond jusqu'à ce jour, nous laisse croire sans équivoque que les rapports transmis à la Conférence des chefs d'État et de gouvernement de l'OUA constituent « l'enterrement des communications » qui lui sont parvenues.

Deuxièmement, les récentes mutations significatives intervenues en Afrique en faveur de la démocratie et du respect des droits de la personne et des peuples qui présagent un processus démocratique pas toujours pacifique nous amènent à militer en faveur de l'instauration d'un moyen de recours judiciaire fiable et efficace, lequel recours pourrait constituer un gage de l'établissement de l'État de droit.

---

[373] Par exemple, G.HERAULT RAPPORTE QUE/ 3Chez les Yoruba du Nigeria, les juges d'Ibadan, sous la direction de l'olubadan (roi), arbitraient les conflits, mais dans le cadre d'une philosophie politique : l'amoluabi (code de bonne conduite, de sociabilité, d'honorabilité et de loyauté). Ici, la palabre se propose moins de distribuer des sanctions que de convaincre, de réconcilier, de restaurer la paix dans la communauté perturbée par le conflit. Cf. HERAULT, G., « *Modes informels de résolution des conflits dans les quartiers pauvres d'Ibadan* », dans *Pauvreté urbaine et accès à la justice en Afrique*, Paris, L'Harmattan, 1995, p.23.

Parallèlement à notre préoccupation, la Commission internationale de Juristes avait organisé à Dakar (Sénégal), du 13 au 15 janvier 1993, des journées de réflexion portant sur la Charte africaine dont les conclusions s'orientent également vers la création d'une Cour africaine des droits de l'homme et des peuples. Il convient de signaler que cette proposition remonte au Congrès de Lagos, organisé sous ses auspices en 1961.

C'est la CIJ qui a élaboré l'Avant-projet final du Protocole additionnel relatif à la Charte africaine des droits de l'homme et des peuples portant création d'une Cour africaine des droits de l'homme et des peuples lors de son cinquième atelier sur la participation des ONG aux travaux de la Commission africaine des droits de l'homme et des peuples tenu du 28 au 30 novembre 1993 à Addis-Abeba (Ethiopie)[374].

Dans ses recommandations, la CIJ demandait à la Commission africaine de se faire mandater par la Conférence des chefs d'État et de gouvernement de l'OUA pour élaborer un Protocole additionnel à la Charte africaine des droits de l'homme et des peuples portant création d'une Cour africaine des droits de l'homme et des peuples[375].

À notre connaissance, l'Avant-projet final du Protocole additionnel à la Charte africaine ainsi que son document explicatif ont été transmis aux Chefs d'État et de gouvernement de l'OUA et au Président en exercice de l'OUA aux fins qu'ils servent de documents de travail au Comité d'experts gouvernementaux qui serait chargé d'élaborer le Protocole additionnel à la Charte africaine portant création d'une Cour africaine des droits de l'homme et des peuples[376].

---

[374] Voir CIJ, Conclusions et recommandations du cinquième atelier sur la participation des ONG aux travaux de la Commission des droits de l'homme et des peuples du 28 au 30 novembre 1993 à Addis-Abeba (Ethiopie), p.3.

[375] Voir CIJ, Rapport de synthèse des journées de réflexion portant sur la Charte africaine des droits de l'homme et des peuples du 13 au 15 janvier à Dakar (Sénégal), Genève, 1993, p.6.

[376] Ibid.

Ainsi, à sa session de juin 1994 à Tunis (Tunisie), la Conférence des chefs d'État et de gouvernement de l'OUA demanda au Secrétaire général de l'OUA de convoquer une réunion d'experts gouvernementaux, pour procéder, en consultation avec la Commission africaine, à l'examen des possibilités de renforcer l'efficacité de la Commission africaine et de créer une Cour africaine des droits de l'homme et des peuples[377].

Conformément à cette recommandation, le Secrétaire général procéda à la convocation de trois réunions des experts juridiques gouvernementaux, réunions élargies aux diplomates et à la Conférence des Ministres de la Justice des États membres de l'OUA, en vue de poursuivre l'examen de ce projet[378]. Les Ministres de la Justice adoptèrent le projet de Protocole à l'issue de leur Conférence, le 12 décembre 1997 et recommandèrent son adoption par le Conseil des Ministres des Affaires Etrangères et par la Conférence des chefs d'État et de gouvernement de l'OUA[379]. Le Protocole fut adopté en février 1998 par le Conseil des Ministres des Affaires Etrangères et le 09 juin 1998 à Ouagadougou (Burkina Fasso) par la Conférence des chefs d'État et de gouvernement de l'OUA[380].

---

[377] OUA, Doc. OAU/LEG/EXP/AFC/HPR (I), septembre 1995 ; NALDI, G.J/MAGLIVERAS, « The Proposed African Court of Human and People's Rights : Evaluation and Comparison », *Revue africaine de droit international et comparé,* vol. 8, 1996, pp.944-969.

[378] Ces réunions ont eu lieu au Cap (Afrique du Sud) du 6 au 12 septembre 1995, à Nouakchtott (Mauritanie) du 11 eu 14 avril 1997 et à Addis-Abeba (Ethiopie) du 8 au 11 décembre 1997. Voir MUBIALA, M., « La Cou africaine des droits de l'homme et des peuples : Mimétisme institutionnel ou avancée judiciaire ? », *RGDIP*, 1998, pp.769-771.

[379] Cf. OUA, Doc. CM/déc. 23 (LX VII), Rev. 1.

[380] Voir Protocole additionnel relatif à la Charte africaine des droits de l'homme et des peuples portant création de la Cour africaine des droits de l'homme et des peuples, OUA, Doc. CM/2051 (LXVI).

Le Protocole est entré en vigueur le 25 Janvier 2004, après avoir été ratifié par plus de 15 pays[381]. À ce jour du 31 décembre 2019, trente (30) États seulement ont ratifié le Protocole. Il s'agit de l'Algérie, du Bénin, du Burkina Faso, du Burundi, de la Côte d'Ivoire, des Comores, du Congo, du Gabon, de la Gambie, du Ghana, du Kenya, de la Libye, du Lesotho, du Mali, du Malawi, du Mozambique, de la Mauritanie, de Maurice, du Nigéria, du Niger, du Rwanda, de la République arabe sahraouie démocratique, de l'Afrique du Sud, du Sénégal, de la Tanzanie, du Tchad, du Togo, de la Tunisie, l'Ouganda et la République du Cameroun.

Le Protocole prévoit qu'une fois qu'un État a ratifié le Protocole, il doit aussi faire une déclaration spéciale acceptant la compétence de la Cour africaine pour permettre aux citoyens se saisir directement la Cour. À ce jour neuf pays seulement ont fait une telle déclaration. Ces pays sont le Benin, le Burkina Faso, la Côte d'Ivoire, la Gambie, le Ghana, le Malawi, le Mali, la Tanzanie et la Tunisie.

En général, la Cour a compétence pour connaitre de toutes les affaires et les différends dont elle est saisie concernant l'interprétation et l'application de la Charte africaine des droits de l'homme et des peuples, du Protocole et de tout autre instrument pertinent relatif aux droits de l'homme ratifié par les États concernés.

Elle se compose de onze juges, ressortissants des États membres de l'UA. Il ressort des directives de l'UA relatives à la désignation et à l'élection des candidats au poste de juge que la Cour a le nombre suivant de juges de chaque région : Est (2), Nord (2), Centre (2), Ouest (3) et Sud (2). La Cour ne peut comprendre deux juges de la même nationalité.

Ces premiers juges ont été élus en Janvier 2006, à Khartoum, au Soudan. Ils ont prêté serment devant l'Assemblée des chefs d'État et de

---

[381] Voir Fédération Internationale des Ligues des Droits de l'homme (FILDH), Guide Pratique, La Cour Africaine des Droits de l'homme et des peuples, vers la Cour Africaine de Justice et des Droits de l'homme, Paris, 2010, 222 p.

gouvernement de l'Union africaine, le 2 Juillet 2006, à Banjul, en Gambie. Ils sont élus, après leur nomination par leurs États respectifs, à titre personnel parmi des juristes africains jouissant d'une très haute autorité morale, et d'une compétence et d'une expérience judiciaires ou académiques reconnues dans le domaine des droits de l'homme pour une période de six ou quatre ans et sont rééligibles une seule fois.

Parmi eux, ils élisent un président et un vice-président de la Cour pour un mandat de deux ans. Ils ne peuvent être réélus qu'une seule fois. Le Président de la Cour exerce ses fonctions à temps plein et réside au lieu du siège de la Cour, tandis que les dix autres (10) juges travaillent à temps partiel. Dans l'exercice de ses fonctions, le Président est assisté par un greffier qui exerce les fonctions de gestion administrative du Greffe de la Cour. Elle a officiellement débuté ses activités à Addis-Abeba, en Ethiopie en novembre 2006, mais en août 2007, elle s'est délocalisée vers son siège à Arusha, en République Unie de Tanzanie, où son Gouvernement lui a fourni des locaux provisoires en attendant la construction d'un structure permanente.

Entre 2006 et 2008, la Cour s'est occupée essentiellement des questions opérationnelles et administratives, y compris l'élaboration de la structure du Greffe de la Cour, la préparation de son budget et la rédaction de son Règlement intérieur provisoire.

En 2008, lors de la neuvième session ordinaire de la Cour, les juges de la Cour ont provisoirement adopté ce Règlement intérieur provisoire en attendant la concertation avec la Commission africaine des droits de l'homme et des peuples, basée à Banjul, en Gambie, en vue d'harmoniser les règlements intérieurs de ces deux institutions aux fins de réaliser l'objet des dispositions du Protocole portant création de la Cour. Ce Protocole exige que les deux institutions harmonisent leurs règlements intérieurs respectifs afin de parvenir à la complémentarité souhaitée entre la Cour africaine des droits de l'homme et des peuples et la Commission africaine des droits de l'homme et des peuples. Ce processus d'harmonisation est arrivé à son terme en avril 2010 et en juin 2010, la Cour a adopté le Règlement intérieur définitif de la Cour.

En vertu du Protocole, article 5, et du Règlement intérieur de la Cour, article 33, la Cour peut recevoir des plaintes et /ou des requêtes qui lui sont soumises, soit par la Commission africaine des droits de l'homme et des peuples ou par les États parties au Protocole ou des organisations intergouvernementales africaines. Les organisations non gouvernementales jouissant du statut d'observateur auprès de la Commission africaine des droits de l'homme et des peuples et des individus ressortissant des États qui ont fait une déclaration acceptant la compétence de la Cour peuvent également saisir directement la Cour. Notons que, dès sa création, la Cour africaine a frôlé le risque d'être un *« organe judiciaire mort-né »*. En effet, il était prévu à l'origine une fusion entre ce qui est aujourd'hui la Cour africaine des droits de l'homme et des peuples et la Cour de justice de l'Union africaine en une Cour africaine de justice et des droits de l'homme, pour des raisons sans doute financières. Toutefois, dans l'attente de cette fusion, la Cour africaine des droits de l'homme et des peuples est bel et bien opérationnelle depuis 2006 : elle a inauguré sa jurisprudence le 15 décembre 2009 suite à une requête en date du 11 août 2008 introduite par M. *Michelot Yogogombaye* c. *République du Sénégal*. Donc, la Cour d'Arusha reste un organe judiciaire en sursis ou de transition[382].

La mission et la procédure devant la Cour africaine

Pour les besoins de notre analyse, nous nous inspirons du Protocole additionnel portant création d'une Cour africaine des droits de la personne et des peuples avec comme document de référence. Ce dernier, nous est d'une grande utilité dans notre définition de la mission qui est

---

[382] Ibid.

celle de la Cour africaine ainsi que pour la procédure à prévoir devant elle[383].

Ainsi, nous examinerons successivement, et de façon succincte, quels sont l'organisation, le fonctionnement, les fonctions et la procédure devant la Cour africaine. Précisons que la Cour africaine est, après la Commission africaine, le second organe de recours dans le système de protection des droits et libertés garantis par le droit international africain des droits de la personne et des peuples.

La mission de la Cour africaine

Le rôle premier qu'a à assumer la Cour africaine consiste à renforcer le mandat de protection de la Commission africaine comme le prévoit également l'article 2 du Protocole[384]. Aux termes de l'article 3 *(compétence contentieuse),* il consiste à trancher tous les différends relatifs à l'interprétation et à l'application du droit international africain des droits de la personne et des peuples (compétence *ratione materiae),* notamment de la Charte africaine, de la Convention africaine régissant les

---

[383] Voir Protocole additionnel relatif à la Charte africaine des droits de l'homme et des peuples, cinquième atelier sur la participation des ONG aux travaux de la Commission africaine des droits de l'homme et des peuples tenu du 28 au 30 novembre 1993 à Addis-Abeba, Ethiopie, Précisons que les rédacteurs du projet du Protocole se sont inspirés des instruments régionaux et universels existants tels que le statut des Cours européenne et interaméricaine, le statut de la Cour internationale de justice ainsi que le rapport de la Commission de droit international sur la question d'une juridiction pénale internationale et d'autres instruments internationaux d'interprétation. Voir Introduction de la note explicative se rapportant au Protocole additionnel en annexe.

[384] L'article 2 du Protocole dispose que : « *La Cour, tenant dûment compte des dispositions du présent Protocole, complète les fonctions de protection que la Charte africaine des droits de l'homme et des peuples (ci-après dénommée la Charte) a conférées à la Commission africaine des droits de l'homme et des peuples (ci-après dénommée la Commission* ».

aspects propres aux réfugiés et de la Convention africaine contre la torture, lorsque ces différends lui seraient soumis par la Commission africaine[385].

Le Protocole prévoit à son article 5 (compétence *ratione personae)* la possibilité pour plusieurs parties de saisir directement la Cour africaine[386]. Nous ne sommes pas favorables à cela pour deux raisons. Premièrement, le caractère permanent de la Commission africaine, que nous recommandons, est incompatible avec cette démarche. Deuxièmement, cela constituerait une atteinte considérable à la procédure de conciliation dont la Commission africaine est et serait garante et au rôle d'interface entre la Cour *(juridiction facultative)* et les parties précitées que jouerait la Commission africaine (juridiction obligatoire ou *de plano)*. Selon nous, toutes les communications devraient être soumises à la Cour africaine par l'intermédiaire de la Commission africaine. Car, aux termes de l'article 6 du Protocole, la Cour sollicite l'avis de la Commission pour statuer sur la recevabilité des requêtes individuelles et peut renvoyer

---

[385] L'article 3 du Protocole précise que : « *1. La Cour a compétence pour connaître de toutes les affaires et de tous les différends dont elle est saisie concernant l'interprétation et l'application de la Charte, du présent Protocole, et de tout autre instrument pertinent relatif aux droits de l'homme et ratifié par les États concernés ; 2. En cas de contestation sur le point de savoir si la Cour est compétente, la Cour décide ».* Et l'article 7 du Protocole prescrit que : « *1. La Cour applique la Charte ainsi que tout autre instrument pertinent relatif aux droits de l'homme et ratifié par l'État concerné ».*

[386] L'article 5 énonce que : « *1. Ont qualité pour saisir la Cour : a) la Commission ; b) l'État partie qui a saisi la Commission ; c) l'État partie contre lequel une plainte a été introduite ; d) l'État partie dont le ressortissant est victime d'une violation des droits de l'homme ; e) les organisations intergouvernementales africaines. A. Lorsqu'un État partie estime avoir un intérêt dans une affaire. Il peut adresser à la Cour une requête aux fins d'intervention. 3. La Cour peut permettre aux individus ainsi qu'aux organisations non gouvernementales (ONG) dotées du statut d'observateur auprès de la Commission d'introduire des requêtes directement devant elle conformément à l'article 34 (6) de ce Protocole ».*

devant elle de telles affaires[387]. En ce qui a trait à la compétence *ratione temporis*, elle a été très discutée par le prétoire de la Cour africaine. Cette dernière est en effet compétente pour connaître des affaires portées devant elle à condition que, à la date critique de commission des faits à l'origine, l'État en cause ait ratifié le Protocole de Ouagadougou, et ce, conformément à l'argumentation de la Cour africaine dans l'affaire *Norbert Zongo* c. *Burkina Faso*.

Aux fins d'enrichir la jurisprudence internationale africaine, la Cour africaine serait appelée à donner des avis consultatifs (*compétence consultative)* sur toutes les questions d'interprétation des traités ou conventions africains se rapportant aux droits de la personne et des peuples (article 4). La Cour africaine devrait être saisie de tous les différends survenus avant son institution et ce conformément aux principes de droit généralement admis en droit international.

La Cour africaine devrait, à notre avis, être organisée, en principe, comme les deux autres cours régionales[388]. Toutefois, nous ne manquerons pas de souligner certaines différences ou certaines spécificités de la Cour africaine par rapport aux deux autres Cours régionales, et ce, à la lumière du Protocole.

Il serait souhaitable que la ratification du Protocole inclue automatiquement la déclaration d'acceptation de la compétence de la Cour afri-

---

[387] *L'article 6 dispose : « 1. La Cour, avant de statuer sur la recevabilité d'une requête introduite en application de l'article 5 (3) du présent Protocole, peut solliciter l'avis de la Commission qui doit le donner dans les meilleurs délais ; 2. La Cour statue sur la recevabilité des requêtes en tenant compte des dispositions de l'article 56 de la Charte ; 3. La Cour peut connaître des requêtes ou les renvoyer devant la Commission ».*

[388] Sous réserve de la réforme précitée du Projet de Protocole n° 11 du Conseil de l'Europe, elle devrait être organisée comme la Cour européenne (voir les articles 38 à 56 du titre IV de la CEDH) et comme la Cour interaméricaine (voir les articles 52 à 73 du chapitre VIII de la CADH). Voir également SUDRE, F., *op.cit.*, p.80 et 230ss ; BUERGENTHAL, T./KISS, A., *op.cit.*, pp.72-79 et 114-126.

caine et de l'acceptation aux citoyens de saisir directement la Cour africaine vu qu'ils sont au centre des Droits de l'homme et des peuples.

Il serait aussi souhaitable que la Cour africaine soit composée de vingt juges africains. Notre positon se fonde sur l'importance de la diversité des réalités politiques, économiques, socioculturelles que reflète chaque sous-région africaine. Ils proviendraient des cinq sous-régions que comprend l'Afrique contrairement au Protocole qui prévoit onze juges (art. 11). Les juges seraient élus au scrutin secret (art. 14), pour un mandat non de six ans renouvelables une fois (art. 15), mais de neuf ans renouvelables (ce qui assurerait une sécurité judiciaire) par la Conférence des chefs d'État et de gouvernement de l'OUA à partir d'une liste des candidats présentés par les États parties à la Charte africaine et non au Protocole (art. 13). Ils seraient choisis parmi les juges africains jouissant d'une haute autorité ou intégrité morale, d'une compétence reconnue dans le domaine des droits de la personne et des peuples et d'une expérience en matière de droit international (art. 11).

Les juges africains élus bénéficieraient de l'immunité reconnue en droit international qui constituerait, en soi, le gage de leur indépendance vis-à-vis des États africains (art. 17). Nous émettons l'idée non retenue dans le Protocole selon laquelle les juges nationaux ou les juges *ad hoc* pourraient y siéger lorsque la Cour africaine le jugerait nécessaire[389]. Cette pratique constituerait en soi une bonne voie pour atteindre l'harmonisation du droit interne des États africains et du droit interna-

---

[389] L'article 12 du Protocole dispose que : « *1. Au cas où un juge possède la nationalité de n'importe lequel des États parties à une affaire, il conserve le droit de siéger dans l'affaire dont la Cour est saisie ; 3. Si un des juges appelés à connaître d'une affaire est ressortissant d'un des États parties dans l'affaire, tout autre État partie dans l'affaire peut désigner une personne de son choix pour siéger à la Cour en qualité de juge ad hoc* ». Le fait qu'un juge de la nationalité de l'État en cause puisse siéger renforcerait la crédibilité de la Cour à l'égard de cet État en même temps qu'il apporterait à la Cour des précisions concernant les systèmes juridique et judiciaire de l'État en cause.

tional africain des droits de la personne et des peuples très vivement souhaitée en Afrique.

Nous suggérons que le siège de la Cour africaine, actuellement à Arusha, soit établi dans la même ville que celui de la Commission africaine, actuellement à Banjul, pour les mêmes raisons que nous avons avancées lorsque nous avons traité de cette question en rapport avec les deux autres commissions africaines précitées, et non un siège mobile comme le prévoit le Protocole[390]. Ce devrait être dans un État respectueux des droits et libertés et dans une ville accessible par les divers moyens de communication.

La Cour africaine soumettrait à la Conférence des chefs d'État et de gouvernement de l'UA à chacune des sessions ordinaires de cette dernière, un rapport sur ses travaux (art. 31), préparé par son Greffe (art. 24). Pour les mêmes raisons que nous avons déjà invoquées en rapport avec la Commission africaine, la publication des avis consultatifs et des arrêts de la Cour africaine devrait être obligatoire (art. 28 al. 5).

Le Règlement intérieur de la Cour africaine (art. 33) devrait régir toutes les questions relatives à la bonne conduite de ses travaux et tous autres détails pertinents à son bon fonctionnement. Il y aurait surtout lieu de prendre en considération le nombre de sessions par année que la Cour africaine aurait à tenir. Trois sessions par année de deux semaines chacune serait une bonne formule qui permettrait une analyse (une étude) sérieuse des plaintes enregistrées.

---

[390] L'article énonce : « *1. Le siège de la Cour est établi dans un État partie au Protocole par la Conférence. La Cour peut toutefois siéger sur le territoire de tout État membre de l'UA sur décision de la majorité de ses membres et avec l'agrément préalable de l'État concerné. La Conférence peut décider, après avis de la Cour, de changer le siège de celle-ci* ».

La procédure devant la Cour africaine

Selon nous, la procédure devant la Cour africaine devrait être de deux types : conciliatoire et ordinaire. Mais, avant de traiter de cette question, disons quelques mots des conditions de recevabilité.

La Cour africaine se réserverait le droit de ne pas connaître d'une affaire et de la retransmettre à la Commission africaine pour examen et décision lorsqu'elle constaterait l'existence de certains vices procéduraux (art. 8)[391]. En effet, les conditions de recevabilité de toute communication seraient au nombre de deux, à savoir : l'échec de la procédure de conciliation devant la Commission africaine ou l'expiration d'un délai de trois mois après dépôt du dossier devant la Commission africaine[392]. Il en ressort que si la procédure de conciliation échoue avant l'expiration du délai de trois mois, le dossier peut être porté devant la Cour. Pour éviter des dommages irréparables aux parties concernées, la Cour devrait, à notre avis, pouvoir ordonner les mesures provisoires qui s'imposeraient en la circonstance (art. 27 al. 2).

La Cour africaine aurait d'abord à exercer un pouvoir de conciliation en cherchant un règlement amiable entre les parties par un arrangement

---

[391] L'article 8 énonce : « La Cour fixe dans son Règlement intérieur les conditions d'examen des requêtes dont elle est saisie en tenant compte de la complémentarité entre elle et la Commission ».

[392] L'article 48 de la CHADHP dispose que : « Si dans un délai de 3 (trois) mois à compter de la date de réception de la communication originale par l'État destinataire, la question n'est pas réglée à la satisfaction des deux États intéressés, par voie de négociation bilatérale ou par toute autre procédure pacifique, l'un comme l'autre auront le droit de la soumettre à la Commission par une notification adressée à son Président, à l'autre État intéressé et au Secrétaire Général de l'OUA ; Nous suggérons un même délai pour saisir non plus la Commission mais la Cour.

(art. 9), tout comme le prévoit l'article 36 du règlement intérieur de la Cour européenne[393].

En cas d'échec de la procédure de conciliation, la Cour africaine trancherait judiciairement l'affaire en ordonnant que soit garantie à la partie lésée la jouissance du droit ou de la liberté objet du litige (part. 10) et, le cas échéant, la réparation du préjudice subi et le paiement d'une juste indemnité. Le Protocole en fait mention (art. 27 al. 1).

Il est important de souligner que, tout comme c'est le cas présentement devant la Commission, tous les États parties à la Charte constitutive de l'OUA/UA et aux traités et conventions africains relatifs aux droits de la personne et des peuples, ainsi que les personnes physiques et les organisations non-gouvernementales reconnues par l'OUA/UA ou la Commission africaine des droits de l'homme et des peuples auraient le droit d'être entendus par la Cour africaine, après que la Commission africaine aurait établi son rapport et le lui aurait transmis. C'est d'ailleurs ce qu'établit implicitement le Protocole[394].

---

[393] L'article 36 du Règlement intérieur dispose que : « Lorsque l'affaire est en état, le Président de la chambre fixe la date d'ouverture de la procédure orale, après consultation des agents des Parties ainsi que des délégués de la Commission, à l'exclusion de toutes indications concernant la tentative de règlement amiable, peut être diffusée par les soins du greffier ». Le professeur F. SUDRE observe que : « Bien que la Convention ne l'ait pas investie, à la différence de la Commission, d'une mission de règlement amiable, la Cour s'est reconnue le pouvoir de règlement amiable ou arrangement (…). La place du règlement amiable demeure, toutefois, marginale ». Voir SUDRE, F., *Droit international et européen de droits de l'homme, op.cit.*, pp.336-337.

[394] L'article 26 du Protocole précise que : «*1. La Cour procède à l'examen contradictoire des requêtes qui lui sont soumises et s'il y a lieu, à une enquête. Les États intéressés fournissent toutes les facilités nécessaires à la conduite efficace de l'affaire ; 2. La Cour reçoit tous moyens de preuves (écrites ou orales) qu'elle) juge appropriées et sur lesquelles elle fonde ses décisions* ».

Il prévoit en effet la possibilité pour certaines parties de saisir directement la Cour africaine, mais ne le précise pas d'ailleurs, en cas de circonstances exceptionnelles (*génocide, invasion*). Nous sommes persuadés qu'en accordant non seulement aux États mais aussi aux autres catégories énumérées plus haut la possibilité d'exercer leur droit d'être entendu, la Cour africaine pourrait être beaucoup mieux éclairée.

L'issue de la procédure devant la Cour africaine serait sanctionnée par un arrêt. Cet arrêt serait motivé, comme le mentionne l'article 28 al. 5, 6 et 7 du Protocole[395]. Il devrait contenir, selon nous : - un exposé des faits ; - l'argumentation des parties ; - la procédure suivie ; - les opinions individuelles ou dissidentes des juges, à l'image d'ailleurs de tous les arrêts rendus par les autres juridictions régionales.

La surveillance de l'exécution des arrêts de la Cour africaine serait confiée au Conseil des ministres de l'UA qui agirait au nom de la Conférence de l'OUA[396], comme c'est le cas pour la Cour européenne (art. 45 de la CEDH). Les juges, garants de l'efficacité du système africain de recours, devraient faire preuve d'une compétence irréprochable et justifier la confiance placée en eux dans l'accomplissement de leur charge. C'est de cette façon qu'ils pourraient contribuer adéquatement au processus d'établissement de l'État de droit en Afrique, centré sur le respect et la protection des droits de la personne et des peuples. Qu'ils ne se

---

[395] L'article 28 du Protocole précise que : « *5. L'arrêt de la Cour est prononcé en audience publique, les parties étant dûment prévenues ; 6. L'arrêt de la Cour est motivé ; 7. Si l'arrêt de la Cour n'exprime pas, en tout ou en partie, l'opinion unanime des juges, tout juge a le droit d'y joindre une opinion individuelle ou dissidente* ».

[396] L'article 29 du Protocole dispose que : « L'arrêt de la Cour est signifié aux parties en cause et transmis aux États membres de l'OUA ainsi qu'à la Commission ; 2. Les arrêts de la Cour sont aussi notifiés au Conseil des Ministres ». Et l'article 30 du Protocole dispose que : « Les États parties au présent Protocole s'engagent à se conformer aux décisions rendues par la Cour dans tout litige où ils sont en cause et à en assurer l'exécution dans le délai fixé par la Cour ».

contentent pas d'enregistrer des promesses données par les États africains d'exécuter le jugement, mais qu'ils puissent prévoir, en cas d'inexécution, des sanctions telles que l'exclusion, jusqu'à exécution, de l'État récalcitrant du Conseil des Ministres de l'UA ou son exclusion des activités réunissant la *« grande famille africaine »*[397] afin de donner un véritable poids juridique et moral aux arrêts de la Cour africaine.

Il serait également souhaitable que les arrêts de la Cour africaine déploient leurs effets directement dans le droit interne des États parties. À notre avis, cette pratique aurait pour effet d'introduire le droit international africain ainsi que sa jurisprudence relative aux droits de la personne et des peuples dans l'ordonnancement juridique de ces États. La Cour africaine œuvrerait ainsi à l'harmonisation de la conception, de la formulation et de la mise en œuvre du droit international africain des droits de la personne et des peuples sur l'ensemble du continent africain.

En somme, le déroulement de la procédure d'examen d'une communication devant la Cour africaine devrait varier en fonction de la qualité de leur auteur (État ou personne physique ou morale) et en fonction de la nature et du degré (le caractère massif ou non massif) de la violation d'un des droits et libertés garantis en droit international africain des droits de la personne et des peuples.

---

[397] Comme le dit un proverbe de mon terroir : « Celui qui se comporte mal verra les herbes pousser devant sa porte, et il ne verra personne entrer chez lui ». Nous pensons que les sanctions économiques traditionnelles (embargo, boycottage des produits commerciaux, etc.), lesquelles effectuent sérieusement plus le peuple que les dirigeants politiques, nous semblent inefficaces. Car dans le cas de l'Afrique subsaharienne, où il existe une économie informelle florissante alimentée par les trafics de tout genre, ces sanctions-là auraient pour effet de consolider les dirigeants politiques dans leur position des despotes. Par contre l'isolement politique, social et culturel lequel a déjà fait ses preuves et donné des bons résultats, nous semble approprié en la circonstance. L'exemple le plus récent demeure celui de l'Afrique du Sud ségrégationniste.

Tel serait le système africain de protection des droits et libertés, système qui s'inspire, sur plusieurs points, du Protocole additionnel dont il a été plusieurs fois fait mention, et qui tient compte à la fois de la nature du pouvoir politique qui est en pleine mutation vers la démocratisation en Afrique et de la conception africaine du règlement des différends qui privilégie la conciliation. C'est là que notre position de nous contenter pour l'instant d'une formule transitoire en la matière trouve sa justification. Seules les évolutions futures en Afrique pourraient constituer les paramètres pouvant déterminer une formule permanente.

5

LES DROITS ET LIBERTÉS DE LA FEMME EN DROIT INTERNATIONAL AFRICAIN

Le système juridique africain accorde une place d'une importance capitale à la promotion et à la protection des droits et liberté de la femme. Ainsi, divers instruments juridiques (section 1) ont été et sont adoptés à cet effet. Et il existe des impressionnants mécanismes (section 2) dont leurs mises en œuvre effectives nécessitent des efforts particulièrement considérables pour leurs réalisations.

Les instruments juridiques africains relatifs aux droits et libertés de la femme

Rappelons que les États africains, regroupent au sein de l'Union africaine[398], assurent, en matière des droits fondamentaux de l'Homme et des peuples, la continuité qui semble être porteuse des séquelles de l'OUA, car sa Charte constitutive ne contient que quelques dispositions relatives à la promotion et à la protection des droits et libertés de la femme (sous-section 1).

---

[398] *Voir* SHYAKA A., « La résolution des conflits en Afrique des Grands Lacs », in *Revue critique des mécanismes internationaux*, Butare, UNR, 2004, p. 78.

Aussi, cet Acte ne fait que confirmer les principes posés et les options levées tant par la Charte africaine des droits de l'homme et des peuples que par le Protocole relatif aux droits de la femme en Afrique (sous-section 2).

Les droits et libertés de la femme dans l'acte constitutif de l'Union africaine

Cet acte[399] met au centre des préoccupations de l'Union africaine l'épineux problème de promotion des droits de l'homme et des peuples en général, et ce, en soulignant que les peuples de l'Afrique sont *« résolus à promouvoir et à protéger les droits de l'homme et des peuples... »*, et font en sorte que, l'égalité entre l'homme africain et la femme africaine, soit l'un des principes clés de l'organisation la plus inclusive du continent africain, à savoir : la nécessité d'instaurer un partenariat entre les gouvernements et toutes les composantes de la société civile, entre autres, les femmes, les jeunes et ; enfin le renforcement de la solidarité et de la cohésion entre les peuples africains[400].

Le protocole à la Charte africaine des droits de l'homme et des peuples relatifs aux droits et libertés de la femme en Afrique ou le protocole de Maputo

En conformité avec la Charte de l'OUA, dans son préambule, la Charte africaine des droits de l'homme et des peuples précise que *« la liberté, l'égalité, la justice et la dignité sont des objectifs essentiels à la réalisation des aspirations légitimes des peuples africains.*[401] *»*

---

[399] *Cf.* Préambule de l'Acte constitutif de l'Union africaine du 11 juillet 2000.

[400] *Ibid.*

[401] *Voir* KEBA M'baye, *Les droits de l'homme en Afrique*, Paris, Pédone 1962, p. 161 ; MUBIALA MUTOY., « La Charte africaine des droits de l'homme et des peuples, dix ans plus tard, plaidoyer pour l'institution d'une cour régionale », in *Congo-Afrique*, février 1998, n°322, pp. 77 et s ; NTUMBA LUABA

Ainsi, certaines dispositions de la Charte viennent renforcer la promotion et la protection des droits et libertés de la femme, entre autres, l'article 2 disposant que :

> « Toute personne a droit à la jouissance des droits et libertés reconnus et garantis dans la présente charte sans distinction aucune, notamment de race, d'ethnie, de couleur, de sexe, de langue, de religion, d'opinion politique ou de toute autre opinion d'origine nationale ou sociale, de fortune, de naissance ou de toute autre situation ».

L'article 18 de la CHADHP fait l'obligation aux États de veiller à l'élimination de toute discrimination contre la femme et d'assurer la protection des droits de la femme et de l'enfant tels que stipulés dans les instruments internationaux. Il s'agit des dispositions de la Charte des Nations-Unies, de la Dudh et d'autres instruments adoptés au sein des institutions spécialisées des Nations unies ainsi que tous les instruments à vocation régionale plaident en faveur de la suppression des inégalités dont la femme est victime.

Quant au Protocole de Maputo, adopté par l'UA à Maputo, au Mozambique, le 11 juillet 2003 et entrant en vigueur le 25 novembre 2005, il comprend 32 articles précédés d'un préambule et tire son fondement de plusieurs dispositions de la CHADHP[402]. L'article 66 de la CADHP souligne la nécessité d'adopter des protocoles additionnels en vue d'un meilleur développement du droit international africain. Sous cet angle,

---

LUMU, « Le système africain de promotion et de protection des droits de l'homme et des peuples », in *Droit de l'homme et Droit international humanitaire, Séminaire de formation cinquantenaire de la DUDH*, 18 novembre - 10 décembre 1998, Kinshasa, PUK, 1999, pp. 111-112.

[402] Citons les articles 2, 18, 60, 66 et 67 de la CHADHP.

Kwam Kouassi note que le Protocole répond uniquement au critère de validité juridique positiviste[403].

Ainsi, le Protocole commence par donner les définitions des concepts clés à son articler premier[404].

L'article 2 affirme L'élimination de la discrimination à l'égard de la femme et l'article 3 souligne le droit à la dignité de la femme.

L'article 4 consacre le droit de la femme à la vie, à l'intégrité et à la sécurité, et l'article 5 porte sur l'élimination des pratiques néfastes, entendues comme *« tout comportement, attitude ou pratique qui affecte négativement les droits fondamentaux des femmes, tels que le droit à la vie, à la santé, à l'éducation, à la dignité et à l'intégrité physique »*.

Les articles 6 et 7 sont consacrés au mariage, à la séparation de corps, au divorce et à l'annulation du mariage.

L'accès des femmes à la justice, leurs droits à l'égale protection devant la loi, de participation au processus politique et à la prise de décision ainsi que leur droit à la paix font respectivement l'objet des articles 8, 9 et 10 du Protocole. Quant à la protection des femmes dans les conflits armés, leur droit à l'éducation et à la formation ainsi que leurs droits économiques et à la protection sociale sont définis respectivement aux articles 11, 12 et 13.

L'article 14 consacre le droit des femmes à la santé et au contrôle des fonctions de reproduction. Il dispose au point de litera c que :

> « Les États prennent toutes les mesures appropriées pour protéger les droits reproductifs des femmes, particulièrement en autorisant l'avortement médicalisé, en cas d'agression sexuelle,

---

[403] KWAM KOUASSI souligne à ce propos que la CHADHP est venue compléter et enrichir la Charte de l'OUA dans le domaine des droits de l'homme, *Voir.* K. KOUASSI, *Organisations internationales africaines*, Paris, Berger-Levrault, 1987, p. 233.

[404] Il y a notamment la définition du concept « femme » entendue comme toute personne de sexe féminin, y compris les filles.

de viol, d'inceste et lorsque la grossesse met en danger la santé mentale et physique de la mère ou la vie de la mère ou du fœtus ».

Les articles 15, 16, 17 et 18 reconnaissent le droit à la sécurité alimentaire, à un habitat adéquat, à un environnement sain et viable, tandis que l'article 19 consacre le droit des femmes à un développement durable.

Les droits de la veuve sont définis à l'article 20, et le droit des femmes à la succession est prévu à l'article 21. Les articles 22 à 24 portent sur la protection spéciale des femmes âgées et des femmes handicapées ainsi que des femmes en situation de détresse.

Enfin, l'article 25 garantit des réparations appropriées aux femmes victimes de violation des droits et libertés reconnus dans le Protocole[405].

Par ailleurs, l'on note que le Protocole constitue un instrument juridique novateur[406]. Parmi les développements juridiques marquants du Protocole, on compte en premier lieu une définition de la violence à l'égard des femmes qui est moulée sur celle de CEDAW, mais qui ajoute un concept de violence économique. Une seconde innovation se trouve dans l'explication des engagements des États, cela agit comme guide pour les gouvernements quant aux mesures à prendre pour la réalisation de ces droits.

Par exemple, l'élimination de la discrimination à l'égard des femmes s'accompagne de procédures d'harmonisation des lois, de la participation des femmes et de leur intégration dans les postes de décision, de l'éducation du public et de la diffusion stratégique d'information pour la

---

[405] *Cf.* KIENGE-KIENGE INTUDI R., *Le protocole à la Charte africaine des droits de l'homme et des peuples relatif aux droits de la femme en Afrique : quelques considérations juridiques pour un débat de société*, in BAKANDEJA WA MPUNGU et NDESHYO RURIHOSE O., (sous la direction de), *annales de la faculté de droit*, Kinshasa, PUK, Décembre 2007, pp. 39-54.
[406] *Ibid.*

modification des schémas et des modèles socioculturels. Notons aussi que le Protocole est le premier instrument juridique africain des droits et libertés à énoncer expressément le droit à la santé sexuelle et reproductive de la femme.

Ainsi donc, la femme africaine dispose le droit de contrôler sa fécondité, de décider de l'espacement des naissances, de se protéger contre les infections sexuellement transmissibles, d'être informées et d'accéder aux services de planification familiale et de santé et dans certaines circonstances, d'avoir recours à l'avortement médicalisé[407].

Ces aspects du Protocole en sont un outil normatif qui va bien au-delà de la protection accordée aux femmes par les autres instruments juridiques de droits humains qui l'ont précédé.

Les mécanismes africains relatifs aux droits et libertés de la femme

Akeredulu ale note qu'il n'y a pas de développement sans le concours conscient des femmes et qu'en Afrique, les femmes sont la véritable locomotive du développement[408]. Ndeshyo Rurihose souligne qu'en Afrique 80% de la population est rurale, 80% de la production rurale africaine est réalisée par les femmes paysannes et petites exploitantes dans les conditions très difficiles, 95% des travaux domestiques sont du fait des femmes, le commerce frontalier des produits alimentaires tropicaux est fait par les femmes dites commerçantes, etc[409].

Il découle de ces observations que le développement de l'Afrique passe inéluctablement par la prise en compte du rôle de la femme dans

---

[407] *Cf.* MUBIALA MUTOY, *op.cit.*, p. 95.

[408] *Cf.* AKEREDULU ALE, « La situation de l'homme dans l'Afrique aujourd'hui », in *Conférence internationale sur le facteur humain dans le redressement économique et le développement de l'Afrique*, Khartoum, 5-8 mars 1988, p. 77.

[409] *Voir* NDESHYO RURIHOSE O., *op.cit.*, p. 485.

tous les domaines, l'amélioration de son statut et l'affermissement de ses droits et libertés.

Dans cet ordre d'idées, le Plan d'action de Lagos de 1980, PAL[410], détermine, à son chapitre XII, la mission singulière des femmes africaines en matière d'intégration et précise notamment que

> « L'action de ces dernières dans le développement ne doit pas être une action marginale, séparée de la problématique du développement global, et doit s'étendre à tous les domaines d'activités humaines tels que l'emploi, le commerce, l'agriculture, les ressources naturelles, la santé, la science et la technologie, la politique … »

Cette stratégie de l'OUA a manifesté la volonté d'instaurer des mécanismes nationaux, sous régionaux et régionaux rendant possible, s'il échet, l'intégration des femmes dans le développement[411].

C'est dans ce contexte qu'ont vu le jour entre 1980 et 1985, divers mécanismes organisationnels d'intégration des femmes créés sur base d'un programme précis, celui d'alléger les tâches des femmes rurales dans les travaux domestiques et d'assurer des services d'assistance aux femmes travailleuses. Il s'agit des mécanismes visant à renforcer le Centre Africain de Recherche et de Formation pour la Femme, le CARFF, etc.[412]

Aussi, l'OUA a institué une section de la femme et de l'enfant au sein de son secrétariat et ce, en vue de coordonner les activités en rapport avec l'éducation scolaire, la formation et l'alphabétisation des femmes (A).

---

[410] *Voir* BABASSANA H., *La stratégie de Monrovia pour le développement de l'Afrique et plan d'action de Lagos pour sa mise en œuvre*, Grenoble, 1981, p. 92.
[411] *Voir* NDESHYO RURIHOSE O., *op. cit.*, p. 486-487.
[412] *Ibid.*

L'OUA s'est appuyée aussi sur les organisations africaines des femmes avec lesquelles elle a travaillé en parfaite synergie. L'on peut relever notamment l'Organisation Panafricaine des Femmes (OPF), l'Association des Femmes Africaines pour la Recherche sur le Développement (AFARD), le Centre Africain de Recherche et de Formation pour la Femme (CARFF), l'Union Panafricaine de la Famille (UPF), l'Association Africaine d'Education pour le Développement (ASAFED). Elles sont toutes des Organisations Non Gouvernementales (ONG). Mais, l'OPF, l'AFARDD et le REMAF sont plus intéressantes à maints égards, et méritent un examen approfondi (B).

L'action de l'Union africaine pour la promotion et la protection des droits et libertés de la femme

Hodjo e. révèle que :

> « l'OUA possède un cadre institutionnel intégré à la CEA et aux MULPOC, et crée dans ce contexte, des comités sous-régionaux ayant pour tâche d'encadrer les mécanismes nationaux, de collecter les données sur les femmes et de traiter les informations y afférentes »[413].

Sur le plan continental, et pour assurer un meilleur encadrement des efforts tant nationaux que sous-régionaux, l'OUA a créé la conférence régionale pour l'intégration de la femme au développement, placée sous la supervision du comité régional africain de coordination[414].

Il reste qu'à la suite de l'OUA, l'UA est consciente du défi à relever, celui de la démocratisation du développement en général et en particulier, de l'intégration des femmes africaines au processus de développement.

---

[413] *Voir* KODJO E., « OUA et la démocratie », in *Jeune Afrique*, n° 1542, Paris, Stock, 1985, pp. 38-40.

[414] Cette conférence se réunit une fois par an. *Voir* KODJO E., « OUA et la démocratie », in *Jeune Afrique*, n° 1542, Paris, Stock, 1985, pp. 38-40.

Les autres mécanismes africains pour la promotion et la protection des droits et libertés de la femme en Afrique

L'Organisation panafricaine des femmes (OPF)

Créée le 31 juillet 1962 par les femmes leaders africaines, elle décrit la volonté des femmes à témoigner de leur capacité à réaliser et à conduire des changements sur le continent africain. Composée de trois principaux organes (le congrès, le conseil et le secrétariat général), et ayant son siège permanent à Alger, cette structure dispose des secrétariats généraux à tous les sièges dans toutes les sous régions en Afrique : Tanger, Gisenyi, Lusaka, Yaoundé et Niamey, et couvre à cet effet l'essentiel du continent Africain. Il y a un lien étroit entre l'OUA et l'OPF, celle-ci étant vue comme une agence opérationnelle de celle-là, appelée à exécuter les programmes concernant la promotion socio-économique et culturelle de la femme[415].

L'Association des femmes africaine pour la recherche sur le développement (AFARD)

L'Association des femmes africaines pour la recherche sur le développement (AFARD) est une association pan africaine, non gouvernementale. Elle fut créée à Lusaka le 20 décembre 1976 par un groupe de femmes comme une Organisation Non Gouvernementale spécialisée de l'OUA comme un outil incontournable de l'intégration de la femme au développement[416].

Les principaux objectifs de l'AFARD sont d'entreprendre des activités de recherche nécessitant la participation des femmes et mettant accent sur leur présence dans tous les processus de changements politiques, économiques, sociaux et culturels. L'AFARD cherche à créer des

---

[415] *Cf.* L'Organisation Panafricaine des Femmes (OPF) fête ses 55 ans, en ligne sur www.soundcloud.com ; Journée internationale de la femme africaine le 31 juillet, en ligne sur www.journee-mondiale.com.

[416] *Voir* CTA, 1992, *Association des femmes africaines pour la recherche sur le développement*, Spore 38, Wageningen, en ligne sur www.cgspace.cgiar.org.

réseaux de communication entre les femmes africaines chercheurs et les personnes concernées par les problèmes de développement en Afrique.

Enfin, elle encourage la formation professionnelle et la création de groupes nationaux de recherche en liaison avec les centres nationaux de recherche. Depuis sa création, l'AFARD a organisé des ateliers et des séminaires sur les principaux sujets d'intérêt concernant les femmes.

Par ailleurs, elle édite plusieurs publications :

- Echos : Depuis 1986, ce bulletin trimestriel bilingue n'est plus réservé aux seuls membres de l'Association ; il est diffusé dans le grand public.

- La revue de l'afard Cette revue semestrielle reflète les débats théoriques féministes actuels, les problèmes méthodologiques et la reconstruction de l'histoire des femmes en Afrique.

- Documents : Ceux-ci sont destinés à rendre compte des discussions lors des séminaires. Ils comprennent des documents de fond qui ont servi de base aux ateliers.

- Series d'etudes bibliographiques : Ces bibliographies portent sur des thèmes de recherche des groupes de l'AFARD afin de fournir une documentation de référence, signaler les travaux existants disponibles, permettre la diffusion des connaissances et enfin contribuer à la formation de centres de documentation régionaux[417]

Le Réseau des femmes africaines ministres et parlementaires (REFAMP)

Le Réseau des Femmes Africaines Ministres et Parlementaires « REFAMP » tire ses origines de la Conférence Internationale sur la Population et le Développement (CIPD) tenue au Caire en Egypte en 1994, Conférence au cours de laquelle a été soulignée l'importance du

---

[417] *Ibid.*

rôle de fer de lance que peuvent jouer les femmes ministres et parlementaires dans la mise en œuvre des objectifs de son programme d'action[418].

Il se veut une organisation représentative et pérenne, capable d'influencer les politiques, les lois et les programmes relatifs à l'équité et à l'égalité du genre et de contribuer à l'émergence d'une société plus juste et respectueuse des droits et libertés humains dans un environnement de paix et de développement durable. Il a la mission de promouvoir une égale représentation des femmes et des hommes dans les instances de prise des décisions aux niveaux national, régional et international ; de renforcer les capacités des femmes leaders en matière de plaidoyer en vue du renforcement d'actions des femmes et des filles[419].

---

[418] *Voir* www.nigerdiaspora.net ; www.geneenaction.net ; www. Internationalalert.org.

[419] *Ibid.*

6

CONCLUSION

Au terme de cet ouvrage, un point fondamental paraît devoir retenir notre attention. Il s'agit essentiellement de savoir : quels sont les mécanismes de mise en œuvre qui peuvent permettre de renforcer le système africain de promotion et de protection des droits de la personne et des peuples ? Pour répondre à cette interrogation, nous nous sommes penchés, d'une part, sur la promotion et la protection des droits, libertés et devoirs de la personne et des peuples en droit international africain et, d'autre part, sur la contribution du droit international et régional en matière des droits et libertés dans le système africain.

Le droit international africain des droits de la personne et des peuples peut être décrit jusqu'à ce jour comme constitué par l'ensemble des Conventions et traités multilatéraux élaborés et adoptés au sein de l'Organisation de l'Unité Africaine (OUA), devenue l'Union africaine (UA), notamment la Convention de l'OUA régissant les aspects propres aux problèmes des réfugiés en Afrique et la Charte africaine des droits de l'homme et des peuples, etc.. Ce droit se fonde sur une théorie africaine sous-jacente aux droits de la personne et des peuples. Les enjeux et les objectifs que cette théorie africaine poursuit révèlent les assises philosophiques du droit international africain des droits de la personne et des peuples.

La conception des droits de la personne et des peuples en Afrique subsaharienne trouve sa source dans les réalités politiques, économiques et sociales quotidiennes auxquels sont confrontés les États africains et elle s'inspire de la structure sociale de l'Afrique subsaharienne traditionnelle qui repose sur le système juridique communautaire, dont la famille est la cellule de base. Dans la structure sociale de l'Afrique saharienne traditionnelle, il s'agissait de la famille étendue placées sous l'autorité d'un patriarche, et non de la famille nucléaire, limitée aux seuls époux et enfants. La personne s'y situe par rapport à la communauté, communauté et personne sont complémentaires. La communauté n'est pas une entité abstraite, pas plus que la personne n'est en réalité autonome : elles sont l'une dans l'autre, l'une pour l'autre. La communauté traditionnelle africaine, très fortement imprégnée par le sentiment communautaire, envahit tout l'espace personnel privé disponible « *de sorte que les névroses de sociétés occidentales sont dues à un excès de solitude, tandis que celles des sociétés africaines ou communautaires en général doivent être recherchées dans un excès de vie communautaire même* », constat que nous empruntons à Cheikh Anta DIOP.

Et c'est dans cette dynamique de l'affirmation de la spécificité africaine, en l'occurrence de la solidarité africaine, que la Convention de l'OUA régissant les aspects propres aux problèmes des réfugiés consacre une définition de « *réfugié* » plus large que celle contenue dans la Convention universelle de 1951 et dans son protocole additionnel de 1967. La Convention africaine accorde une préférence au rapatriement volontaire et prive le réfugié subversif (terroriste ou qui porterait atteinte à la sécurité et à l'ordre public établis dans le pays d'accueil et/ou dans son pays d'origine) du bénéfice de sa protection. Néanmoins, l'insuffisance du mécanisme de sauvegarde des droits des réfugiés prévu dans la Convention africaine fait la part trop belle à la Conférence des chefs d'État et de gouvernement de l'OUA. La Commission de médiation, de conciliation et d'arbitrage n'a jamais eu, jusqu'à ce jour, l'occasion d'exercer une des fonctions dont elle était investie, et ce, du fait de la prédilection des chefs d'État africains pour les modes non juridictionnels et non institutionnalisés de règlement des différends.

La Déclaration universelle des droits des peuples ou la Déclaration d'Alger représente une manifestation politique dans la mouvance du droit à l'auto-détermination des peuples. Elle ne peut produire aucun effet juridique mais elle a une grande influence morale. Elle a été et demeure l'une des sources principales d'inspiration des rédacteurs de la Charte africaine des droits de l'homme et des peuples. C'est à ce titre qu'elle a été analysée dans la présente étude.

La Charte africaine des droits de l'homme et des peuples a été adoptée dans le cadre de l'Organisation de l'Unité Africaine (OUA). Elle constitue une réplique à toutes les formes de dictature et de sous-développement économique. Il en est de même de la Convention américaine des droits de l'homme, qui est une riposte à l'existence de régimes politiques répressifs et aux difficultés économiques en Amérique Latine. Ces deux instruments reflètent donc des préoccupations communes, à la différence de la Convention européenne des droits de l'homme, qui s'affirme davantage comme une réponse aux atrocités commises durant la deuxième guerre mondiale en Europe.

La Charte africaine est le seul instrument juridique international et régional à consacrer certains droits et devoirs particuliers, entre autres : les droits à la liberté des peuples (droits à l'existence et à l'autodétermination) ; les droits de solidarité des peuples (droits à la libre disposition de leurs richesses et de leurs ressources naturelles, au développement, à la paix et à l'environnement) ; les devoirs imposés aux personne envers les communautés (la famille, l'État et la communauté internationale) et ceux imposés aux États (devoirs d'informer par l'enseignement, l'éducation et la diffusion et de garantir l'indépendance de la justice). Elle témoigne donc d'une certaine originalité. Cette originalité réside aussi dans le fait qu'y sont consacrés, dans un instrument unique, des droits qui, au niveau universel et/ou régional, le sont dans plusieurs instruments distincts. Par exemple, dans la Charte africaine, le respect du droit des peuples à disposer d'eux-mêmes serait une condition de la jouissance par les personnes de leurs droits civils et politiques ; le droit des peuples à disposer de leurs richesses naturelles, leur droit au développement et à une égale participation au patrimoine commun de l'humanité seraient à la base des droits économiques, sociaux et culturels de la personne. La Charte africaine est un instrument porteur de deux notions originales en matière de droits de la personne, à savoir celle de *« personne située »* et celle de *« peuple situé »*, reflet d'un certain nombre de réalités propres au continent africain.

Les devoirs sont les conditions concrètes de la réalisation des droits et libertés dans la Charte africaine. Tous les deux appartiennent au domaine prescriptif. En général, le droit positif africain, y compris le droit foncier, est de nature communautaire et n'est pas dominé par une conception individualiste du monde. La tradition Africaine subsaharienne se rattache au courant des doctrines communautaires plutôt qu'à celui des doctrines individualistes. L'accent mis sur le communautarisme participe de ce fait au combat pour la reconquête d'une personnalité niée par le colonisateur et le dictateur.

La Charte africaine ne contient aucune limitation à l'imposition de la peine de mort (la peine capitale) et elle ne garantit explicitement ni le droit au respect de la vie privée, ni le droit de changer de religion ni le libre choix du conjoint. Ce qui ne semble pas coïncider avec la conception africaine des droits de la personne et des peuples. Elle se caractérise en outre par l'absence de véritables dispositions limitatives, comme en contient par exemple la CEDH. L'exercice de nombreux droits et libertés qu'elle consacre est plutôt limité par des clauses telles : *« conformément à la loi de chaque pays et aux conventions internationales »* (par exemple pour le droit d'asile) ou *« conformément aux règles édictées par la loi »* (par exemple pour le droit de participer à la direction des affaires publiques) ou encore *« sous réserve de se conformer aux règles édictées par la loi »* (par exemple pour les libertés d'association et de circulation). Elle se caractérise également par l'absence de clause de suspension des droits et libertés lors de circonstances exceptionnelles. De telles clauses existent dans la CEDH et dans la CADH.

Le système de sauvegarde de la Charte africaine (le contrôle de la mise en œuvre de son contenu normatif) ne distingue pas entre les droits de nature juridique exécutoire (droits-abstention) et ceux de nature juridique programmatoire (droits-créances), d'où il résulte que la Charte africaine envisage techniquement possible la justiciabilité de tous les droits de la personne et des peuples qu'elle consacre. Notons qu'en réalité la violation de la plupart des droits des peuples (droit à disposer de lui-même, droit à l'existence) consiste en une violation massive des droits des personnes qui les composent (droit à la vie, droit à la participation à la direction des affaires publiques). Dans cette hypothèse, rien ne s'opposerait juridiquement à leur justiciabilité. Il en serait de même de la justiciabilité des droits-créances, bien que ces derniers nécessitent une mise en œuvre progressive et d'importants moyens économico-financiers. Notons également que les rapports périodiques que les États parties à la Charte africaine doivent obligatoirement présenter ont trait à la réalisation progressive de ces droits-créances.

Le système de sauvegarde de la Charte africaine est garanti en deux instances : en première instance, par la Commission africaine des droits de l'homme et des peuples suite à l'introduction d'une plainte ou à la production de rapports sur les mesures d'ordre législatif ou autres à prendre par les États africains conformément à l'article premier, en deuxième instance, par la Conférence des chefs d'État et de gouvernement de l'OUA (l'organe suprême de l'OUA) sur la base du rapport que' lui transmet la Commission africaine. Cependant, les faibles attributions de la Commission africaine des droits de l'homme et des peuples et le rôle prééminent de la Conférence des chefs d'État et de gouvernement de l'OUA semblent être rédhibitoires. Car le bilan de la protection des droits et libertés par la Commission africaine et la Conférence des chefs d'État et de gouvernement de l'OUA, tel que démontré dans cette étude, est singulièrement plus pauvre que celui des organes de sauvegarde des droits de la personne de deux autres régions du monde : l'Europe et l'Amérique latine.

Tenant compte de cette réalité mais aussi de la récente démocratisation en cours dans un nombre croissant de pays africains, démocratisation qui se nourrit de la revendication du respect des droits et libertés démocratiques, il nous est apparu nécessaire de formuler quelques propositions pouvant répondre aux besoins engendrés par cette double réalité.

Tout d'abord, nous proposons un nouveau mécanisme politique et diplomatique de la dimension humaine en Afrique. Pour ce faire, nous nous sommes inspiré de la dynamique politique de l'internationalisation des droits de la personne et de la pratique internationale voulant que ces droits ne relèvent plus exclusivement de la seule compétence nationale, comme en font foi le Commonwealth, la Francophonie et la Conférence sur la sécurité et la coopération en Europe. Nous avons mis surtout l'accent sur l'Organisation, sur la sécurité et la coopération en Europe (OSCE). La mise en place du nouveau mécanisme politique et diplomatique de la dimension humaine nécessiterait des moyens institutionnels. Pour ce faire, nous proposons l'institution d'une Commission africaine pour les minorités, les réfugiés et les problèmes humanitaires, et d'une Commission africaine pour la démocratisation.

La Commission africaine pour les minorités, les réfugiés et les problèmes humanitaires s'occuperait de la protection de droits et libertés dans tous les cas qui révéleraient l'existence d'un ensemble de violations graves ou massives des droits de la personne ou des peuples, en temps de guerre comme en temps de paix. Elle agirait, soit de sa propre initiative, soit la notification d'une ou plusieurs communications relatant de telles situations particulières. Elle déclencherait immédiatement une procédure politique et diplomatique visant la cessation de ces violations.

Quant à la Commission africaine pour la démocratisation, elle serait chargée d'analyser toute la problématique de la démocratisation en Afrique et d'y apporter des solutions en tenant dûment compte de la spécificité de chaque État africain. Elle collaborerait au processus de démocratisation en apportant son soutien au processus électoral, soit à la demande d'un État africain, soit de sa propre initiative lorsqu'elle recevrait les demandes des ONG ou lorsque l'ensemble de la situation dans un État africain exigerait son action.

Il ne faut pas oublier l'indicible attachement des chefs d'État et de gouvernement africains aux principes d'égalité souveraine et de non-ingérence dans les affaires intérieures des États. Un pareil culte s'accommode mal de l'existence d'un organe quasi juridictionnel qui implique justement un abandon partiel de la souveraineté (séparation du pouvoir et indépendance des juges). L'expérience de la Commission de médiation, de conciliation et d'arbitrage est très révélatrice à cet égard. Cette Commission est apparue comme l'officialisation par l'OUA d'un organe dont la philosophie juridique est nettement occidentale et de ce fait elle n'a jamais pu fonctionner. Cela dit, il est claire que le rôle de la Conférence des chefs d'État et de gouvernement de l'OUA devrait être repensé et devrait consister à mettre à la disposition des États africains et des ONG plus de moyens matériels en vue de leur permettre de former des enseignants, des praticiens et des militants des droits de la personne et des peuples.

Ensuite, nous proposons le renforcement des pouvoirs de la Commission africaine des droits de l'homme et des peuples et que lui soit transférée la fonction indispensable d'intermédiaire que joue présentement le Secrétaire général de l'OUA dans le fonctionnement du mécanisme de sauvegarde des droits de la personne et des peuples en Afrique. Nous suggérons que la Commission africaine allège les conditions de recevabilité des communications et qu'elle dépasse le mythe de la confidentialité, et ce, en publiant et rendant publics les rapports qu'elle transmet à la Conférence des chefs d'État et de gouvernement de l'OUA. En cette matière, la confidentialité n'est qu'une façon de dissimuler les violations aux droits et libertés et faire face à des règles de la démocratie.

Nous proposons également que la Commission africaine fasse un examen plus approfondi des rapports périodiques étatiques et des communications en y consacrant le temps nécessaire afin de manifester sa présence et sa contribution jurisprudentielle sur la scène juridique africaine et internationale.

Enfin, nous proposons la réforme de la Cour africaine dont la mission principale consiste à éviter « *l'enterrement* » des communications transmises à la Commission africaine, que son bilan établit. La Cour africaine aurait la vocation d'être l'organe de l'harmonisation du droit interne des États africains avec le droit international africain des droits de la personne et des peuples. Elle constituerait le garde-fou de la démocratisation telle qu'elle est en train de se manifester en Afrique.

Dans l'avenir, quand la Commission africaine des droits de l'homme et des peuples et la Cour africaine des droits de l'homme et des peuples auront atteint leur maturité fonctionnelle, il sera souhaitable d'envisager une fusion de ces deux organes. La fusion serait justifiée dans la mesure où la Cour africaine exercerait les fonctions conciliatoire et judiciaire, la première étant présentement dévolue principalement à la Commission. Dans ce cas, la Cour africaine siégerait de façon permanente. L'avantage d'une telle fusion serait de deux ordres : fonctionnel (réduction de la lourdeur du système africain) et financier (rationalisation du coût de fonctionnement du système africain de promotion et de protection).

Les organisations non-gouvernementales (ONG) se sont très tôt mobilisées pour la promotion et la protection des droits de la personne et des peuples en Afrique. Leurs activités soutenues dans ce domaine ont largement contribué à l'effort de sensibilisation de mobilisation et de conceptualisation préalable à toutes les conventions et traités africains relatifs aux droits de la personne et des peuples, comme en témoigne le nombre important de conférences, séminaires et ateliers qu'elles ont organisés. Dans le cadre de l'application des nouvelles techniques de mise en œuvre des droits de la personne et des peuples en Afrique, leur rôle consisterait à enseigner celles-ci. Elles adresseraient des communications appropriées aux différentes commissions africaines dont il vient d'être question et à la Cour africaine de droits de l'homme et des peuples. Elles surveilleraient l'exécution des décisions et des jugements rendus par ces dernières.

En somme, le système africain témoigne clairement d'une approche particulière des droits de la personne et des peuples qui reflète un certain nombre de réalités propres au continent africain. Ce système affiche en contrepartie une relative pauvreté au niveau des techniques de mise en œuvre prévues dans la Charte africaine. C'est en se fondant sur ce constat et celui des mutations qui se manifestent en Afrique que nous nous sommes limités à faire quelques propositions de nature transitoire pour qu'enfin les Africains exercent effectivement leurs droits et libertés et retrouvent la joie de vivre en ressentant la chaleur que procure l'Afrique.

Globethics.net Publications

The list below is only a selection of our publications. To view the full collection, please visit our website.

All products are provided free of charge and can be downloaded in PDF form from the Globethics.net library and at www.globethics.net/publications. Bulk print copies can be ordered from _publictions@globethics.net_ at special rates for those from the Global South.
Paid products not provided free of charge are indicated[*].
The Editor of the different Series of Globethics.net Publications is Prof. Dr Obiora Ike, Executive Director of Globethics.net in Geneva and Professor of Ethics at the Godfrey Okoye University Enugu/Nigeria.

Contact for manuscripts and suggestions: _publications@globethics.net_

African Law Series

D. Brian Dennison/ Pamela Tibihikirra-Kalyegira (eds.), _Legal Ethics and Professionalism. A Handbook for Uganda_, 2014, 400pp. ISBN 978–2–88931–011–1

Pascale Mukonde Musulay, _Droit des affaires en Afrique subsaharienne et économie planétaire_, 2015, 164pp. ISBN: 978–2–88931–044–9

Pascal Mukonde Musulay, _Démocratie électorale en Afrique subsaharienne: Entre droit, pouvoir et argent_, 2016, 209pp. ISBN 978–2–88931–156–9

Pascal Mukonde Musulay, _Droits, libertés et devoirs de la personne et des peuples en droit international africain Tome I Promotion et protection_, 282pp. 2021, ISBN 978-2-88931-397-6

Global Series

Ariane Hentsch Cisneros / Shanta Premawardhana (eds.), _Sharing Values. A Hermeneutics for Global Ethics_, 2010, 418pp.
ISBN: 978–2–940428–25–0.

Deon Rossouw / Christoph Stückelberger (eds.), _Global Survey of Business Ethics in Training, Teaching and Research_, 2012, 404pp.
ISBN: 978–2–940428–39–7

Carol Cosgrove Sacks/ Paul H. Dembinski (eds.), _Trust and Ethics in Finance. Innovative Ideas from the Robin Cosgrove Prize_, 2012, 380pp.
ISBN: 978–2–940428–41–0

Jean-Claude Bastos de Morais / Christoph Stückelberger (eds.), *Innovation Ethics. African and Global Perspectives*, 2014, 233pp.
ISBN: 978–2–88931–003–6

Nicolae Irina / Christoph Stückelberger (eds.), *Mining, Ethics and Sustainability*, 2014, 198pp. ISBN: 978–2–88931–020–3

Philip Lee and Dafne Sabanes Plou (eds), *More or Less Equal: How Digital Platforms Can Help Advance Communication Rights*, 2014, 158pp.
ISBN 978–2–88931–009–8

Sanjoy Mukherjee and Christoph Stückelberger (eds.) *Sustainability Ethics. Ecology, Economy, Ethics. International Conference SusCon III, Shillong/India*, 2015, 353pp. ISBN: 978–2–88931–068–5

Amélie Vallotton Preisig / Hermann Rösch / Christoph Stückelberger (eds.) *Ethical Dilemmas in the Information Society. Codes of Ethics for Librarians and Archivists*, 2014, 224pp. ISBN: 978–288931–024–1.

Prospects and Challenges for the Ecumenical Movement in the 21st Century. Insights from the Global Ecumenical Theological Institute, David Field / Jutta Koslowski, 256pp. 2016, ISBN: 978–2–88931–097–5

Christoph Stückelberger, Walter Fust, Obiora Ike (eds.), *Global Ethics for Leadership. Values and Virtues for Life*, 2016, 444pp.
ISBN: 978–2–88931–123–1

Dietrich Werner / Elisabeth Jeglitzka (eds.), *Eco-Theology, Climate Justice and Food Security: Theological Education and Christian Leadership Development*, 316pp. 2016, ISBN 978–2–88931–145–3

Obiora Ike, Andrea Grieder and Ignace Haaz (Eds.), *Poetry and Ethics: Inventing Possibilities in Which We Are Moved to Action and How We Live Together*, 271pp. 2018, ISBN 978–2–88931–242–9

Christoph Stückelberger / Pavan Duggal (Eds.), *Cyber Ethics 4.0: Serving Humanity with Values*, 503pp. 2018, ISBN 978–2–88931–264-1

Texts Series

Principles on Sharing Values across Cultures and Religions, 2012, 20pp. Available in English, French, Spanish, German and Chinese. Other languages in preparation. ISBN: 978–2–940428–09–0

Ethics in Politics. Why it Matters More than Ever and How it Can Make a Difference. A Declaration, 8pp, 2012. Available in English and French. ISBN: 978–2–940428–35–9

Religions for Climate Justice: International Interfaith Statements 2008–2014, 2014, 45pp. Available in English. ISBN 978–2–88931–006–7

Ethics in the Information Society: The Nine 'P's. A Discussion Paper for the WSIS+10 Process 2013–2015, 2013, 32pp. ISBN: 978–2–940428–063–2

Principles on Equality and Inequality for a Sustainable Economy. Endorsed by the Global Ethics Forum 2014 with Results from Ben Africa Conference 2014, 2015, 41pp. ISBN: 978–2–88931–025–8

Water Ethics: Principles and Guidelines, 2019, 41pp. ISBN 978–2–88931-313-6, available in three languages.

Praxis Series

Christoph Stückelberger, *Responsible Leadership Handbook : For Staff and Boards*, 2014, 116pp. ISBN :978-2-88931-019-7 (Available in Russian)

Angèle Kolouchè Biao, Aurélien Atidegla (éds.,) *Proverbes du Bénin. Sagesse éthique appliquée de proverbes africains*, 2015, 132pp. ISBN 978-2-88931-068-5

Elly K. Kansiime, *In the Shadows of Truth: The Polarized Family*, 2017, 172pp. ISBN 978-2-88931-203-0

Christopher Byaruhanga, *Essential Approaches to Christian Religious Education: Learning and Teaching in Uganda*, 2018, 286pp. ISBN: 978-2-88931-235-1

Christoph Stückelberger / William Otiende Ogara / Bright Mawudor, *African Church Assets Handbook*, 2018, 291pp. ISBN: 978-2-88931-252-8

Oscar Brenifier, *Day After Day 365 Aphorisms*, 2019, 395pp. ISBN 978-2-88931-272-6

Christoph Stückelberger, *365 Way-Markers*, 2019, 416pp. ISBN: 978-2-88931-282-5 (available in English and German).

Benoît Girardin / Evelyne Fiechter-Widemann (Eds.), *Blue Ethics: Ethical Perspectives on Sustainable, Fair Water Resources Use and Management*, forthcoming 2019, 265pp. ISBN 978-2-88931-308-2

Philosophy Series

Ignace Haaz, *The Value of Critical Knowledge, Ethics and Education: Philosophical History Bringing Epistemic and Critical Values to Values*, 2019, 234pp. ISBN 978-2-88931-292-4

Ignace Haaz, *Empathy and Indifference: Philosophical Reflections on Schizophrenia*, 2020, 154pp. ISBN 978-2-88931-345-7

Theses Series

Nicoleta Acatrinei, *Work Motivation and Pro-Social Behaviour in the Delivery of Public Services Theoretical and Empirical Insights*, 2016, 387pp. ISBN 978–2–88931–150–7

Timothee B. Mushagalusa, *John of Damascus and Heresy. A Basis for Understanding Modern Heresy*, 2017, 556pp. ISBN: 978-2-88931-205-4

Nina, Mariani Noor, *Ahmadi Women Resisting Fundamentalist Persecution. A Case Study on Active Group Resistance in Indonesia*, 2018, 221pp. ISBN: 978-2-88931-222-1

Ernest Obodo, Christian *Education in Nigeria and Ethical Challenges. Context of Enugu Diocese*, 2018, 612pp. ISBN: 978-2-88931-256-6

Fransiska Widyawati, *Catholics in Manggarai, Flores, Eastern Indonesia*, 2018, 284pp. ISBN: 978-2-88931-268-9

A. Halil Thahir, *Ijtihād Maqāṣidi: The Interconnected Maṣlaḥah-Based Reconstruction of Islamic Laws*, 2019, 200pp. ISBN 978-2-88931-220-7*10*

Tibor Héjj, *Human Dignity in Managing Employees. A performative approach, based on the Catholic Social Teaching (CST)*, 2019, 320pp. ISBN: 978-2-88931-280-1

Sabina Kavutha Mutisya, *The Experience of Being a Divorced or Separated Single Mother: A Phenomenological Study*, 2019, 168pp. ISBN: 978-2-88931-274-0

Florence Muia, *Sustainable Peacebuilding Strategies. Sustainable Peacebuilding Operations in Nakuru County, Kenya: Contribution to the Catholic Justice and Peace Commission (CJPC)*, 2020, 195pp. ISBN: 978-2-88931-331-0

Mary Rose-Claret Ogbuehi, *The Struggle for Women Empowerment Through Education*, 2020, 410pp. ISBN: 978-2-88931-363-1

Nestor Engone Elloué, *La justice climatique restaurative: Réparer les inégalités Nord/Sud*, 2020, 198pp. ISBN 978-2-88931-379-2

Hilary C. Ike, *Organizational Improvement of Nigerian Catholic Chaplaincy in Central Ohio*, 2021, 154pp. ISBN 978-2-88931-385-3